现代经济管理学新视野研究丛书

本书的编写和出版受到广东省哲学社会科学规划2019年度一般项目（GD19CYJ04）、广东省自然科学基金2021年度面上项目（2021A1515011448）以及华南师范大学经济与管理学院学术著作出版资助项目的联合支持

经济不平等与宏观稳定化政策

——基于DSGE的理论与实证研究

王凯风 著

Economic Inequality and the Macro-Stabilization Policies:
Theoretical Research and Empirical Analysis Based on DSGE Models

武汉大学出版社

图书在版编目(CIP)数据

经济不平等与宏观稳定化政策：基于DSGE的理论与实证研究/王凯风著. —武汉：武汉大学出版社,2020.12
现代经济管理学新视野研究丛书
ISBN 978-7-307-22008-9

Ⅰ.经… Ⅱ.王… Ⅲ.①平等(经济学)—研究 ②宏观经济—经济政策—研究 Ⅳ.①F036 ②F015

中国版本图书馆CIP数据核字(2020)第239897号

责任编辑：詹 蜜　　责任校对：李孟潇　　版式设计：韩闻锦

出版发行：武汉大学出版社　　（430072　武昌　珞珈山）
（电子邮箱：cbs22@whu.edu.cn 网址：www.wdp.com.cn）
印刷：武汉中科兴业印务有限公司
开本：720×1000　1/16　印张：19.5　字数：276千字　插页：2
版次：2020年12月第1版　2020年12月第1次印刷
ISBN 978-7-307-22008-9　　定价：59.00元

版权所有，不得翻印；凡购买我社的图书，如有质量问题，请与当地图书销售部门联系调换。

自 序

社会公平程度是中国经济高质量发展水平的重要测度准绳之一。在目前中国的现实经济环境下，宏观经济的稳定化政策设计应更多地将不平等问题纳入需要权衡的因素当中，以尽可能降低稳定化政策在分配公平上带来的负面影响，使稳定化政策与宏观经济持续、稳定、协调发展的现实需要更为匹配。

本书以经济不平等问题作为首要研究对象，首先以新凯恩斯主义经济理论为基础，纳入随机因素、外生冲击和多种稳定化政策的作用，建立起一个未含不平等问题的新凯恩斯主义动态随机一般均衡模型(DSGE)(基本模型)。随后，进一步在模型框架中引入不平等问题，构建了不平等"NK"的NK-DSGE模型(扩展模型)。通过基本模型与扩展模型之间的对比，探索了不平等在经济波动过程中发挥的内生作用。从分析结果可以发现，扩展模型确实能在基本模型的基础上进一步呈现出实际冲击(技术、劳动供给等)和政策冲击带来的分配效应，同时也体现出了不平等的收入分配机制对经济系统变化过程的显著影响，使基本模型与扩展模型在经济系统的动态响应过程上存在显著差异。两类模型间的评价与比较结果表明，扩展模型能比基本模型更准确地解释中国经济的实际规律，并且在经济变量的变化与各类不平等指标的变化过程之间建立了明晰的逻辑关系，而DSGE分析框架如果忽视了不平等因素、缺少了相应的机制，就会导致对现实经济机制的遗漏乃至误判。这说明，由于现实中难以回避的公平问题，不平等问题对DSGE模型来说是一个必要的扩展方向，而且扩展模型中对不平等形成机制、变化过程的刻画也是合理有效、贴合现实的。

在上述分析的基础上，本书进一步分析了不平等问题与稳定化政策之间的联系，发现不平等问题使宽松货币政策带来了更强的经济波动；而且，货币政策让相对富裕家庭获利更多，这在短期内导致了不平等水平的大幅扩张。同时，不平等的社会分配机制导致财政政策有更大幅度的总量波动，但是相对贫困家庭的消费能够在财政支出冲击的作用下获得一定的挤入作用，缩小贫、富家庭之间的生活水平差距。非生产性财政支出的冲击能带来收入不平等水平的改善，而生产性财政支出冲击会在短期内导致不平等水平的扩张。

随后，在模型中进一步引入了包含不平等因素的社会福利损失函数，在权衡平等与效率的前提下，综合不平等动态变化情况、社会福利损失这两类尺度来进行宏观经济稳定化政策的评价与比较，探索政策优化方案。

在上述分析中发现，对非自愿失业水平做出反应的货币政策规则（Evans规则）既能够减少政策冲击所带来的社会福利损失，也可以避免政策运用中不平等水平的过大提升；非生产性财政支出政策虽然能带来不平等水平的更大幅度改善，但社会福利函数计算结果说明这一过程中付出的经济效率代价过大。而在配套的财政收入规则的选择上，累进性的工薪收入税、资产收入税可以有效发挥出宏观经济"自动稳定器"的作用，而且工薪收入税累进性的增强能够降低货币政策带来的不平等扩张程度，并减少其导致的福利损失；在有限的幅度内，工薪收入税累进性的提升也能够降低生产性财政支出所带来的福利损失，并使生产性财政支出的分配效应变得更为积极。同时，提高资产收入税的累进性水平可以减少货币政策带来的福利损失、降低其在社会公平方面造成的代价，还会显著地降低财政政策带来的社会福利损失。此外，作为上述政策工具的配套手段，扶贫政策带来的贫困家庭比例下降有利于宏观经济的稳定，而且也能使各类财政支出政策带来的社会福利损失变得更小，但宽松货币政策冲击带来的经济波动与社会福利损失却会因此加剧。

同时，劳动力市场保障条件的完善、相对贫困家庭劳动者工资刚性系数的提高不但可以改善宏观经济的稳定性，也会使各类稳定化政策带来更为积极的分配效应。最后，根据上述分析结果得出了若干政策启示，以期使稳定化政策能够更好地发挥平抑经济总量波动、保障经济高质量发展的作用。

  本书的内容脱胎于第一作者的博士学位论文（在博士生导师吴超林教授的指导下完成），书中的研究工作定然存在一些粗糙、稚嫩乃至谬误之处，希望各位读者能不吝于批评指正，这将有助于我们改进后续研究。如果本书的研究内容能够对国内相关领域的研究工作起到启发作用，在同行专家学者的研究中发挥一定的参考作用，我们将会感到万分荣幸！

王凯风

2020 年 5 月 26 日

于广东省社会科学院

目 录

第1章 绪论 ··· 1
　1.1 研究背景与意义 ·· 1
　　1.1.1 研究背景 ··· 1
　　1.1.2 研究的主要问题 ·· 4
　　1.1.3 理论意义 ··· 5
　　1.1.4 现实意义 ··· 5
　1.2 核心概念界定 ·· 6
　　1.2.1 经济不平等的定义及其核心变量 ································· 6
　　1.2.2 稳定化政策及其主要政策工具 ···································· 9
　1.3 研究的内容、思路和方法 ··· 13
　　1.3.1 研究思路 ··· 13
　　1.3.2 研究的内容与结构 ··· 15
　　1.3.3 主要研究方法 ··· 16
　　1.3.4 研究重难点与关键点 ·· 17
　1.4 独特与创新之处 ·· 18

第2章 文献综述 ·· 21
　2.1 不平等问题的理论研究 ·· 21
　　2.1.1 经济不平等的基础理论研究 ····································· 21
　　2.1.2 经济不平等的动态理论模型构建 ······························· 23

目录

　　2.1.3　对政策作用下不平等问题的理论研究 …………… 24
2.2　不平等问题的量化研究 ………………………………… 26
　　2.2.1　基于计量实证的分析 …………………………… 26
　　2.2.2　理论研究与量化分析的初步融合 ……………… 28
2.3　理论与实证的充分融合：DSGE 分析方法 …………… 30
　　2.3.1　早期宏观经济计量模型的发展 ………………… 32
　　2.3.2　DSGE 方法的发展脉络 ………………………… 35
2.4　DSGE 在不平等问题研究中的运用 …………………… 49
2.5　对现有研究的简评 ……………………………………… 55

第 3 章　稳定化政策的 DSGE 分析框架：模型构建 …… 58
3.1　基本模型的结构 ………………………………………… 61
　　3.1.1　模型的基本假设 ………………………………… 62
　　3.1.2　微观主体及其经济决策 ………………………… 63
　　3.1.3　劳动力市场 ……………………………………… 75
　　3.1.4　宏观稳定化政策 ………………………………… 77
　　3.1.5　模型均衡条件 …………………………………… 86
3.2　基本模型参数的校准与估计 …………………………… 86
　　3.2.1　部分参数的校准 ………………………………… 88
　　3.2.2　参数估计 ………………………………………… 89
　　3.2.3　贝叶斯估计结果的检验与评价 ………………… 95
3.3　本章小结 ………………………………………………… 98
附录 3A　基本模型部分方程的线性化推导过程 …………… 99
附录 3B　基本模型方程汇总(一阶优化推导结果) ………… 105
附录 3C　对数线性化后的基本模型方程 …………………… 109
附表 3.1　基本模型部分参数校准表 ………………………… 112
附表 3.2　基本模型参数贝叶斯估计的先验分布设定 ……… 113
附表 3.3　基本模型参数的贝叶斯估计结果 ………………… 115

第4章　不平等与稳定化政策：模型扩展 … 117

4.1　扩展模型的结构 … 121
- 4.1.1　微观主体及其经济决策 … 121
- 4.1.2　劳动力市场 … 130
- 4.1.3　不平等的衡量 … 133
- 4.1.4　宏观稳定化政策 … 136
- 4.1.5　模型均衡条件 … 140

4.2　参数校准与贝叶斯估计 … 141
- 4.2.1　部分参数的校准 … 141
- 4.2.2　贝叶斯估计的先验分布设置 … 142
- 4.2.3　观测数据的选择与处理 … 143
- 4.2.4　参数后验分布的贝叶斯估计结果 … 143
- 4.2.5　贝叶斯估计结果的评价与检验 … 144

4.3　模型的评价、比较与初步应用 … 146
- 4.3.1　基于贝叶斯估计评价准则的模型比较 … 147
- 4.3.2　模型初步应用结果的比较与分析 … 150

4.4　本章小结 … 167

附录4A　相对富裕家庭一阶优化条件的推导及线性化过程 … 169
附录4B　从最优工资决定条件到NKWPC曲线的推导过程 … 176
附录4C　从生产者最优价格选择条件推导NKWPC曲线的过程 … 183
附录4D　扩展模型其余方程的线性化变换过程 … 187
附录4E　扩展模型方程汇总(一阶优化推导结果) … 195
附录4F　对数线性化后的扩展模型方程 … 200
附表4.1　扩展模型部分参数校准表 … 205
附表4.2　扩展模型参数贝叶斯估计的先验分布设定 … 206
附表4.3　扩展模型参数的贝叶斯估计结果 … 208

第5章 稳定化政策、不平等与福利损失：实证分析 210
5.1 稳定化政策对不平等的动态影响 211
5.1.1 货币政策冲击 211
5.1.2 财政政策冲击 215
5.2 包含不平等的福利损失函数与稳定化政策评价 222
5.2.1 政策效果评价的主要工具 222
5.2.2 货币政策 225
5.2.3 财政政策 228
5.3 其他配套政策措施 238
5.3.1 降低相对贫困家庭比例 238
5.3.2 改善贫困家庭劳动力的就业保障 241
5.4 本章小结 247

6 结论 248
6.1 主要结论 248
6.2 政策启示 250

参考文献 253

后 记 275

附录A：基本模型可执行程序代码 278

附录B：扩展模型可执行程序代码 285

附录C：程序代码与正文的符号对应关系 295

第1章 绪　　论

1.1　研究背景与意义

1.1.1　研究背景

不平等在各个主要经济体内均是一个难以回避的现实问题(Sen,1992; Piketty,2015),也是受到学界长期关注与研究的对象。四十余年的改革开放使中国经济经历了举世瞩目的转型与增长,但与此同时,中国社会中的不平等问题也在不断累积、扩大,至今依然没有得到根本性的缓解(徐现祥、王海港,2008;林毅夫、陈斌开,2009;贺大兴、姚洋,2014)。以收入、财产的不平等为例,在改革开放之初,中国居民收入的基尼系数约为0.30,可是自进入21世纪以后,中国居民收入基尼系数却突破并长期保持在0.4这一警戒线之上(如图1.1所示);同时,学者们的测算结果显示,中国居民财产的基尼系数更达到了惊人的0.73(李实等,2014、2017)。再从中国收入不平等的另一主要表征：城乡收入差距来看,如果以城镇居民人均可支配收入对农村居民人均纯收入的比值来衡量城乡收入差距,那么从中国统计年鉴的数据可见,上述比值在1998—2009年已从2.51增加至3.33(迄今最高值,见

图1.1);2009年后虽有所下降,但国家统计局历年数据显示,两类人均收入指标之间的差值至今仍在不断拉大。在上述背景下,十九大报告不但指出我国社会主要矛盾已经转化为人民日益增长的美好生活需要和不平衡不充分的发展之间的矛盾,而且提出要实现"更高质量、更有效率、更加公平、更可持续"的发展,可见社会公平程度已是中国经济发展质量的重要测度准绳之一(史丹等,2019)。

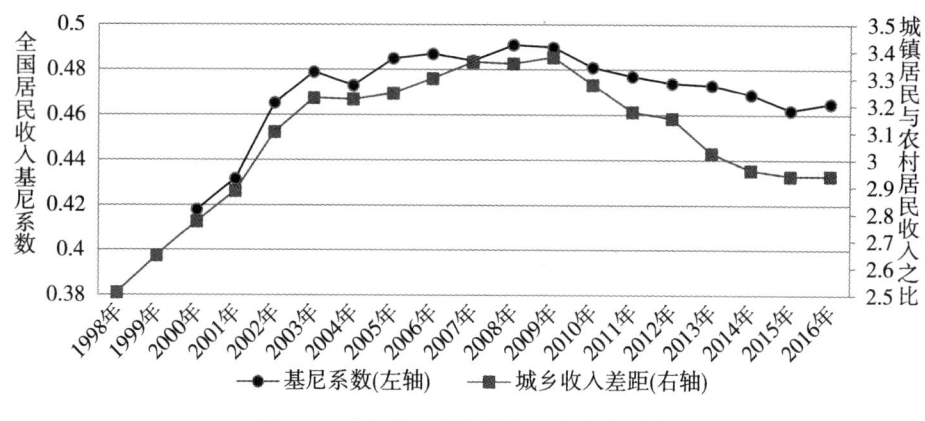

图 1.1 中国收入不平等指标的变化趋势

Figure 1.1 The changing trend of income inequality in China

图注:左轴基尼系数在2003年及其之后来自国家统计局发布的数值,2003年之前的数据来自尹虹潘与刘姝伶(2011)、胡志军(2012)等人的测算结果;右轴城乡收入差距则根据历年中国统计年鉴中城镇居民可支配收入与农村居民人均纯收入(2013年后为可支配收入)计算,时间跨度为1998—2016年,两类收入数据分别按城镇CPI与农村CPI(定基,1998年=100)折算为实际值。本图形在MS Office Excel 2010软件中绘制。

与此同时,在"新常态"下,中国的宏观经济正面对下行压力和更大的波动风险。为了保持经济总量平衡,减缓经济周期波动影响,防范风险,稳定预期,实现经济持续健康发展,审慎且积极的各类宏观经济稳定化政策仍是政府所仰赖的主要调控工具①。然而，无论是从长期内经济可持续发展的角度来看，还是从短期内维持经济稳定、防范波动风险的视角出发，社会中居高不下的不平等程度都会是稳定化政策运用过程中一个必须得到正视的影响因素。李实(2007)、陈钊和陆铭(2008)、Stiglitz(2012a)等学者通过研究指出，经济领域的不平等问题会令大多数社会成员无法真正从经济增长中得利、导致诸多额外的社会福利成本，并会加剧经济结构的失衡，最终削弱经济的可持续增长潜力。大量理论研究与经验规律也表明，经济中存在的不平等现象会在很大程度上影响经济的周期性波动规律，例如 Stiglitz(2012b)、Treeck(2014)、Goda(2014)等学者结合多个不同经济学流派的理论思想，对不平等在 2007 年美国"次贷危机"中扮演的角色进行了定性分析，从多个不同学派的理论逻辑得出了不平等加剧经济波动、延长衰退过程的相近结论；此外，还有部分学者直接把不平等问题列为导致危机的主要原因之一。同时，诸多典型事实和研究经验又表明，宏观经济的稳定化政策会对不平等水平带来显著的影响、决定其演化规律，而且经济中存在的不平等又会反过来影响稳定化政策的作用传导过程，在一定程度上决定其经济效应。例如，Stiglitz(2012b)曾提纲挈领地指出，不平等既是经济波动的原因，也是经济波动的结果，如果忽视了这一点，经济波动过程中一些"善意"的稳定化政策将反而会导致不平等问题的恶化，最终削弱政策的稳定作用。诸多学者的研究也得出了与 Stiglitz 类似的观点，若干中国学者在研究中指出，以往中国的一些稳定化政策是导致不平等问题恶化的主要因素(莫亚琳与赵焱莹，2012；卜振兴与刘晨妍，2015；林志帆等，2015；蔡萌与岳希明，2016)，此外也有国内外的多位学者通过理论、实证和模拟方法，指出忽视不平等问题的稳定化政策设计很可能会带来政策效果预期的偏差乃至谬误(Stiglitz, 2012b；

---

① 十八届三中全会提出的《中共中央关于全面深化改革若干重大问题的决定》中指出，当前我国宏观调控的主要任务是：保持经济总量平衡，促进重大经济结构协调和生产力布局优化，减缓经济周期波动影响，防范区域性、系统性风险，稳定市场预期，实现经济持续健康发展。

陈利锋，2015；Auclert，2017）。可见，在能够保障宏观经济稳定发展的经济政策设计中，不平等是一个值得纳入政策分析框架的重要因素。

1.1.2 研究的主要问题

通过上述分析可见，在目前中国的现实经济情况下，如果在研究宏观稳定化政策的运用问题时，若能将经济政策影响下不平等水平的变化、波动规律纳入考量机制当中，尽量减小经济政策在平等领域带来的额外成本与波动风险，将可使经济政策能够更直接、有效地支持中国经济的包容性增长[①]。从以上背景分析中，可以进一步引申出值得本书加以研究的两个主要问题：

其一，在一个存在价格黏性等不完备因素（从而更贴近现实经济）的宏观经济一般均衡系统内，经济不平等在稳定化政策影响下的变化会遵循什么样的规律和机制？从内生视角来看，经济不平等问题又是否会影响到稳定化政策作用的传导与发挥？

其二，如何结合不平等的动态变化规律进行稳定化政策的优化选择，也就是说，应如何进行宏观经济稳定化政策的抉择才能有效兼顾公平，缓解政策引致的经济不平等问题，减少随之而来的福利成本。

为了对上述两方面问题进行剖析和解释，本书以不平等问题作为主要研究对象，构建起一个以新凯恩斯主义经济理论为基础的、引入随机因素和外生冲击的动态随机一般均衡模型（DSGE），并将不平等问题纳入了 DSGE 这一宏观经济稳定化政策的效应分析框架。利用上述框架，可以实现对王弟海与龚六堂（2006）、钞小静与沈坤荣（2014）、陈利锋（2015a）、Auclert（2017）等人研究思路的延伸与拓展，从内生的视角，探讨不平等因素会如何改变模型经济中稳定化政策的效应、影响经济波动过程，而稳定化政策又会如何决

---

① 包容性增长（inclusive growth），由亚洲开发银行在 2007 年首次提出。包容性增长寻求的是社会和经济协调发展、可持续发展。与单纯追求增速的经济增长不同，包容性增长的含义是让社会大众公平合理地分享经济增长的成果。

定各方面不平等水平的变化。在此基础上,将能够进一步判断经济政策在社会公平和经济效率方面带来的代价,研究纳入不平等因素时稳定化政策的优化选择问题,探求相应的对策。

1.1.3 理论意义

本书的核心模型基于新凯恩斯主义的经济思想,这既不同于在理想化假设基础上进行抽象思辨的新古典主义理论,亦不像20世纪30年代后兴起的传统凯恩斯主义理论那样缺乏微观基础。在新凯恩斯主义理论基础上对不平等问题进行解释、剖析,能够使DSGE模型蕴含的经济意义更加贴合现实,有利于更确切、细致地厘清在经济波动中、宏观经济政策影响下的不平等水平变化规律。本书在DSGE分析框架的构建中有效纳入了经济不平等问题,能够刻画出经济系统中各类经济变量的不平衡变化过程,把握不平等水平动态变化的机制与原理,探索经济不平等与各类稳定化政策效应间的理论关联,实现对现有理论的完善、补充。

综上,本书以不平等问题作为主要研究对象,构建起一个以新凯恩斯主义经济理论为基础的动态随机一般均衡模型(DSGE);通过将不平等问题与各类稳定化政策的作用结合起来、纳入DSGE的分析框架,厘清不平等水平的波动、演化机制,为不平等问题研究探索了一种实用的动态化理论框架构建模式。这一研究可以弥补现有理论、实证研究的不足,为优化分配格局、促进社会公平正义提供理论层面的参考和启示,具有较大的理论意义和创新价值。

1.1.4 现实意义

在作为新兴市场经济体(emerging market economy)的中国,稳定化政策在平抑经济总量波动、保障国民经济健康可持续发展的过程中扮演着重要角色。中国经济DSGE模型的构建对于剖析中国各个宏观经济变量的波动特征,有效分析中国的现实经济问题,实现各类稳定化政策的决策科学化具有

第1章 绪 论

重要的价值。而且，本书运用的新凯恩斯主义经济理论使 DSGE 分析框架下的不平等问题分析以及稳定化政策研究能够更加全面，本书不但能够对以往文献中关注较多的财政政策、保障制度等进行研究，也能够对不同目标、不同规则下的货币政策作用进行准确刻画和分析，而且能进一步分析各类经济政策混合运用情形下的不平等水平变化过程。通过研究框架、研究内容的创新，本书将可以从动态、随机的角度进行政策作用的分析与预测，提出政策的优化选择建议，这有利于实现经济政策目标间的理性权衡和优化选择，使稳定化政策更好地匹配于持续、稳定、协调的经济发展需要，更有助于缓解我国在全面建成小康社会的过程中面临的压力和矛盾，推动经济"又好又快"发展。

1.2 核心概念界定

1.2.1 经济不平等的定义及其核心变量

不平等(inequality)是经济学领域的热点概念。如同其字面意义所指，"不平等"是与"平等"对立的概念。人类社会中不平等问题的存在性是毋庸置疑的，但即便将视域缩小至仅包含经济、社会中人与人之间的公平问题，"平等"与"不平等"的准确界定依然是较为困难的。在"什么是平等"这个看似简单的问题上，不同流派的学者存在极大分歧：收入平等主义者认为人应当享有平等的收入。福利平等主义者认为真正意义上的平等取决于福利水平，而其中持古典的功利主义观点的学者又认为这意味着要尽可能最大化所有人的效用[1]。此后出现的一些较"纯粹"的平等主义者则对功利主义观点持

---

[1] 这一定义来自以英国学者边沁(J. Bentham)、穆勒(J. Mill)为代表的功利主义学者的观点，其更精确表述是：正当的行为(包括公正的行为)就是要求取"最大多数人的最大幸福"。

批判性态度,他们认为平等意味着所有的权利和自由均能实现平等①(Sen,1992)。由此可见,上述学者的"平等"定义分歧源自他们所各自主张的不同价值目标,也即是说,他们的观点差异是由于他们在不同的"评价域"(evaluative space)内对"平等"做出了界定。Sen(1992)进一步指出,对平等程度的合理界定、测度,离不开对评价域的合理选择(即选取恰当的核心变量),某些评价域里的平等诉求(如收入)在另一些评价域中可能会异化为不平等的诉求(如闲暇、健康、个体福利、快乐感等)。当然,现有研究经验也表明,为了保证不平等问题研究的可行性、在某些具体问题上能够有针对性地得出有说服力的结论,研究者仍须结合自身研究方向做出取舍,在一个有限但能满足研究目的和可行性要求的评价域内,合理地界定"平等"以及相对应的"不平等"。

在本书中,"不平等"一词的含义通常是指经济不平等,这是一个与目前大多数研究者相一致的界定。经济不平等(economic inequality)是一个比其他评价域内的不平等定义(如"自然不平等"②)更为具体,也更容易测度和比较的概念(张虎,2017)。通过梳理文献脉络可以发现,在经济学研究史中,学界通常将收入不平等、财富不平等视为经济不平等的核心变量,而且其中受到最普遍关注的是收入不平等(Champernon & Cowell,1998;王弟海与龚六堂,2006;贺大兴与姚洋,2014;祁毓与卢洪友,2015)。如果按照收入的来

---

① 这一观点主要来自罗尔斯(J. Rawls)、德沃金(R. Dworkin)、诺齐克(R. Nozick)等持自由主义平等观的代表性学者,例如罗尔斯在《正义论》中所述的"每个人,在面对其他人所享有的最普遍、平等的基本自由体系时,都应有一种平等的权利去获取一种与之相似、相容的自由体系""这些自由都必须是一律平等的,因为正义社会的公民应当拥有同样的基本权利"。

② 哲学、伦理学领域的"自然不平等",是指不同人之间在智、体、貌、性格等方面必然存在自然差异,这种差异通常是基因决定、先天形成的,所以称为自然差异(natural difference),由此形成的不平等现象则是自然不平等(natural inequality)。然而正如卢梭(J. J. Rousseau)认为的,人在本质上是社会动物,自然的力量随着社会化的深入而不断减弱,人与人在自然状态中的差别远小于在社会状态中的差别,自然的不平等由于人为的不平等而极大地加深。所以在研究不平等的内涵时,以经济不平等为代表的各类社会不平等会是更为重要的评价域。

源进行分解，家庭收入的不平等通常又分为财产性收入不平等和劳动收入不平等。在 Atkinson(1983)等人的代表性观点中，劳动收入(labor income)是家庭收入不可或缺的构成部分①，同时财产性收入(property income)对家庭收入也具有重要影响，而且现有的经验证据也表明财产性收入的不平等程度往往大于劳动收入不平等程度。财富不平等则是与收入不平等存在密切关联的不平等因素，家庭财富又可称作家庭的净值(net worth)，即总资产减去总负债得到的差值。显而易见的是，家庭积累的富余收入是财富的主要来源之一，而作为存量的财富又能进一步为家庭带来财产性收入，如果考虑到初始财产差异的普遍存在(如财富的代际传递)，家庭财富不平等对总体的不平等程度会产生更深刻、更长远的影响(Cagetti & Nardi, 2008)。为了更好地理解这种关联，经济不平等问题又可以划分为"流量"和"存量"两个维度，财富不平等属于存量维度上的不平等，而收入不平等则属于流量维度上的不平等(廉永辉与张琳, 2013)。值得借鉴的是，以 Galor & Moav(2003)、王弟海与龚六堂(2007)为代表的研究者还为了从动态角度刻画不平等的决定机制、求解理论模型中的不平等稳态，将不平等概念进一步区分为初始分配不平等和持续性不平等。前者是一个静态的概念，同时也是理论模型中一个给定的初始状态，能够与"存量"也即财富(确切地说是初始财富)的不平等部分对应；而后者则是动态概念，是各类不平等程度的持续变化过程达到稳态后的结果。本书的理论模型中也融合了这种设计思路。

除了收入、财富的不平等，部分既有文献还在经济不平等的评价域内加入消费不平等这一指标，例如，林毅夫与陈斌开(2009)、张伟进等(2015)认为，消费与收入、财富均存在关联，适于加入同一个研究框架之中，考察三者之间的内生影响；而且，消费可以在很大程度上体现人的生活水平，也是效用的重要决定因素，消费不平等的加剧对社会福利的负面影响同样是无法忽略的。

---

① 实际上 Atkinson(1983)又将劳动收入进一步细分为工资性收入和经营性收入，但本书为了降低模型复杂性而未做如此划分。

当然，上述界定并不意味着经济不平等的意涵仅限于此，在其他具体方向的研究中，学者也会根据研究需要，在不改变经济不平等的基本定义的基础上，对不平等的构成范围进行一定调整，以更好地实现自身研究目标。例如，Stigliz et al. (2017) 在收入和财富的不平等之外加入了机会不平等，指出在缺少机会平等的前提下，社会底层的贫困人群将始终无法摆脱现状，从而造成不平等状态的自我延续，这一拓展实际上实现了经济学与社会学理论在不平等问题研究上的综合运用。孟天广与陈昊(2014)在研究不平等如何影响农村基层管理制度建设时，引入了收入不平等、土地不平等这两类中国农村较为常见的不平等表现形式。余靖雯与龚六堂(2008)则考察了中国社会中的教育和人力资本不平等问题。虽然本书在既定研究方向下还无暇对上述更有创新性的不平等概念进行考察，但它们在本书的后续研究中都是可供选择的拓展方向。

总而言之，本书将根据现有文献的研究经验，以经济不平等作为主要研究对象，以"流量"维度上的收入不平等作为主要侧重点，将收入不平等、消费不平等与"存量"维度上的财富不平等有机地联系起来，以各自不同的形式将它们加入理论模型中进行分析。具体而言，在后文的模型中，参考王弟海与龚六堂(2007)、廉永辉与张琳(2013)等人的做法，"存量"维度上的不平等状态(财富不平等)将会被视为在一定时期内持续导致收入分配不平等现象(即上述的"流量"维度不平等或持续性不平等)的基本机制，在DSGE模型的设计与构建阶段即被加入模型数学表达式之中；而在模型动态分析过程中提及的"不平等"及其变化，将主要指"流量"维度上收入不平等程度的变化规律。同时，本书还会在分析过程中进一步兼顾消费不平等的变化规律，用于分析收入不平等在生活水平等方面的影响。

1.2.2 稳定化政策及其主要政策工具

本书论及的"稳定化政策"(stabilization policy)目前已有较为清晰的概念界定。根据《新帕尔格雷夫经济学大辞典》(The New Palgrave Dictionary of

Economics)中的词条,"稳定化政策"是指"由政府掌握的政策工具,用于审慎地应对宏观经济的变化,其目的为实现宏观经济的稳定化"。

而所谓"稳定化",在当前的宏观经济问题研究中通常体现在产出、消费、投资、就业、通胀等几个指标的稳定上(Clarida & Galí, 2000;白钦先与赖溟溟, 2009;Galí, 2011;张平, 2017)。图1.2报告了中国三类主要经济变量(代表产出的GDP,代表消费的社会消费品零售总额,以及代表通胀水平的CPI指数)在2000年1季度至2017年3季度期间的波动情况,可见总产出的波动幅度在2009年后显著加大,而消费的2003年后也保持较高的波动水平。在新常态下,居高不下的波动风险已引起广泛关注。十八届五中全会公报、近年历次中央经济工作会议公报与全国两会《政府工作报告》都将"稳增长"列为首要政策目标,2019年全国两会《政府工作报告》在"2019年政府工作任务"的第一条即强调要"为经济平稳运行创造条件",足见维持宏观经济稳定已成为中国宏观经济政策的首要目标之一。

J. M. Keynes是最早对稳定化政策进行系统化研究的经济学家,他分析了政府运用稳定化政策的必要性以及具体手段。当然,当前我们所熟知的一些关于宏观经济稳定化政策的常识是由Keynes的追随者们在解读《就业、利息和货币通论》的过程中总结出来的,例如Hicks(1950)指出稳定化政策的必要性来自工资刚性、流动性偏好对经济自我调节能力的不利影响。

无论在学术研究还是在政策实践领域,人们视野中的两类最主要的稳定化政策工具是货币政策与财政政策。当然,随着宏观经济形势的变化以及宏观经济理论的发展,稳定化政策的侧重点也并非一成不变,学者乃至政策制定者们联系宏观经济运行的具体形势、参考不同流派理论的政策作用机制观点,对稳定化政策的合理构成及运用方式提出了大量多元化的观点,例如早期的凯恩斯主义者更多地强调使用财政政策作为经济体维持充分就业水平的主要工具。其主要原因在于,首先,凯恩斯主义者认为利率等货币政策工具存在效应上的不确定性,难以把握,故难以视为理想的总需求调节工具。其次,当时的理论研究和经验证据使学者、政策制定者普遍相信,财政政策能

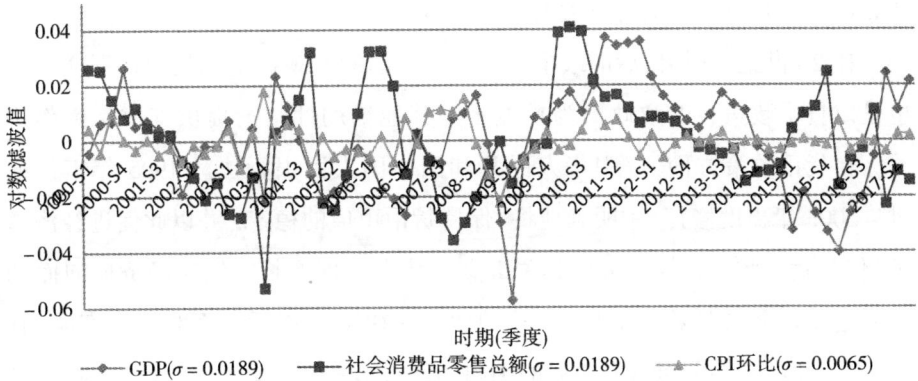

图 1.2　中国主要宏观经济变量的波动（2000 年 1 季度至 2017 年 3 季度）

Figure 1.2　Volatility of major macroeconomic variables in China (2000S1-2017S3)

图注：本图基本数据来自中国国家统计局网站，图中序列值是将基本数据进行去季节化、对数化、HP 滤波等处理后得到的对数滤波值（具体处理方法参见后文 3.2.2 小节）。图例中括号内数据为数据序列标准差。本图形在 MS Office Excel 2010 软件中绘制。

够产生比货币政策更立竿见影的效应（尤其是在面对总需求冲击的经济体中），所以稳定化政策应更多地着眼于古典型经济周期，更多地靠财政政策工具来实现产出水平的调整（Modigliani et al.，1977）。但进入 20 世纪 70 年代后，增长型经济周期取代了古典型经济周期，成为引发更多关注的周期性波动问题，从而也带来了人们在稳定化政策选择上的观点嬗变，学者们开始重视货币政策的作用，认为应当将产出、通胀等在不同的权重下组成合理的政策目标组合，将货币政策视为稳定化政策的核心工具（而非财政政策）来平抑经济的周期性波动。所以，在较近期的宏观经济稳定化政策研究中，不难发现多数学者以货币政策作为稳定化政策的主要构成部分来加以研究，甚至直接以货币政策来表达稳定化政策的全部含义，例如 Clarida & Galí（2000）、Christiano et al.（2004）、白钦先与赖溟溟（2009）、Galí（2011）等，当然也有部分学者如 Galí & Perotti（2003）、刘斌（2009）等着重考查了财政政策的稳定化作用，或是进一步分析了不同政策的组合运用与交互影响，如 Galí & Monacelli(2008)、张平与付敏杰(2011)等。

在20世纪90年代后的政策实践中，中国的宏观稳定化政策选择实际上也是以货币政策、财政政策为重点，以其他辅助性政策提供支撑保障作用的。在货币政策方面，《中华人民共和国中国人民银行法》(1995年审议通过、2003年再度修订)中明确地将"保持货币币值的稳定，并以此促进经济增长"作为货币政策目标，可见其关键点虽然在于促增长，但逆经济风向而动的稳定化要求也占据了首要、直接的地位。1996年以后，面对经济完成"软着陆"、亚洲金融危机爆发之后的国内外经济形势，中国人民银行为响应"扩大内需"的国家经济政策方针，频繁地运用了扩张性的货币政策工具（陈利锋，2013）。2012年以后，中国经济进入"新常态"，货币政策的运用思路与工具选择也做出了相应调整，政府、中央银行开始致力于建立稳健的货币政策框架，货币政策的使用目的也从以往的增长目标真正转向"稳中求进"的宏观稳定化目标，货币政策逐步实现总量稳定、结构优化，货币供给既不过度扩张也不轻易收紧。

而在财政政策方面，由于货币供给体系与国家财政体系之间难以割裂，财政政策与货币政策并不是孤立关系，在以往的政策实践中，中国的财政政策与货币政策之间也确实实现了有机的搭配、结合，例如与1996年后的扩张性货币政策对应的是，当时的财政政策取向也是积极而有力的，特别是亚洲金融危机爆发后，中国从1998年开始连续5年累计发行了6600亿元长期建设国债。在2008年全球金融危机的影响下，作为宽松货币政策的配套政策措施，中国再次采取了大力度的积极财政政策（吕冰洋，2017）。

中国的宏观经济稳定化政策的运用虽不是没有争议，但若从统计数据来简要分析，其效果总体上还是难以否定的。中国的GDP增长率自1996年后常年保持在两位数，即便在次贷危机爆发的2008年、2009年，GDP增长率也分别保持在9%和8.7%（陈利锋，2013），直到进入当前的"新常态"后，中国的经济运行也没有出现超出预期的短期总量波动，从高速增长时期平稳过渡到了"稳中求进"的阶段。

实际上,除了人们最为关注的财政政策、货币政策外,实践中的稳定化政策也包括了诸多辅助的政策工具。例如,为了保障中、长期内的高质量发展,结构性、供给侧的改革措施也是减缓经济周期波动影响的稳定化政策选项,此类政策即通过优化劳动力结构、加快技术创新和人力资本积累,配合中长期内的结构调整来矫正资源配置的扭曲,使供给端在面对总需求变化时能够更为灵活有效地进行结构优化和总量调整、提高全要素生产率,从而也能够使经济系统在周期性波动过程中具备更好的自我调节能力,达到持续、稳定、协调发展的效果。

综上所述,本书在探讨稳定化政策的内涵及作用的过程中,将主要着眼于货币政策、财政政策,但在理论模型框架内,也会适度加入扶贫、劳动力市场改革、行政干预等政策措施带来的影响。

1.3 研究的内容、思路和方法

1.3.1 研究思路

围绕含有不平等因素的新凯恩斯主义 DSGE 模型的构建与分析,本书沿着以下思路循序渐进地开展研究。

首先,选定 DSGE 模型分析、应用的具体方法,建立一个未含不平等问题的新凯恩斯主义 DSGE 模型(基本模型),在该模型中加入新凯恩斯主义经济理论中涉及市场运行、价格与工资动态变化等方面的关键假设,如价格黏性、工资黏性等;通过该模型的构建、推导、参数估计和初步应用,分析上述新凯恩斯主义的理论机制在模型经济中发挥的作用,判断其是否符合现实经济中的典型特征事实或一般直觉,从而明确新凯恩斯主义的思想、观点与 DSGE 分析方法是否在本书模型中实现了恰当的融合,为针对不平等问题的后续研究预先搭建一个可扩展的新凯恩斯主义理论框架,保障后续研究的可行性。

然后,在不改变 DSGE 模型基本结构和理论含义,并采用基本一致的观测数据,在估计方法的前提下,对基本模型进行直接扩展,得到加入异质性家庭、财富非平均配置等设定(本书后续阐述中也将其简称为"不平等的收入分配机制")的新凯恩斯主义 DSGE 模型(扩展模型)。通过引入不平等的产生与变化机制,使扩展模型能够近似地反映出现实社会中"存量"维度上的不平等,并以此为基础,使模型经济中主要变量的变化出现不平衡的动态特征,最终刻画出"流量"维度上的不平等,模拟各类不平等指标随经济周期性波动而变化的过程。

以上两类模型都可作为经济政策效应的模拟分析工具,而且通过两个模型的贝叶斯估计结果的检验、评价与比较,可以进一步判断含有不平等问题的扩展模型是否能更好地拟合观测数据、解释中国经济主要指标的变化规律。以上分析能客观地反映扩展模型中进行的改进是否合理且贴近现实。随后,进一步利用基本模型、扩展模型展开初步应用分析(脉冲响应)与比较,分别在有、无不平等问题的两种情况下,考察经济系统的内生变化过程存在何种差异(实质上是一种反事实分析),判断扩展模型中增加的不平等问题在经济波动过程中起到了什么样的内生作用,从而在经济变量的波动与不平等的变化之间建立明晰的逻辑关系。以上分析能进一步考察扩展模型是否真正具备了准确反映不平等动态变化机制的能力,是否能够在后续分析中厘清经济波动过程中不平等的变化机制。

接下来,既然宏观经济的稳定化政策是以经济变量作为控制目标的,那么,对上述逻辑关系的掌握,就可以进一步帮助我们分析稳定化政策影响下不平等水平的动态变化特点。最终,本书将进一步利用扩展模型进行政策效应分析,将不平等纳入政策优化选择的评价尺度,判断什么类型的政策能在考虑不平等的情形下更好地发挥作用,相关的原理与机制又是什么,并提出政策的优化选择建议。

1.3.2 研究的内容与结构

依据研究的主要问题、研究思路，本书对内容结构作出如下安排：

第1章为绪论。阐述本书选题的背景，概括本书研究的理论意义与应用价值；此外，还须简述本书研究的主要问题，以及本书的思路、内容、方法、创新点等。

第2章梳理文献、做出综述，对不平等问题的理论、实证研究（特别是基于DSGE的相关研究）做一简要梳理，提炼其中值得参考、改进之处。

第3章主要是构建一个不考虑不平等问题的新凯恩斯主义DSGE模型（下文也简称为基本模型），最基础的角度明确本书模型设计的合理性，为针对不平等问题的后续研究预先搭建一个可扩展的新凯恩斯主义理论框架。而且，基本NK-DSGE模型也是后续扩展模型的建模质量评价基准，在不平等演化机制的研究中也能用于比较分析、剖析机制。

第4章的主要任务是在基本模型的基础上进行直接扩展，得到一个"不平等NK-DSGE模型"（下文简称"扩展模型"），该模型中以异质性家庭部门等形式加入了不平等的产生与变化机制，所以可以动态地呈现出不平等的变化过程，为本书后续部分中联系不平等问题的稳定化政策分析提供有效的工具；通过多种准则下的模型评价与比较，可以判断扩展模型是否在建模质量上超过了基本模型，使加入不平等形成与演化机制的DSGE分析框架能够更好地拟合、解释中国经济的实际规律。在第四章末尾，还将通过脉冲响应分析方法，对实际因素（技术与劳动供给）所带来的随机冲击效应进行模拟，实现对本书建立的两类NK-DSGE模型的初步应用。通过比较基本模型、扩展模型的脉冲响应结果，一方面可以考察扩展模型是否能有效呈现出各类经济不平等水平的动态变化特征，另一方面，参考陈利锋（2015a）、Auclert（2017）、Dosi et al.（2017）等人的反事实分析经验，本书可以利用上述分析，把握经济的动态变化过程在有、无不平等问题的两种情况下存在什么区别；进而，通过分析不平等是通过什么途径导致了上述区别，进一步掌握不平等

第1章 绪　论

在经济波动过程中发挥的内生作用，使后续分析的基础变得更加扎实。

第5章主要是实证分析，其具体方法是使用脉冲响应函数来反映经济系统在各类政策冲击下的动态变化，并辅以参数渐进式调整等反事实分析手段，深入分析有关的机制、规律，判断政策的优化选择。该章的分析与阐述主要分成两大部分，第一部分是结合第4章的分析结果，通过比较基本模型、扩展模型的政策效应分析结果，研究不平等的收入分配机制会如何决定模型经济中稳定化政策的效应，而稳定化政策又会如何给各类经济不平等问题带来动态的影响，在此基础上进一步判断经济政策在社会公平方面的代价。第二部分则将前述分析作为依据与基础，研究纳入不平等因素时稳定化政策的优化选择问题，判断什么类型的政策能带来更积极的分配效应和稳定化效果；为了更好地从定量角度确定上述规律、得出有一定可操作性的政策建议，还会进一步从包含不平等因素的DSGE模型中推导社会福利损失函数，以社会福利损失程度来全面衡量不平等约束下稳定化政策带来的社会代价，并据此探求相应的政策优化选择方案。

第6章是结论。总结归纳本书研究的主要内容，并依据相关结论，提出政策建议，同时指出本书的后续研究与展望。

1.3.3　主要研究方法

1.3.3.1　主要研究方法与数据来源

分析方法主要是：定性分析法、系统解构法、计量分析法、数值模拟法、对比分析法。

数据来源主要为：国家统计局网络数据库、中经网数据库及CLDS等微观调查数据库。

1.3.3.2　主要技术方案

根据本书研究需要，构建数理模型，通过MATLAB等数理分析软件转换为 DSGE 模型的可执行程序，用于对模型所刻画的经济系统进行必要的模拟和仿真，以检验数理模型的合理性、稳健性，并能进一步模拟各类政策对模型经济系统的影响，预判政策效果。分析框架与技术路线遵循动态随机一般均衡分析(DSGE)的成熟范式，在运用过程中首先需将数理模型线性化、程序化并录入至软件之中，由软件对模型自动进行求解，而后便需对其进行参数化——其方法之一为直接根据前人研究经验进行校准，其方法之二为运用经济统计数据进行贝叶斯估计。完成上述步骤后即实现了模型的参数化，可根据研究需要实现政策作用的量化模拟，其主要做法是参考以往 DSGE 研究的经验，使用脉冲响应来反映变量在外生冲击下的变化过程，分析相关规律，判断内在机制。

由于本书的分析方法是围绕一个完整的 DSGE 框架来选择和运用的，所以本小节仅作一个概略介绍。关于分析方法、技术手段的更多具体介绍还可参见本书第 3 章中围绕 DSGE 模型的特点所进行的阐述。

1.3.4 研究重难点与关键点

对本书研究工作至为关键之处主要有以下两个方面：

(1)在明确研究对象与思路的前提下，开展本书 NK-DSGE 模型的基本模型设计和推导。模型设计是 DSGE 分析的基础，直接决定了 DSGE 模型的构建质量与分析能力，对本书研究目标的实现自然是至关重要的。而将其作为难点，则是由于经济模型必然是对现实的简化、概括，所以如何用简洁且恰当的形式来体现现实经济中的机制和规律，对于 DSGE 模型的设计者来说便构成了一个最难以权衡的问题。从理想化的角度来说，经济学的理论模型越是精密、复杂，对经济现实的贴合程度也就越高，分析结果也就越为精确，但是在实际研究过程中，若过度追求上述目标，模型的构建难度(通常体现在方程数量、推导的复杂性、参数估计的难度、对计算设备的性能要求等方面)会增加到难以被一般研究者所接受的程度。所以 DSGE 模型的设计者必须在 DSGE 模型的分析效果不至于过度弱化的前提下，对模型进行恰当的简化设计,以提高 DSGE 分析的可行性。在本书中,对这一问题的处理方法可参见第 4 章引言部分与 4.1 节。

(2)模型参数的贝叶斯估计,包括时间序列数据的搜集、先验分布的确定和贝叶斯估计技术的运用,该步骤对模型合理性、有效性的影响非同小可。此处可能遇到的一个难点是数据可得性问题,部分数据与先验分布指标难以从现有的宏观经济统计数据中寻获。对此,本书将通过宏观、微观数据的综合运用来加以应对;例如,当宏观经济统计数据缺失导致贝叶斯估计的某项参数无法确定先验分布时,可以从微观调查数据中提炼相关的指标,估测参数的先验分布均值与分布类型。本书对这一问题的处理方法可参见第 4 章 4.2 节。

1.4 独特与创新之处

(1)本书合理、稳健地实现了模型的构建与扩展。本书以宏观经济稳定化政策的效应分析为出发点,建立了基于新凯恩斯主义的动态随机一般均衡模型(NK-DSGE),并根据研究需要,在基本 NK-DSGE 模型中进一步进行扩展、加入了不平等的形成与变化机制,实现了不平等 NK-DSGE 模型的建构,建立了经济不平等与政策作用下经济变量波动之间的理论联系。与前人研究成果相比,本书的具体边际贡献在于:能在保持甚至提高模型稳健性、合理性的前提下实现模型扩展。与大多数主流文献直接建立不平等问题分析模型的做法不同,本书的模型扩展不但循序渐进,而且还通过量化评价方法测度了两个模型在建模质量上的相对差异,并通过基本模型、扩展模型间的比较(反事实分析),考察了在有、无不平等问题的两种情况下,经济系统的内生变化过程存在何种差异,以判断扩展模型是否能有效识别出不平等问题给经济系统带来的影响、呈现不平等指标的动态变化过程。本书通过上述分析发现,加入不平等问题的 NK-DSGE 模型不但可更准确地拟合宏观经济时间序列数据的主要波动特征，而且还能稳健地得出关于不平等问题的动态分析结果，说明本书在中国经济 DSGE 模型中做出的拓展和改进是合理并且很有现实必要性的。

(2)基于新凯恩斯主义的经济理论，本书进一步夯实了 DSGE 模型的微观基础、纳入了更完善的经济机制。新凯恩斯主义 DSGE 刻画的是不完备的经济系统，其优点在于微观基础扎实、能够有效实现理论到实证的逻辑一致。而本书在主流模型的基础上，进一步完善了对微观主体及其行为模式的刻画，使模型的微观基础更为扎实、能在最大程度上避免卢卡斯批判，模型蕴含的经济机制也因此更为现实、合理，其分析结果能够与中国经济实际情况实现充分吻合。正是在上述基础的支撑下，本书探索了相关政策的作用机理与传导途径，准确地剖析了不平等的形成、演化过程。与大多数同类研究相比，本书的具体边际贡献在于：首先是在模型中加入了带有工资黏性的不完全竞争劳动力市场、刻画了不灵活的工资调整过程；其次，为不同性质的劳动者设置了有差异的替代弹性系数，并为其分别设置了工资水平动态调整机制(即工资菲利普斯曲线)，使模型能够更准确地分析工资、就业等经济变量的变化；再次，在建模及后续分析中，分别从"存量"(财富)和"流量"(收入、消费)这两种维度来体现财富、收入、消费三个方面的不平等问题，厘清了三者各自扮演的角色，使模型既能体现"存量"维度上的不平等状态对经济系统带来的影响(主要通过反事实分析)，又能在此基础上进一步模拟经济不平等程度在"流量"维度上的变化(主要通过脉冲响应分析)，真正实现了对不平等问题的内生化、动态化分析①。以上述边际贡献为基础，本书探索了不平等水平与各类宏观经济稳定化政策之间的理论关联、得出了扎实的实证依据，有效地支撑了本书的结论、实现了本书的研究目的。

(3)本书建立了更加完善的稳定化政策效应分析框架，进行了全面、细

---

① 当然，以江春等(2018)为代表的现有文献也采用了与此类似的模型设计，但他们在对各类不平等问题进行数学表达的同时，却并没有如同本书一样对各方面不平等的作用机理进行区分和探索，其实证分析也往往仅着眼于"流量"维度上不平等变化规律。

致的政策分析。由于新凯恩斯主义理论对经济政策的作用可以提供更为有效的诠释,所以本书能够对财政政策、货币政策以及其他相关配套政策的作用进行全面而准确的刻画,并有效地掌握了各类稳定化政策在收入分配方面的作用规律。而且,相对于主流的新凯恩斯主义DSGE研究,本书还进一步实现了以下边际贡献:首先,在财政政策方面,本书不但参考前人经验,划分了消费、工薪收入、资产收入等不同方面的税收、校准了各类税收的有效税率值,还更具创新性地设置了三类税收的动态累进税率规则,使模型中不同贫富程度的家庭面对着各自不同的累进税率,这更有利于体现税收的再分配效应与"自动稳定器"效应;其次,模型中尝试引入了多种不同的货币政策规则,并在不平等视域下进行了不同规则下货币政策效应的比较与评价;再者,除了财政、货币等常规意义上的稳定化政策外,本书还联系扶贫攻坚、劳动力市场供给侧改革等政策热点,分析了相关政策措施与财政、货币等政策配套运用时产生的效果,增强了研究工作的现实意义。此外,在政策评价及其优化选择分析上,本书也并未如大多数涉及不平等问题的DSGE研究那样,简单地通过脉冲响应、方差分解的结果来评判稳定化政策的效应,而是引入Woodford(2011)、Galí(2012)的分析经验,并进一步进行了创新,在DSGE模型方程的基础上推导出了纳入不平等因素的福利损失函数,最终在权衡平等、效率的前提下,以社会福利损失作为标准,提出了宏观经济稳定化政策的优化选择建议。

第2章 文献综述

2.1 不平等问题的理论研究

2.1.1 经济不平等的基础理论研究

从古典经济学阶段开始,不平等问题在经济学研究史中就已占据了举足轻重的地位。早期的古典经济学将要素收入的决定与分配机制视为解释经济运行规律的关键所在,古典经济学也因此被另称作"分配理论"。要素收入的分配问题正是一个典型的公平问题,通过对不同经济制度下劳动、资本和土地的报酬进行研究,要素收入分配的合理性、公平性在古典经济学阶段的研究中成为评价经济制度的重要标尺之一。

自19世纪末20世纪初开始,不平等问题的研究重心逐渐从要素价格决定机制与要素报酬分配问题转向对社会成员间分配不平等问题的研究,该阶段的典型研究出自Pareto(1897),Pareto是最早研究收入在不同微观个体间的分布特点的学者之一,他系统性地比较、研究了不同个体的收入差距和这种差异的肇因,并探索了对收入分配不平等程度的合理测度方法。Pareto的研究开创了典型的不平等问题现代研究范式,在当前大多数的西方经济学文献中,对不平等问题的测度与研究依然在本质上属于对Pareto研究范式的传承。当然，以 Sen（1992）为代表的学者也指出收入与财富的不平等不能代表不平等的全部意涵，应该将经济学视角下的不平等与哲学、伦理学、政治学、社会学视域中的公平理论结合起来进行界定、比较和研究。然而见仁见智，当今的多数学者依然选择从经济学的视角出发来界定和分析不平等问题。

社会公平是一个早已得到广泛关注的现实问题，进入20世纪后，关于不平等问题的基本理论研究数量也变得非常充沛，研究者中亦包含了诸多知名学者，如 Kuznets（1955）研究了经济增长过程与收入不平等程度之间的关系，指出收入分配的不平等程度在经济增长初期虽会有恶化趋势，但随着经济总量的不断增长与经济结构的不断优化升级，不平等问题将逐渐被改善。而且，Kuznets 较早地尝试了量化的分析手段，利用基尼系数、人均收入间的数量关系对检验了自己的观点，发现基尼系数在人均收入提升过程中的变化规律确实呈现为一条"倒 U 形"的曲线，Kuznets 的观点也因此被称为 Kuznets"倒 U 形"曲线假说。Kuznets 的研究对本书的最大示范意义在于其较早进行了经济总量与不平等程度间关系的动态、量化分析，虽然其关注的重点在于经济的长期增长和演化过程（本书的研究侧重点在于短期内的波动规律），但 Kuznets 在不平等水平与经济总量的变化之间建立起了理论上的逻辑关系，所以可对本书的研究起到重要的启发、参考作用。Okun（1975）从效率、公平间的矛盾着手，探讨了分配公平与经济效率之间的政策权衡问题，从效率代价的视角为再分配政策提供了一个评价标尺，在该研究中，Okun 提出的一个著名论断便是由政府主导的再分配过程中的"漏桶现象"（the leaked barrel effect）；Okun 对经济政策作用下效率、公平问题的系统性思考为本书的稳定化政策比较分析提供了至关重要的理论基础。Atkinson（1983）则对不平等的来源与构成进行了更加细化的讨论，指出劳动收入并不是居民家庭收入的唯一类型，财产性收入、转移性收入等都会影响到家庭收入水平和生活状态，而且涉及不同来源的收入不平等有各自不同的产生机制、呈现着各有差异的动态规律，需要进行专门的分析与研究。

2.1.2 经济不平等的动态理论模型构建

伴随着近几十年来经济理论和量化研究方法的不断创新，国内外学界已经在不平等问题的理论研究，尤其是不平等问题的动态数理模型分析上取得了长足进展，能够在相关研究中利用新古典主义理论诞生以来的前沿思想，建立更为严谨、科学的实证研究框架，从贴近微观基础、符合一般均衡条件且真正动态化的视角出发构建模型，并进行推导、演绎乃至模拟，更加准确、深入地对不平等现象的源泉、长期趋势和演化过程进行刻画，剖析相应的机制和原理。

Galor & Moav（2003）通过新古典的代际传递模型，研究了在金融市场存在摩擦、人力资本过程为非线性形式的情况下，不同个体间的初始财富差异如何持续地影响劳动收入不平等、改变长期的经济增长路径。王弟海与龚六堂（2006）构建了一个离散时间、有限生命、带有遗产机制的新古典主义动态模型，在模型中纳入了初始的财富不平等、个体间的偏好差异与劳动能力差别，最终从上述的初始不平等状态出发，以资本收入差异、劳动收入差异作为关键机制，推导了收入不平等程度的动态变化路径与稳态结果，掌握了持续性不平等水平的动态演化特征；他们发现，如果市场是完全竞争的，那么即便经济系统面对着偏好、劳动能力、收入等方面因素的随机影响，那么收入、财产的分配状态也会自动地趋向稳态，而且该稳态并不会受到模型经济的初始不平等状态的影响。

此方面理论研究的另一着眼点是，将不平等的动态变化机制与经济的周期性波动过程联系起来，探讨两者之间的内生关联。例如，Stiglitz（2013，2015）从理论视角研究了收入不平等如何影响经济波动过程，指出收入不平等和经济波动之间存在相互的影响，并在此种影响机制的基础上讨论了经济衰退的持续性问题。Treeck（2014）、Goda（2014）等学者同样思考了不平等在经济波动过程中扮演的角色，他们结合多个不同经济学流派的理论思想对不平等在2007年次贷危机中扮演的角色进行了定性分析，发现从多个不同学派的理论逻辑出发均能一致地得出不平等加剧了经济波动中衰退过程的结论。上述分析说明，不平等在经济波动过程中发挥的作用、扮演的角色，是一个在理论上和现实上均具有重大意义的研究课题，有必要运用包括 DSGE 在内的分析框架进行深入、动态的剖析。

2.1.3 对政策作用下不平等问题的理论研究

经济不平等是当前各经济体均不得不重视的现实问题。所以，对经济政策影响下的不平等问题的理论研究正在日益增多。结合上一小节的阐述可见，在较早期的研究成果中，国内外学者多从纯理论的视角开展研究，主要运用理论推演、数理模型等手段对经济增长、波动过程中的不平等演化机制进行刻画和剖析。这些研究的视角和技术路线决定了它们更关注的是不平等问题本身的演化过程。当然，无论是纯定性方法展开理论分析还是以数理模型开展研究，对不平等的演化机制的刻画都必然要纳入各类影响因素的作用，以实现逻辑上的完善和自洽、支撑学者们的多元化观点，所以各种相关因素在不平等演化过程中扮演的角色已在这一阶段的研究中受到重视，学者们重点探讨了当中一些典型的政策、制度因素的作用。例如，王弟海与龚六堂(2006)在基于新古典模型的研究中加入了一次性产权配置(对个人)和一次性转移性财政政策(对社会)的效应，并通过推导发现该效应会随着时间的推移而趋于消失，所以相应政策只有短期效应，没有长期效应。而且，王弟海和龚六堂(2006)的模型在机制上考虑了工资和利率对持续性不平等的不对称影响，所以他们通过模型的推导和求解，指出征收工薪收入税总是降低稳态时的持续性不平等，而征收资本收入税对稳态时不平等程度的影响具有不确定性，所以对劳动收入征税所带来的分配效应要比对资本收入征税的效应更加积极。王弟海等(2011)对上述研究进行了改进和扩展，提出了一个连续时间的新古典动态分析框架，发现在有限生命周期模型中，如果微观个体对自己的后代是无私的，那么在利率偏低的情形下，模型稳态以及稳态下的经济不平等问题与社会中的初始财富分配状态无关，而且初始的不平等状态也会在代际传递过程中逐渐得到缓解、最终趋于平等。但是，如果经济中具有较高的利率，则上述结果不成立，以财富差异为主的不平等状态将会在代际传递过程中产生持续的影响。陈钊和陆铭(2008)在二元结构宏观经济模型中融入了我国的城乡分割因素，通过模型的推导分析指出：我国的城乡分割和收入差距问题是基于城镇居民利益设计的社会管理制度所导致的结果。杨天宇等(2012)构建了引入户籍制度因素的二元结构动态模型，发现户籍制和城市正规部门进入障碍将导致城镇化进程中的收入不平等程度的单调增加，而取消户籍制则能让收入不平等程度单调下降，说明Kuznets"倒U形"曲线假说只有在满足一定制度条件时才会成立。Stiglitz(2012b, 2015)也进一步研究了经济政策是如何减轻或加剧经济衰退的不平等后果，他指出，某些出于"善意"的政策有时会适得其反。Stiglitz(2012b, 2015)是本书稳定化政策研究部分的重要理论基础之一，事实上也给本书选题带来了最为关键的启发。

在稳定化政策的具体作用机制剖析上，学界在财政政策(包括收入政策)如何影响社会分配的问题上已进行了较大量的理论研究，得出的观点差异相对较小。当然，这也是由于财政政策作用于社会分配的机制、效应较为直接和明显，而且多数国家的财政政策均遵循"损有余而补不足"的取向、注重其分配效应的发挥，但经济学界的主流观点也认为，这样的财政政策会给社会带来一定效率损失。相比之下，货币政策作为宏观经济稳定化政策中的另一主要工具，在不平等问题上带来的影响远不如财政政策直接、明确，货币政策是通过何种机制、渠道改变分配格局？货币政策对各类型不平等的影响是正面的还是负面的，其又应如何测度与模拟？学界至今依然对上述问题众说纷纭，学者们在此方面的观点建议、研究方法等仍是日益多元化。但至少可以肯定的是，货币政策的再分配效应的存在性并未被大多数学者否认，Coibion et al. (2012)研究了货币政策如何影响美国经济不平等的变化过程，最终指出货币市场、货币政策与社会分配之间存在必然而直接的关联，所以货币政策在不平等问题上并不是"无辜的旁观者"(innocent bystanders)。不过，总体来看，目前学界对经济不平等、货币政策间关系的研究仍存在较大分歧，对货币政策是否会影响到不平等、货币政策会如何改变不平等、货币政策影响社会分配状态的机制和渠道等关键问题，学者们也仍未提出成熟且能得到广泛认同的分析框架。

2.2 不平等问题的量化研究

如上所述，该领域的研究目前在理论观点、机制分析和实证结论上均存在较大分歧，而且不同学者的理论基础、分析视角、研究侧重以及相应的思路、方法等均存在较大差异。而另一个更重要的问题是，理论分析的结果是否合理、可靠，离不开现实世界中经验规律的检验与支撑。若要提炼经验规律、构建从理论到实证的更完善分析框架，量化的分析手段必不可少。此方面的研究数量众多，根据方法、侧重点和技术路线的不同，相关研究可梳理为以下三个方面：

2.2.1 基于计量实证的分析

成熟的计量实证手段在宏观经济政策影响下的不平等问题研究上应用已十分广泛，而且在现有研究中所占比例更大。从此类研究的总体定位上可分为两类，一类是从宏观经济的全局着手，以理论模型为基础，构建较大型的结构性或非结构性宏观经济计量模型来展开分析，本书采用的 DSGE 分析也可以视作此技术路线不断发展的产物，相关研究留待下两个小节专门进行综述。另一类则是针对更加具体的现实规律与政策问题，采用较简单的计量分析手段(如构建单方程计量模型)来检验理论假说、得出结论，典型研究如 Bastagli et al. (2012)借助统计数据指出，发达经济体的财政政策在减少收入不平等方面发挥了重要作用，而且政府支出在其中发挥了主要作用，但同时不可忽视的还包括累进性的税收制度。他们进一步地针对发达国家与发展中国家的不同情况提出了优化财政政策的建议，指出发达国家的税收和支出措施应在维持经济效率的同时增强或保持财政政策的分配效果,具体措施包括减少逃税和避税的机会,增加对高收入阶层的所得税的累进性,削减非生产性开支,等等。而发展中国家的当务之急则是进一步合理地扩大税基(如消费税和收入税)并更加有效、公平地使用财政资源,减少大企业和少数个人在税收方面的特权乃至舞弊情况,同时还须在支出方面着眼于压缩过泛的价格补贴、推进有针对性的转移支付手段,并逐步扩大社会保险制度。肖尧和吴晓忠(2015)将财政政策划分为存量型和增量型两类,运用动态空间面板计量方法和1998—2013年的中国区域经济统计数据、地理信息数据,检验了两类不同财政政策对中国城乡收入差距的影响,并分析了相应机制,他们发现存量型政策具有直接分配性,能缩小城乡间收入分配的不平等程度,而在结构偏向等机制的作用下,增量型政策的作用往往与存量型相反,所以行政部门须处理好两类政策之间的权衡问题。刘文文等(2016)提出货币政策可能从收入结构、工资差异、储蓄、资产等四个渠道对收入差距产生影响的假说,并运用中国、加拿大、德国、美国等四国的面板数据进行了实证检验,发现货币政策在上述四个渠道上产生的收入差距变化效应是存在显著差异的,并由此得出货币政策对收入差距不具有确定影响的结论。蔡萌和岳希明(2016)运用中国家庭收入调查(China household income project,CHIP)住户数据进行实证研究,发现政府收入再分配政策效果不明显是导致我国居民收入分配不平等状况较发达国家严重的主要原因。Biswas et al. (2017)结合税收政策来研究收入差距的减少对经济增长的影响,他们利用2014—2016年的美国宏观统计数据和来自家庭纳税申报表的微观数据展开实证分析,发现不同收入分配水平下的税收对家庭工作、投资和消费的激励有着异质性的影响,而且实证结果还说明减少低收入家庭、中等收入家庭之间的不平等程度会有利于促进经济增长,但如果试图通过征税手段来干预收入分配的不平等状态,经济增长却反而会受到负向影响;Biswas et al. (2017)的机制分析进一步表明,上述经济增长效应的差别既可归因于供给方面的因素(即小企业活动和劳动力供给的变化),也可归因于消费需求的差异。

2.2.2 理论研究与量化分析的初步融合

伴随着二十年来的理论创新与计量手段的进步，从纯理论研究转向理论与量化相融合已成为国内外不平等演化研究的主流发展趋势；通过将日益前沿的动态化理论模型与更新颖的计量研究手段相结合，可以建立更为严谨的研究框架。而且，各种量化研究手段的引入，也使得学者们能够准确地把握政策因素对不平等水平的影响规律，从真正贴近现实的角度检验、剖析相应机制，所以，相关成果的侧重点逐渐从单纯的不平等演化机制研究转移到了政策作用的分析与模拟上。在国内文献中也可见，由于统计资料的日渐丰富和计量实证手段的进步，学者们除了紧跟学术前沿、更多地采用理论与实证相结合的研究框架外，也正趋向于在模型中引入更多贴合中国国情的因素与机制，以更准确地剖析我国社会经济发展进程中出现的新矛盾与新问题。从分析思路和技术路线的差异来看，相关文献成果主要可分为两类：

其一，通过将理论模型参数化、程序化，利用计算机软件进行数值模拟，量化地判断模型的主要变量在面对外生影响时的变化规律。例如，刘晓峰等（2010）为了研究城市化政策的内生变迁问题，借鉴并改进了陈钊和陆铭（2008）的模型，将城市化、城市经济发展的问题有机地结合在了一个量化的理论模型框架中，并以校准方法设定了模型的参数值、实施了数值模拟。刘晓峰等（2010）最终发现，在城市化的早期，由于城市居民福利会受外来移民的拖累，所以城市化政策趋向于收紧，进而拉大城乡间的差距。但是，当城市化进行到一定程度以上时，上述差距带来的社会矛盾又会使社会资源的非生产性消耗变得难以接受，所以为了促进城市部门的资本积累和经济增长，真正可持续地推动城市化，公共服务等领域的均等化制度改革会被内生地推动，最终促进二元化社会的融合，减少不同身份居民间的不平等。郭凯明等（2011）建立了一个包含政府公共服务投入的新古典主义动态一般均衡模型，推导了政府投入对于经济增长和不平等的长期动态影响；其得出的分析结论表明，不同类型、不同方向的政府投入带来的效应存在差异，例如社会保障投入可以有效地改善不平等，但是却不利于长期的经济增长，而教育投入虽然可以促进长期内的经济增长，但是在不平等领域带来的改善作用却很弱。Grigoryan(2011)构建了一个局部均衡的理论模型来分析收入不平等与货币政策之间的互动机制，指出财富差异造成了居民存款额度的差距，影响了他们进一步融资以平滑预算的能力，所以经济政策的变化会通过储蓄—融资能力之间的交互作用导致财富、收入不平等程度的变化。韩其恒与李俊青(2014)构建了包含金融约束与劳动市场分割的世代交叠模型，对城乡间人口迁移的动态过程进行了理论分析和数值模拟，发现金融市场约束的放松能在加速人口城镇化进程的同时优化迁移人员的数量结构和教育结构、缩小不同群体间的工资差异，从而缩小城乡居民收入差距。贺大兴与姚洋(2014)则从经济不平等的角度对"中等收入陷阱"问题进行了动态分析，借助一个改进的世代交叠模型，他们提出了经济不平等导致两类"中等收入陷阱"困境的观点：经济不平等造成的财富集中虽然会在经济发展初期帮助后发国家脱离贫困，但过度的不平等会削弱贫困人群进行再投资的能力，从而使经济陷入第一类中等收入陷阱。而且，不平等又会使贫困人群无法进行足够的人力资本投资，使经济的结构转型遇到阻力、导致第二类中等收入陷阱。然而，通过模型推演和动态的数值模拟，贺大兴与姚洋(2014)又发现经济系统在穷人能够进行足够人力资本投资时更有可能收敛于高收入阶段，所以他们指出提高贫困人群的人力资本投入是摆脱陷阱的最好办法。

其二，将理论模型与计量实证手段相结合，利用理论模型得出主要的观点和假说(或是直接推导得出实证模型)，而后利用相关数据进行实证检验。例如莫亚琳和张志超(2011)将地方政府支出的城市倾向问题引入Barro政府支出内生增长模型、得出理论假说，然后运用省级面板数据加以检验，最终得出片面追求城市扩张的"建设型"财政支出不利于缩小收入差距的结论。钞小静与沈坤荣(2014)借鉴了Bewley模型的理论模型表达式，将其改进为同时包括现代部门(规模报酬不变)与传统部门(规模报酬递减，相当于农业)这两类生产主体的二元形式，来探讨收入分配的不平等会如何内生地影响经济增长过程,最终通过基于面板回归模型实证检验,明确了一种双向的影响机制:二元结构经济中,农村居民由于初始财富水平过低而致使人力资本投资不足,劳动力质量难以有效提高,反过来又使动态演化过程中的收入不平等程度被加强,经济的长期增长也因此被拖累;本书的模型应用与分析同样借鉴了钞小静与沈坤荣(2014)的思路,从内生的视角,探讨了不平等的分配状态、分配机制与经济波动过程、经济政策作用过程之间的内生影响。盖庆恩等(2013)则在构建理论模型的过程中引入了我国二元结构社会中存在的劳动力市场扭曲问题,研究了源自政策因素的劳动力市场扭曲对城镇化进程、生产率和收入差距的影响机制,并运用面板数据展开计量分析、检验了上述观点。米增渝等(2012)则侧重于研究财政政策,建立了一个包含不平等分配机制和财政政策工具的动态增长模型,综合运用模型推演、数值模拟、计量实证分析等手段,发现税收、补贴等财政工具不利于缓解经济总量增长与收入不平等之间的矛盾。张东敏(2015)同样将财政政策与收入不平等结合了起来,借鉴了创新驱动内生增长模型、结合了双重差分估计等实证计量手段,从政府支出行为、企业行为等角度研究了税收的收入分配效应及其决定因素、探讨了最优税收结构的选择问题。

2.3 理论与实证的充分融合:DSGE 分析方法

如前所述,学界对不平等演化问题研究范式的改进(理论与实证的结合),在经济理论和经验规律之间建立了一座桥梁。从目前的研究趋势来看,理论与实证研究不论通过什么形式来综合运用,其最终要完成的任务都体现在以下两个方面:第一个任务是经济预测,主要研究各个重要经济变量(比如:利率、通胀率、经济总量,以及本书研究的各方面不平等程度)在未来某一时期会怎样变化;第二个任务则是经济分析,主要是分析某个(些)变量的外生变化(例如经济政策的变化)会对其他变量产生怎样的影响。但是,前述研究在以上两个方面仍存在不可避免的局限性:首先,单纯的理论模型推导虽然能够实现机制的刻画与分析,但其结论往往无法直接与现实规律贴合,而且在大多数典型文献中,动态理论模型的推导和求解结果也大多是以静态形式呈现的(例如稳态结果),无法对不平等程度的变化过程进行直观的分析和呈现;即便部分学者尝试对理论模型直接进行参数化与数值模拟,由于模型参数的校准方法容易出现争议,其模拟和预测的准确性也易受到质疑。其次,计量实证的作用更多的是可以对已有的经验规律进行提炼,现有的计量研究设计多基于线性的单方程实证模型,分析过程中往往需要面对难以解决的内生性、遗漏变量、实证模型与理论机制脱节等问题,而且大多数现有结构性计量分析方法不能直接地对外部因素(如政策)的动态作用进行模拟和预测,在全新制度、全新政策的作用模拟上也存在力有未逮之处。所以,学界、业界自然会努力寻求一种能够真正实现理论、量化分析紧密结合,并具备更完善模拟预测能力的方法,来实施经济政策影响下不平等水平变化规律的分析与预测,从而量化地研究不平等约束下宏观经济稳定化政策的优化选择问题。在各种研究方法选项中,日渐成熟的动态随机一般均衡(dynamic stochastic general equilibrium,DSGE)分析方法为上述需求提供了一种可行的解决方案。

与 Galor & Moav(2003)、王弟海和龚六堂(2006)的模型类似,DSGE 的基础是一个符合一般均衡原则、具有微观基础的动态宏观经济理论模型,但 DSGE 分析既不同于纯粹的宏观理论模型推演,也不局限于简单的模型校准与数值模拟分析,而是结合了动态化、随机性的计量实证手段,属于最为前沿的宏观经济计量分析方法之一。DSGE 方法最早可溯源至大型的结构性宏观经济计量模型。在 20 世纪经济思想与理论不断推陈出新、经济学研究方法日益数学化的历史潮流中,宏观经济计量方法经历了长期的应用、批判与演化过程。而 DSGE 方法体系的诞生与发展,也正是学界、业界、政府机构等在面对实际经济问题时,根据分析与预测需要对早期经济计量手段进行不断改进、拓展的结果。

第 2 章 文献综述

2.3.1 早期宏观经济计量模型的发展

早期的宏观经济计量研究通常以廷伯根（Jan Tinbergen）、克莱因（Lawrence Robert Klein）等人的研究作为标志，其基本范式是建立宏观经济的数学模型（联立方程模型）、用合理的统计方法进行参数估计、对估计结果进行检验。在 20 世纪 40 年代（尤其是二战结束）后，Koopmans（1949）等人的研究将侧重于需求分析的凯恩斯主义宏观经济理论（例如 IS-LM 模型）和计量方法相结合，使结构性计量模型的识别、估计、检验和预测技术得到了系统化的发展与完善，根据 Pagan（2006）的划分，第一代结构性宏观经济计量模型①此时已经走向成熟，使 20 世纪 50 年代和 60 年代成为宏观经济计量学发展的黄金时期。从那时开始，主要经济体的中央银行乃至一些商业机构都开始运用类似的范式建立联立的结构性模型，将其用作经济预测和经济政策分析的重要工具，例如由 Tinbergen 牵头设计的荷兰中央计划局 1955 年模型。

20 世纪 70 年代出现的一系列模型在 Pagan（2006）的划分中属于第二代，受当时的石油危机与"理性预期革命"影响，部分第二代模型在理论基础上更加兼收并蓄，将理性预期等因素引入到对经济决策机制的刻画之中，这一创新所带来的影响一直延续到了如今最为前沿的宏观经济模型中。但在当时，理性预期因素尚无法与结构性计量模型有效匹配，这一问题在严重时甚至会导致模型数值模拟结果出现发散、无法向稳态收敛。而且，尽管研究者们不断尝试对结构性模型进行改进，当时的政策制定者和学术界均发现结构性宏观经济计量模型的预测分析频频出现失误，使此类模型开始面对空前的质疑与挑战。

在各界的质疑与批判中，最为致命的打击来自 Lucas（1976），也即著名

---

① 遵循文献中的习惯，本书的"结构性宏观经济计量模型"特指 20 世纪五六十年代以凯恩斯经济学为基础的大型宏观计量模型。"结构性因素"特指没有微观基础的外生性假设。"结构性冲击"特指不随政策和环境变化的外生的冲击。"结构性参数"特指在一般均衡模型中外生确定的参数，比如偏好、技术、禀赋。

的"卢卡斯批判"。Lucas 认为,宏观经济系统永远无法脱离自身的微观基础,因为经济本身便是由大量微观主体构成的,企业、居民等微观主体具有主观能动性,而且其行为会经历学习、试错、反馈、修正的动态过程,所以微观个体会通过自身决策方式的调整来适应政策制度与经济环境的变化。在此基础上,Lucas 进一步指出,早期的宏观经济计量模型在预测上的失败,恰恰正是因为它们习惯将那些本应由微观个体行为来内生决定的因素视为外生、固定的结构性参数,所以"政策变动将系统地改变经济计量模型的结构",使原有的模型迅即失效,无法提供准确的分析与预测结果。

"卢卡斯批判"动摇了结构性宏观经济计量模型的理论基础。为了找到更有效的分析预测手段,Sims(1980)提出了一种替代性的宏观计量分析手段:向量自回归(vector autoregression,VAR)分析方法。出于回避"卢卡斯批判"的目的,Sims 的基础 VAR 方法没有结构特征、不以经济理论为基础,每个方程都体现了内生变量与其余变量滞后项之间的相关性,但任一变量都不会与任何其他同期的内生变量存在关联。VAR 方法很快在运用的便利性和预测分析结果的有效性上体现出了优势,至今仍是经济计量分析领域应用最为广泛的分支之一,得到了进一步的衍生、发展。值得一提的是,日后许多更为前沿的经济理论模型分析也可以完全用变量的 VAR 形式来表示其结果,本书的 DSGE 模型即是如此。

同一时期,改进宏观经济学分析方法的另一路线是强化模型的理论逻辑、淡化计量手段在模型结构和参数判断上的作用,部分学者甚至至今仍坚持用数学形式进行定性化的理论模型分析,例如作为新货币主义经济学代表的 Williamson(2017)。另一批研究者则尝试将理论模型与改进后的定量分析手段相结合,其代表性方法之一是可计算一般均衡分析方法(computable general equilibrium,CGE)。

CGE 的核心特征是将投入产出模型、线性规划和宏观经济理论结合起来,在瓦尔拉斯均衡的基础上构建数学模型,从而实现对符合一般均衡条件的模拟经济体的刻画。由于典型的一般均衡模型能够从生产和需求两个角度共同反映现实经济的变化,其模拟结果所代表的政策意义与现实经济规律往往更加吻合,所以能够在一定程度上弥补早期宏观经济分析方法的不足。早期一般均衡模型的构建尝试可以追溯到 Arrow & Debreu(1954)的模型研究,其后 Johansen(1960)、Harberger(1962)等学者进一步发展了基于两部门一般均衡模型的政策分析方法。Shoven 和 Whalley 是最早探索运用可计算一般均衡分析方法来分析宏观经济问题的学者,为了对模型进行量化应用,实施更简便、更精确的求解,Shoven & Whalley(1972)提出了基于一般均衡的美国税制分析模型,并首次尝试用 Scarf(1967)的不动点算法在计算机上尝试求解一般均衡模型,但采用的计算方法实质上是以有限点列的计算来逼近不动点,难以求解高阶的非线性差分方程组,也使得模型在无限个经济主体的多时间维度经济行为的解释上无能为力。其后,Shoven & Whalley(1984)又建立了更为完善、标准的 CGE 的标准模型,这一模型同样用于税收问题分析,虽然其模型过于简化,仅定义了两个部门(即生产部门和家户部门),不能真正准确地刻画税收、政府支出带来的影响,但仍可视为最早的完整意义上的可计算一般均衡分析(CGE)。CGE 分析方法发展成熟的标志之一则是 Auerbach & Kotlikoff(1987)构建的世代交叠动态一般均衡(简称 A-KOLG)模型,他们根据经济主体生命周期有限的客观现实,将经济主体同质预期和有限生命周期的假设条件加入了模型。在模型的求解方法上,Auerbach & Kotlikoff(1987)进一步探索了一般均衡模型的求解思路。他们指出,既然经济系统在理论上存在稳态,那么,就可以以将某个稳态设为经济系统的初始状态,当该系统发生变化后则会趋向新的稳态,系统在前后两个稳态之间的动态演化路径是较易分析并模拟的。在此基础上,他们运用 Gauss-Seidel 迭代法不断调整模型变量的初始赋值,试图寻找模型经济的收敛状态。Auerbach & Kotlikoff 等人的研究在当时须使用 Fortran 语言编程并求解,虽然受限于当时的计算机软硬件技术水平,整个技术实现过程工作量巨大,而且程序的通用性也很差,但是他们的分析思路与技术实现方法启发了大批的追随者,提高了 CGE 方法的认可度。A-KOLG 模型最终被于 1997 年被美国国会预算办公室用于进行税制改革的效应模拟,其模拟效果得到了普遍认可,而此后税制改革领域的 CGE 模型也大多是该模型的衍生品,如 Lin et al.(2005)、Jokisch & Kotlikoff(2007)、Zhai & He(2008)、林伯强与牟敦国(2008)、Rausch & Rutherford(2010)、陈烨等(2010)、许璞与苏振天(2012),等等。

作为一般均衡理论模型与量化分析手段相结合的早期代表性方法,CGE 模型对日后 DSGE 模型的发展有着一定的启发作用(Kydland & Prescott,1982a),而且其运用至今仍很常见,与 DSGE 等方法处于并行发展状态。不过,与 DSGE 分析方法相比,CGE 模型的局限性也是较为明显的;其一,早期的 CGE 理论模型并不具备动态特征,所以在经济系统动态演化规律的分析能力上存在天然缺陷;其二,CGE 模型与新古典主义的假定结合十分紧密,其理论模型的优化计算离不开对闭合规则①的界定;其三,与 DSGE 方法不同,CGE 主要着眼于确定性条件下的经济演化分析,而随机冲击在此类模型中通常被简单地归入扰动项,这也使 CGE 模型对经济短期波动情形下政策作用的解释、分析能力变得相对有限。

2.3.2 DSGE 方法的发展脉络

2.3.2.1 DSGE 的概貌

在 CGE 模型出现并推广的同时,研究者们对宏观数理模型和经济计量

---

① CGE 模型中外生变量的不同选择以及模型闭合的不同选择,反映了要素市场和宏观行为的不同假设。宏观闭合规则主要涉及新古典闭合及金汉森闭合,微观闭合规则主要指凯恩斯闭合。新古典闭合规则是把投资作为内生变量,在封闭经济中,投资与储蓄的均衡是由模型外的利率调节机制来出清,在开放经济中通过实际汇率调整,实现储蓄与投资均衡;此时也可以将政府开支水平和居民税后收入的储蓄率外生给定,再由储蓄决定投资,实现模型的均衡解。在金汉森闭合中储蓄是由投资决定的,在封闭经济中储蓄与投资均衡可以由税率调整,在开放经济中二者的均衡可以由汇率调整。宏观闭合规则假定商品市场及劳动力市场出清。然而短期中存在工资及价格刚性,劳动力市场存在失业,凯恩斯闭合就是在假设劳动力市场完备的情况下提出的,此类闭合将工资率或是劳动力供给量作为均衡变量,最终实现模型均衡解。

方法有效结合的尝试并未结束，计算机技术的进步、普及，经济理论的不断演变创新，以及建模思路、方法间的融合借鉴，使宏观经济领域的计量研究得到了一种理论、量化分析紧密结合，并具备更完善模拟预测能力的方法：动态随机一般均衡(dynamic stochastic general equilibrium，DSGE)方法，在各种研究方法选项中，日渐成熟的 DSGE 方法(尤其是包含了各种摩擦、非出清假设的新凯恩斯主义 DSGE 方法)是现有手段中对政策作用刻画准确性最好的一种，能够在尽可能贴近显示经济环境实施经济政策影响下不平等问题的分析与预测。

DSGE 是一种理论与实证相结合的宏观经济计量分析范式，能够运用成熟的理论模型刻画出一个符合一般均衡条件的宏观经济系统，并能够在理论模型基础上进行优化条件分析、模型参数估计和数值模拟，对经济的波动或增长过程以及各类经济政策工具的应用效果进行量化模拟，最终通过动态的模拟结果展现其中蕴含的理论机制。

DSGE 的名称即能体现出其基础框架的以下几方面特征：

其一是"动态"(dynamic)特征。加入时间维度的动态理论模型并非 DSGE 所独有，例如在微观领域，Taylor et al. (2004) 和 Fudenberg & Tirole (1983, 2013) 等学者早已将动态博弈模型运用于不完全信息与垄断竞争条件下博弈均衡决定机制的研究。而在宏观领域，动态模型的运用更是不胜枚举，除了较早期的宏观理论模型外，Acemoglu et al. (2003) 建立了包含动态博弈均衡的动态理论模型，用于研究经济发展进程中的内生制度变迁问题。此外，在不平等研究领域，Galor & Moav(2003)在统一增长理论模型基础上建立的不平等内生演化分析框架，以及王弟海与龚六堂(2006)等学者建立的持续性不平等动态分析模型均是动态模型的代表性应用。作为 DSGE 的最基本特征，动态化设计使得 DSGE 对微观基础的刻画迥异于传统的静态(Static)理论模型。众所周知，个体的最优选择是经济学的基础假设之一，而动态化情境下的这种假设则拓展为跨期最优选择(intertemporal optimal choice)：在一个动态模型中，微观经济主体在每一期的决策都会影响到本期和其后多期，所以其最优决策条件分析不能与静态模型一样仅考虑本期影响,而是要进行动态的推演、得出能够符合未来多期最优要求的答案。而且这样一来,对未来的预期能力也在很大程度上决定着微观经济主体的动态决策是否达到最优,所以上述动态化特点也使理性预期这一新古典主义经济学的重要思想被引入了模型。

其二是"随机"(stochastic)特征。包含随机性因素的经济模型及经济分析方法并不罕见,例如金融统计与计量领域的风险溢出模型、随机定价模型(Berg,2009;徐元栋,2017),以及微观领域的期望效用模型、随机博弈模型,等等(Fudenberg & Tirole,1991;张冀等,2016)。而在宏观经济理论研究领域,王弟海等(2006,2011)也将收入的概率分布状态以及相应的不平等程度加入了新古典主义的理论模型中,并研究了随机的再分配政策变化如何影响稳态增长路径上的不平等水平。与上述研究有所不同,DSGE 中"随机"一词的准确意义应指其所模拟的经济系统中存在外生随机性因素带来的结构性冲击。DSGE 的理论模型对随机冲击的性质与意义、随机变量的变化过程等通常都有着直接、明确的界定,进而能在考虑经济系统演化机制与外生随机影响的情况下确定模型经济的动态。众所周知,现实世界的复杂性使得意料之外的影响因素比比皆是,经济生活中的不确定性总是令人们不可能总是准确预知经济变量的未来变化,所以 DSGE 中的外生冲击使其能更好地模拟带有随机因素的现实规律。自 DSGE 的雏形 RBC 模型诞生以来,这些随机冲击就被用于解释经济波动的原因,扮演着最为核心、重要的角色。而且,随着经济理论的不断发展,DSGE 分析框架中纳入的随机冲击种类也在不断调整、增加,从最初的技术(全要素生产率)冲击(technology shock)拓展到包括偏好冲击(preference shock)、货币政策冲击(monetary shock)、财政政策冲击(fiscal shock),等等。可以说,DSGE 分析的核心任务正是要探究由理论模型构成的虚拟经济系统在随机冲击下如何波动、演化,如果没有上述的外生随机冲击,DSGE 模拟出的经济系统就无法产生近似于现实状况的动态变化过程,那么 DSGE 方法存在的意义也就所剩无几了。

其三是"一般均衡"(general equilibrium)。一般均衡是与局部均衡(partial equilibrium)相对的概念,意味着模型分析需要从整个经济系统的全局出发,在各经济部门、各类行为主体、各方面影响因素相互作用、相互关联的情况下,寻找一个同时符合经济系统局部、总体最优化条件的均衡状态。符合一般均衡条件的宏观经济理论模型是宏观经济学发展到一定阶段和水平的产物,在 DSGE 方法趋于成熟之前就已得到了广泛的认同与运用,例如著名的凯恩斯主义 IS-LM 模型(以及以该模型为基础建立起来的结构性宏观经济计量模型)就引入了产品、要素、货币等多个市场的一般均衡机制。而 Galor & Moav(2003)、王弟海等(2011)、陈钊与陆铭(2011)等人建立的新古典主义动态模型不但是一般均衡模型,还因在模型中考虑了家户成员的行为决策而具备了扎实的微观基础,为避免"卢卡斯批判"创造了条件。DSGE 则进一步集成、发扬了类似上述模型的一般均衡思想,其理论模型中含有家户部门(消费者)、厂商(生产者)等经济主体,能够反映商品、要素等领域的资源流动和交易关系,进而根据理性预期假设下的最优化条件,在一定的资源约束下分析、推导各类主体的决策结果。而在新凯恩斯主义的 DSGE 分析框架中,经济主体的类型还得到了进一步的拓展,纳入了多个不同类型的厂商以及政府部门、金融机构等。上述设计使得 DSGE 成为一种融合了宏观经济前沿学术思想、微观基础扎实,从而能较好地与现实经济运行规律相吻合的宏观经济计量分析方法。

2.3.2.2 DSGE 方法的雏形:RBC 模型

DSGE 的雏形通常被认为来自 Kydland & Prescott(1982a),Kydland & Prescott 在本书中提出,暂时性的实际冲击(主要指生产率冲击)是经济波动的根源,所以如果在模型中以随机扰动项形式加入这些实际冲击因素,那么就可以用来更有效地解释经济中的波动与周期过程。基于上述观点,二人设计的模型又被简称为 RBC(real business cycle)模型,该模型的基础方程刻画了家户、生产者等主体在各自经济资源约束下的最优决策行为,模型的基础来自新古典主义经济理论(new-classical economics)，以完全竞争、理性预期、货币中性等作为基本假设，认为市场能够连续、自动出清，经济主体享有完全信息，价格可完全灵活地调整。最终，利用一般均衡理论与动态最优化方法，能够推出各经济主体在约束下的最优行为方程及随机冲击过程的表达式。RBC模型在当时是一种全新的宏观计量经济模型，有着良好的微观基础，能够以独到的方式解释并模拟经济波动现象，并有效回避"卢卡斯批判"。而且与日后 Auerbach & Kotlikoff (1987) 的做法类似，RBC 模型的提出者们在 Kydland & Prescott (1982b) 中也公布了模型的可执行程序，使模型的影响力进一步扩大。此后，Hansen (1985) 基于不可分劳动的观点对RBC模型进行了改进，在 Kydland & Prescott (1982a) 的基本RBC模型中，劳动者的劳动时间能根据其自身偏好来灵活调整，所以劳动里总量的变化取决于劳动者的努力程度(劳动意愿)，而 Hansen 则指出就业并非灵活可分，劳动者在更多时候抉择的实际是工作与否，一旦参加工作，就需要承担固定数量的劳动，所以在他的模型中，劳动力数量的变化取决于就业状况，这一更切实际的设计使得 Hansen 的模型能够更准确地描述技术冲击、实际工资与劳动投入量之间的动态联系。Christiano et al. (1992) 则将 RBC 模型做了进一步拓展，分析了劳动力市场的波动机制。RBC模型在实际应用中取得了十分理想的效果，根据 Prescott(1986) 的测算与比较，RBC模型与现实经济数据的匹配程度较高，能够解释现实经济中的大部分波动，陈昆亭等(2004)的模拟结果也表明，他们建立并校准的RBC模型可以在80%的准确度上拟合中国经济的实际波动特征。

虽然RBC模型的出现标志着DSGE方法的总体框架已初步成型，但随着宏观经济理论的沿革以及相关研究的深入，RBC模型在理论基础上的局限也日渐受到关注。经济学家们发现，RBC模型建立在一系列过于理想化的假设之上，这使该模型在较大程度上偏离了现实经济，也使其适用范围过于有限。例如，现实中也基本无法找到经济学意义上的完全竞争，人们接触到的更多是垄断性的企业、有差异的产品，现实中的市场在绝大多数时候是非均衡的，也很少真正达到出清状态，经济主体之间的信息不对称也是难以回避的。而且在现实中，商品和要素的价格往往无法灵活变化，其调整过程存在不同程度的黏性。基于理想化的市场假设，基础的 RBC 模型仅仅将生产率冲击作为经济波动的主要肇因，从而忽略掉了非理想条件下偏好变化、财政政策、货币政策等因素可能对经济系统造成的影响，这一方面背离了现实经济中的客观规律乃至人们的经济直觉，也使得 RBC 模型在政策作用分析等领域难以发挥作用。为了改善 RBC 模型的不足，Cooley & Hansen（1989）将货币引入 Hansen（1985）的模型当中，构造了一个"现金现行"（cash in advance，简称 CIA）模型，模型假设源自 Clower（1967）的观点，即经济中仅有一种商品，家户成员分为生产者和购买者，家户成员购买消费品时须用其跨期持有的货币来购买，但生产者购买资本品时并不受此限制。与此作用类似的是以 Sidrauski（1967）的理论为基础建立起来的货币效用函数模型（money in the utility，简称 MIU），但上述方法在模拟分析中得出的货币政策冲击效应往往十分微小，与现实经验无法吻合。Christiano et al.（1992）、Mcgrattan（1994）则通过加入政府消费和税收，使 RBC 模型能够分析财政政策的作用机制，但与上述的 CIA 和 MIU 模型类似，加入财政政策的拓展模型依然无法实现对实际经济波动过程的有效模拟。总而言之，无论以上哪种形式的改进，实质都是在帮助 RBC 模型在一定程度上摆脱完全竞争市场和货币中性假设带来的局限，令模型能够反映稳定化政策的作用，但由于上述改进没有从根本上改变 RBC 模型的理论基础，也无法真正准确地导入各类政策在经济系统中的作用机制，所以实际效果有限。

2.3.2.3 新凯恩斯主义 DSGE 模型的诞生与发展

综观此后的学术史，在新凯恩斯主义经济思想（new Keynesian）被充分融入 DSGE 方法后，RBC 模型的主要局限才切实地得到改善，从本质上改善了 DSGE 模型对经济波动和与政策效应的分析、预测能力。根据 Galí（2015）的定义，基于新古典主义经济思想的 DSGE 模型以完全竞争、理性预期、货币

2.3 理论与实证的充分融合：DSGE 分析方法

中性等作为基本假设，没有涉及垄断、市场失灵、财政干预、货币冲击等因素，而且以 Kydland & Prescott（1982a）为代表的新古典主义 RBC 模型通常只考虑实际冲击（全要素生产率冲击）。当然如前所述，RBC 模型在 20 世纪 90 年代后又得到了改进，部分过于理想化的假设被修正，使 RBC 理论与 DSGE 分析方法的发展初入正轨，但这种局部修补并没有让 RBC 模型在政策作用刻画上能与真正突破了新古典主义理想化假设的新凯恩斯主义模型媲美。

简要而言，新凯恩斯主义 DSGE 的理论基础是 20 世纪 70 年代末兴起的新凯恩斯主义经济学（new-Keynesian economics）。与二战后兴起的"老"凯恩斯主义相一致，新凯恩斯主义者同样坚信三个信条：第一，劳动力市场是非出清的。第二，周期性的经济波动规律无可否认而且难以完全消除。第三，对经济的政策干预非但不是无用或中性的（如当时其他学派所主张的那样），而且还是不可或缺的。但是，新凯恩斯主义经济学也不是凯恩斯主义的复制或简单继承，而是兼容并包地借鉴了当时各个主流经济学派的思想精华，虚心吸纳了其他学派的批评意见，并检讨了凯恩斯主义在以往的政策设计上的经验教训，从而实现了对以往凯恩斯主义经济思想的批判、继承与创新。例如，新凯恩斯主义为了使宏观经济理论在微观基础上更加稳健，从新古典主义等流派中借鉴了经济行为主体追求利益最大化、具备理性预期等基本假设，在理论模型中也非常注重对微观经济行为的刻画。而且，与凯恩斯主义经济理论中的价格刚性、工资刚性不同，基于信息不完全、菜单成本等解释，新凯恩斯主义经济理论在信息不完全、菜单成本等理论解释的基础上，指出物价、工资等微观工具的调整过程具有黏性特征，并以此来解释产出缺口与失业的产生原因，对市场的非出清问题与经济的波动规律做出了更贴合现实的解释。而且，在加入风险与不确定性、菜单成本、信息不完全、微观主体异质性等因素后，许多扩展的新凯恩斯主义理论模型能够更好地刻画市场的不完备性。

正是基于上述理论假设，尤其是其中的理性预期、市场不完备（不完全竞争）与非出清、工资和物价存在黏性等重要观点，新凯恩斯主义学者指出

第2章 文献综述

经济波动不仅仅是由生产率等来自供给侧的实际冲击造成的，货币和价格的角色也不再如 RBC 模型中那样无足轻重，货币、财政等领域的经济政策冲击同样会导致经济的波动。因此，新凯恩斯主义 DSGE 研究者将各类黏性、刚性或摩擦加入了模型方程，这其中最常见的两类刚性分别来自价格和工资，例如以 Clarida et al.(1998)、Galí(2002)等为代表的学者尝试在模型中加入价格黏性，他们采用的价格黏性表达机制源自 Calvo(1983)提出的交错定价，设定厂商的定价不是连续、灵活的过程，而是取决于其接收到的随机性"调价信号"，这一信号的出现概率分布遵循外生的泊松过程，厂商在每期中接收到调价信号的概率为 θ，接收到信号的那部分厂商会根据市场行情（主要是其他厂商的定价）和自身的跨期利润最大化目标将价格调整至最优，而未接到信号的企业则按上期通胀率来指数化地调整价格。Taylor(1999)、Smets & Wouters(2003)、Christiano et al.(2005)、Walsh(2005)还采用类似的方法将工资黏性引入新凯恩斯主义的 DSGE 模型，来解释劳动力市场的非出清与失业的形成，本书的模型设计也参考了这种形式。也有部分研究如 Ireland(2002)、Lombardo & Vestin(2008)等采用了 Rotemberg(1982)的价格黏性表达方式，即假设经济主体存在价格调整成本，采用"二次调整成本"的形式来引入黏性。

在 DSGE 模型的参数确定方法上，以 Kydland & Prescott(1982a)为代表的早期研究者为了回避当时大型结构性宏观经济计量模型的参数估计方法所面对的诟病，放弃了常规的参数估计手段，而改以主观分析、统计数据估算、前人研究经验等手段来校准(Calibration)模型参数，有时也会采用微观数据予以估计（如偏好、折旧率、贴现率、劳动与资本的产出弹性等）。然后，为了确定参数赋值的合理性，还须利用真实经济统计数据的均值、二阶矩等来与模型模拟结果进行比较、评价建模质量，Kydland & Prescott(1996)还进一步运用敏感度分析法来检验参数校准结果的稳健性(robustness)。显而易见，参数校准方法的局限是难以避免的，其通常须仰赖其他研究的经验或者参考其他国家的统计数据（当然，这会使参数设置不一定符合本国国情）。

2.3 理论与实证的充分融合：DSGE 分析方法

甚至，在部分情况下参数大小会完全取决于学者的主观思考，当研究者在发现模型模拟结果与实际经济规律不符时，往往会调整参数值以使模型与经济现实尽可能贴近，这使外界不由得怀疑模型模拟结果的可靠性。为了克服参数校准的局限、改善模型的分析与预测能力，构建更加贴合现实的 DSGE 分析框架，研究者们又开始尝试将计量分析手段融入 DSGE，以宏观经济的统计数据来估计参数。部分学者结合最大似然估计法（maximum likelihood，ML）和卡尔曼滤波法（kalman filtering）实施 DSGE 的参数估计，如 Christiano & Vigfusson（2003）、Cogley & Sargent（2005）、Andrews & Mikusheva（2011）等。还有部分研究中使用了结构向量自回归方法（structural vector autoregressive，SVAR）、广义矩估计法（generalized method of moments，GMM）、模拟矩估计法（simulated method of moments，SMM）等相对"传统"的计量手段，如 Christiano et al.（2005）、Rabanal & Lopezsalido（2007）、Gunter et al.（2009）等。第三种常见方法是贝叶斯估计（bayesian estimation），该方法是贝叶斯定理在计量分析上的运用，估计时须先根据典型事实和研究经验设定待估参数的先验分布，而后利用宏观经济数据，运用马尔科夫链-蒙特卡洛（MCMC）方法展开模拟，根据模拟结果以及数据中提供的新信息修正先验分布，便可以估计出参数的贝叶斯后验概率分布。值得一提的是，在面对较复杂的模型时，贝叶斯估计的难度也不会有本质的提高，而且即便在数据不全、样本量偏小的情况下，该方法也可以很好地满足无偏性（unbiased）要求，这使贝叶斯估计方法在目前的 DSGE 研究中获得了更为广泛的采用。Dejong et al.（2000）较早地将贝叶斯估计方法运用到动态宏观经济计量模型的参数估计过程中，而 Smets & Wouters（2003）则进一步将该方法用于中等规模（medium-scale）DSGE 模型的参数估计，使模型的拟合能力优于同时期采用参数校准方法的模型研究。

在 DSGE 模型的分析、应用上，由于新凯恩斯主义 DSGE 分析不再拘泥于实际冲击，所以在以 Smets & Wouters（2003）为代表的研究中还加入了大量的外生冲击，不但包括技术（TFP）、偏好、劳动力供给，还纳入了成本加成、投资和货币政策等冲击项。Smets & Wouters（2003）对模型的改进实现了 DSGE 分析效果的大幅提高，其中最关键的一项进步就是使 DSGE 模型在预测能力方面超过了 VAR 模型——此前，即便不是最为大型化、复杂化的 VAR 模型也可以在拟合、预测能力上胜过以 RBC 为代表的早期 DSGE 模型。所以，Smets & Wouters 的研究成为 DSGE 模型真正发展成熟的标志，由于他们提出的模型（后简称为 SW 模型）作为兼有参数校准、实证估计且能应用于实际经济预测，所以又被称为实证 DSGE 模型（empirical DSGE models）。SW 模型被欧洲中央银行采纳为正式的经济政策分析工具（Smets et al., 2010），并进一步衍生出了开放经济结构的 NAWM 模型；此后，欧洲央行又借鉴 Christiano et al.（2010）开发了带有较完善金融机制的 CMR 模型。DSGE 模型在世界各国政府机构、中央银行乃至国际组织中的应用范围在当时已快速增长，例如美联储 SIGMA 模型、英格兰银行 BEQM 模型、加拿大银行 TOTEM 模型、芬兰银行的欧洲地区经济分析模型 EDGE 和本国经济政策研究模型 AINO、挪威银行 NEMO 模型、中国人民银行研究局的货币政策分析模型（刘斌，2008），国际货币基金组织甚至还接连开发了用于全球经济运行分析的 GEM 模型、用于跨国财政分析的 GFM 模型、用于财政与货币政策综合分析的 GIMF 模型，等等。

当然，对新凯恩斯主义 DSGE 研究方法的质疑也久已有之，并主要集中在以下几个方面。其一，以 Smets & Wouters（2003，2007）等为代表的新凯恩斯主义 DSGE 模型通过引入大量的外生冲击来改善模型对现实经济的拟合能力，但是这些外生冲击的现实意义令人存疑，相关研究对这些外生冲击的存在性未能提供足够的理论或经验支持，而且过多外生冲击的加入也会带来可识别性问题。事实上，许多"外生"冲击并不应是结构性的，而是会随着政策的作用发生改变，这使 DSGE 模型无法完全避免"卢卡斯批判"。其二，主流 DSGE 模型通常利用 Calvo（1983）机制刻画价格黏性，在每一期总是假设一定比例的企业不能将价格调整至最优，而是只能根据上期通胀来改变价格，这本质上是一种外生的假设，而且从该机制推导得出的菲利浦斯曲线（phillips curve)中既有滞后因素又含有前向预期,虽然价格黏性可以借此得到较合理的理论解释,但有研究者指出该机制实际上无法解释微观价格数据的变化,Chari et al. (2009)等批评者甚至认为,以 Smets & Wouters (2003,2007)为代表的新凯恩斯主义 DSGE 研究不但与不断更新的微观统计数据无法有效匹配,而且实际上也不能和以往的宏观经数据很好地吻合,所以指出"DSGE 在政策分析上是无效的"。

新凯恩斯主义 DSGE 模型的更大挑战来自 2007 年秋季在美国爆发的次贷危机(subprime mortgage crisis)。按照美国国民经济研究局的数据,此次危机带来的衰退在二战后的美国是最为严重的(此轮衰退一直延续至 2009 年 6 月)。而在这次危机前后,新凯恩斯主义 DSGE 模型的分析与预测能力暴露出很大不足,对危机的产生、传导及其导致的持续衰退未能做出准确判断,所以,如同早期的结构性宏观经济计量模型在石油危机和滞涨期间遇到的危机类似,以 Smets & Wouters (2003,2007)为代表的 DSGE 模型在次贷危机后遭遇了广泛且尖锐的批评。美国众议院科技委员会(CST, U. S. House of Representatives)甚至在 2010 年 7 月 20 日专门召开关于 DSGE 模型在经济政策分析中适用性问题的听证会,会议内容被美国国家科学基金会(NSF)作为依据,来决策是否继续为 DSGE 模型研究提供资助。当时,参与会议的经济学家们对 DSGE 提出了大量的质疑乃至否定意见。

面对次贷危机带来的现实考验,相关领域的学者开始检讨以 Smets & Wouters (2003,2007)为代表的第一代新凯恩斯主义 DSGE 模型在经济机制刻画上的缺漏之处,使 DSGE 模型得到了进一步修正和改进,模型与现实经济规律(尤其是次贷危机爆发后引发关注的新矛盾、新规律)间的贴合程度得到一定改善。从主流研究成果所体现的趋势来看,上述改进主要可归纳为以下两个方面:

其一,通过设计更接近现实经济中劳动力供需规律与工资调整过程的模型,来拓展 DSGE 的适用面。Blanchard & Galí(2010)、Galí et al. (2012)、Christiano et al. (2016)等学者在新凯恩斯主义 DSGE 模型中改进了失业因素

(变量)的引入方式，使模型对失业形成机制的刻画更加合理。例如，Galí (2011)的研究能够将劳动力供给冲击(也称偏好冲击)从 Smets & Wouters (2003,2007)模型中的"工资加成冲击"中区分出来并加以识别，使模型模拟结果与现实数据更加接近。上述设计在本书的 DSGE 模型中也得到了参考。此外，Ravenna & Walsh(2011)、Gertler et al.(2008)、Galí(2011)等文献中还引入劳动力对工作岗位的搜寻与匹配、劳动力供需双方的纳什议价等机制来刻画劳动力市场的摩擦，不但能够解释工资的非灵活调整和失业的产生、持续，也可以简要地刻画出劳动力在一个不完备市场中的流动过程，实现了对价格黏性形成机制的内生化表达、增强了模型对劳动力市场规律的解释能力。Christoffel et al.(2009)引入了搜寻匹配模型并进一步作出改进，假设模型中的劳动者须支付固定成本以保住自己的工作岗位，Lechthaler et al.(2010)则引入劳动力调整成本设定，认为生产者对劳动力的雇佣(或解雇)行为存在额外的调整成本。进一步地，Galí(2015,2016)针对金融危机后持续性的高失业率问题构建了含有"失业呆滞"的模型，引入企业组织内部人员保护既得利益、排斥新劳动力的机制，解释了失业呆滞的产生原因，分析了该情形下货币政策的作用、探索了更具合理性的政策取向。

其二，在反思新凯恩斯主义 DSGE 模型为何不能有效分析、预测次贷危机乃至全球性金融危机的过程中，一些学者认为这是因为新凯恩斯主义 DSGE 模型对于金融体系与金融市场缺乏深入讨论。一个较常见的改进方向是为新凯恩斯主义 DSGE 模型增加金融部门、建构较完整的金融市场，例如 Christiano et al.(2010,2011)在借鉴自 Smets & Wouters(2007)的 DSGE 模型中添加了专门的银行部门，而其更具创新之处在于根据次贷危机的教训进一步引入了金融市场中的代理问题(agency problems)和信息不对称问题(asymmetric information)，模拟了一种"金融市场摩擦"(financial market friction)机制，最终发现模型对次贷危机前后经济数据的拟合能力得到了本质的提高。Christiano et al.(2011)的模型后来得到了欧洲中央银行的采纳，成为其新一代政策分析模型的基础。

除了上述改进之外，国内外学者还根据诸多具体领域的热点、难点课题，对 DSGE 模型做了灵活多样的改进，如 Iacoviello(2010)、陈利锋与范红忠(2014)等学者将房地产市场引入 DSGE 模型，刻画了房地产价格通过各类渠道与经济波动产生联系的机制，Monacelli(2008)、许志伟等(2011)、吴化斌等(2011)、Garin(2015)等研究则将借贷约束或抵押融资限制引入模型，使金融约束能够进入模型并影响市场的均衡。而在微观主体行为的基础假设方面，除了较常见的信息不对称、非理性预期以及自我预期实现(self-fulfilling beliefs)等创新点外，Blanchard et al. (2013)、陈利锋(2017a)等还构建了带有消息冲击(news shock)的模型。而在一些更具新意的研究中，为了使模型理论机制更符合实际、使模型中的外生冲击得到更好识别，从而改善模型应用效果，众多研究者还进行了异质性代理人(heterogeneous agent)、多重均衡(multiple equilibria)、非线性 DSGE(如带有零利率下限的模型)、基于 DSGE 理论的时变参数 VAR(time-varying parameter VAR)等不同路线上的改进。以上研究均体现出了 DSGE 方法体系在未来的创新发展潜力。

2.3.2.4　DSGE 领域的质疑与论争

综观上述发展与应用历程不难发现，DSGE 模型已经历了多次重大改进，但在实际应用中也的确曾暴露出了较严重的不足，遭遇了诸多质疑，这使 DSGE 领域的争议至今仍不绝于耳，批评者中甚至包括 Romer(2016)、Stiglitz(2017)等权威学者，例如 Romer(2016)从脱离现实的外生冲击设定、参数识别不合理等角度抨击了 DSGE 分析方法的合理性，对 DSGE 模型的价值提出了尖锐的否定性意见。

但是兼收并蓄地看，也有诸多持不同意见的学者指出，上述批评者的关注点过多地集中在了早期 DSGE 模型的特有问题上，例如 Romer(2016)用于质疑 DSGE 的例证包括 Kydland & Prescott (1982a)提出的 RBC 模型与 Smets & Wouters (2007)的新凯恩斯主义 DSGE 模型。在 Romer 发表批评意见时，上述模型都已提出多年，其中的缺陷和不足均早已得到 DSGE 研究者的重视，并催生了诸多改进（如前所述），而 Romer（2016）却依然以其为例来说明 DSGE 方法的缺陷所在，这无疑降低了其批评意见的意义。再者，对绝对完善的非结构性经济模型的追求也是不现实的，即便研究者为了准确刻画现实而不断增加 DSGE 的规模与复杂性，模型中也总会有抽象和简化之处以保证建模的可行性（特别是对一些暂时难以用成熟经济理论解释的现象）。与构建一个结构复杂、机制繁多、难于识别、不易求解和估计的模型相比，将部分变量及其影响视作外生变量和外部的动态影响，无疑会是一种更为便捷、更为现实的处理方式，能够帮助研究者更好地实现模型理论意义和量化分析可行性之间的权衡，因此，外生结构性因素是 DSGE 模型在设计过程中所必须做出的权衡，哪怕对最前沿、最具创新性的模型也是如此。

所以，如果要简要地判断 DSGE 模型的理论与应用价值尚余几何，Blanchard（2016）所做的评论可以视作合适的答案：如果只是定性地分析宏观规律，DSGE 模型确实不是必需的，但 DSGE 毕竟给宏观经济的定量分析提供了很好的平台……我也认为目前的 DSGE 模型确有缺陷，但 DSGE 模型毕竟满足了当前宏观经济学的一个重大需求，那就是能提供最关键的核心框架，来让我们围绕其建立起自己的研究与分析。当然，这也意味着研究者们应当在建模时考虑宏观经济中更多层面的问题，并能谦虚地与其他类型的一般均衡模型取长补短。而 Lucas（1980）也在更早期的讨论中认为：唯一能让我们（作者注：指宏观经济学研究者）做实验的地方就是我们的模型。近来的研究进展确实表明，作为宏观经济领域最为前沿的研究范式之一，新凯恩斯主义 DSGE 模型的改进和发展迄今依然没有止步，无论在宏观经济理论研究还是在政策分析与应用方面，学界、业界和政府机构依然未有提出足以替代 DSGE 方法的更好解决方案，DSGE 模型的分析预测能力更无法简单地被先验理论和常规的计量实证方法所取代。而上述各种论争的存在，也恰是一种研究范式尚有较大创新空间的体现，这一局面在经济学其他领域的定量研究方法发展历程中也曾多次出现过。总之，前述批评并不应被视作否认 DSGE 模型发展前景与研究价值的依据。

2.4 DSGE 在不平等问题研究中的运用

从上述内容可见，与 VAR 等非结构性宏观经济计量手段相比，DSGE 是一种更趋向理论驱动(theory-driven)研究方法，而且至今仍在争议中不断发展完善。在现实规律中，不平等问题的产生既离不开宏观性的制度、政策等环境因素，也与个体间或群体间的微观差异有关，而且不平等的具体程度也会在经济系统的、发展过程中被内生地改变(陆铭等，2005；蔡昉，2007)；所以，若须选择一种兼具理论基础和实践价值、能够更准确剖析不平等水平的影响因素和具体机制的分析方法，直接脱胎于动态化理论模型且符合一般均衡条件、具有完善微观基础的 DSGE 方法是一个较理想的选项。

近年来，国内外均已有众多研究者尝试运用 DSGE 方法来研究不平等问题。这类研究给本书研究带来的启发主要在以下三个方面。

其一，是如何在模型中加入不平等的产生与变化机制，以动态方式刻画不平等的产生与演化过程。不平等问题在现实经济中是长期存在、难以完全消除的，所以在王弟海与龚六堂(2006)等人的理论研究中，理论模型中均须引入类似"初始不平等"的概念，刻画出"存量"维度上的不平等(参见 1.2.1 小节)，用以明确不平等问题的渊源与既有状态。从上述初始状态出发，不同经济主体的收入变化就能呈现出"流量"维度上的不平等，实现对不平等变化过程的模拟(参见第 4 章引言与 4.1.1 小节)。在现有的 DSGE 模型中，加入不平等机制的常见做法是在模型中加入异质性微观主体，用以分析不同类型主体的收入、财产、消费的演化机制。通过这一方法，即便是早期的新古典主义 DSGE 模型(如 RBC 模型)也可以简明扼要地实现对不平等问题的刻画。在采用类方法的研究者中，Swarbrick(2012)将异质性的家庭成员加入了基本的 RBC 模型当中，并探讨了存在不平等情形下的最优财政政策选择问题，但他们发现从 RBC 模型中得出的结论与现实中各国政府在经济波动中采取的政策实践存在较大差异,这与RBC模型在政策分析能力上的短板存在很大关系。与基于新古典主义DSGE模型的不平等问题研究相比,较为前沿的新凯恩斯主义DSGE模型在不平等问题的分析上更具有独到的优势,由于模型中引入了价格、工资等方面的黏性和摩擦,所以可对收入、消费等变量的动态变化过程进行更加符合经济现实规律的刻画,从而得出更具参考价值的结论。而且黏性的引入、非完全竞争的市场假设也使DSGE模型能够更全面地反映宏观经济政策的作用,有助于分析各类稳定化政策是通过什么机制和渠道改变了造成经济主体间差异的扩大、改变了不平等的变化过程。其典型研究者如:Galí et al.(2007)在新凯恩斯主义DSGE的框架下引入垄断竞争和价格黏性,验证了政府支出对居民消费的挤入效应,由于他的模型中引入了具有异质性的家户个体,所以其分析结果也能够用来反映政府财税政策对居民消费不平等程度的影响,为本书研究提供了重要的方法参考。Ravenna & Vincent(2014)构建了一个含有多元化家庭及收入异质性的DSGE模型,用来探索对美国家庭债务—收入比例的巨大截面差异的合理化解释,通过一个被调整到能够吻合实际经济数据的DSGE模型,他们发现家庭收入增长率的差异化与经济体系中偏低的金融中介成本有着紧密的关联。Auclert(2017)则运用类似方法构建了包含收入分配机制的NK-DSGE模型,运用美国、意大利两国的宏观经济数据对模型进行参数估计和评价检验,研究了收入不平等如何在货币政策的传导过程中产生并持续,同时也从内生的视角剖析了不平等问题会怎样改变货币政策的效应。Grüning et al.(2015)结合德国在以往若干年出现的巨额经常账户盈余问题,通过一个新凯恩斯主义DSGE模型的分析发现,经常账户盈余是家庭收入在经济总量中的份额下降所导致的内生结果,而经常账户赤字扩大的原因则可以在很大程度上归结于个人收入不平等的增加。上述研究与Ranciere et al.(2012)的分析实际上是殊途同归的,Ranciere等人通过研究发现,经济计量学证据表明收入不平等和是对金融自由化的政策反应,且与外部赤字大幅度增加有关,他们为此开发了一个开放经济的DSGE模型,模型中加入了工人、投资者等异质性个体,用来刻画一种投资者收入份额增加、减损工人收入,从而扩大收入差距的机制,模型中发达国家的劳动者从国内和外国投资者那里获得贷款,从而拉升了总需求,但其代价是本国经常账户赤字的增加;他们还发现,当模型中纳入金融自由化机制后,工人愿意维持更高消费水平,但这又进一步扩大了经常账户赤字与家庭负债率;与之相对的是,在新兴市场国家,劳动者却难以从国内投资者那里获得融资,这些国家的投资者更倾向于将剩余资金投向国外,从而导致经常账户盈余。在我国学者开展的不平等问题的DSGE研究中,多数学者对国外主流的分析范式进行了借鉴、参考,设计出了可以刻画中国不平等演化规律的DSGE模型,而且国内DSGE研究中采用类似上述异质性主体设计的学者也占主流,例如陈利锋(2015a)构建了包含异质性家户个体的NK-DSGE模型,在模型中引入了不同类型家户的生产要素供给结构差异和收入来源差别,从而将收入分配问题融入了NK-DSGE模型。江春等(2018)同样对不平等的产生机制进行了二元化的近似刻画,通过在新凯恩斯主义DSGE模型框架中同时设置高收入和低收入家庭,对经济波动过程中两类家庭经济状况的不对称变化进行了刻画,并在此基础上剖析了稳定化政策带来的不对称效应。

  与上述异质性刻画方式相比,一个扩展性更强的研究来自Mandelman & Zlate(2012),他们构建了一个基于RBC的两国DSGE模型,加入劳动力跨国流动、外劳汇款、边境管控和移民政策等因素,并考虑了劳动者的技能异质性与资本—技能间的互补机制,从动态一般均衡的视角分析了严厉的移民政策可能对两国经济系统和劳动者收入差距造成的长期影响,指出过于严厉的移民管制政策能导致经济波动的加剧、劳动者收入差距的扩大和更长期内的福利损失。与上述扩展类似,中国学者的研究同样并非完全拘于常规,例如,我国的社会形态至今依然具有浓厚的二元化特征,城乡分割的格局依然未能得到完全弥合,这种二元化结构在很大程度上正是不平等的主要来源之一。所以,一部分学者也尝试将新凯恩斯主义DSGE模型改进为城乡二元结构,分析城乡二元化社会下的不平等问题与政策作用,例如中国人民银行海

第2章 文献综述

口中心支行课题组与吴盼文(2014)在新凯恩斯主义 DSGE 模型中加入了城乡两类家庭部门。而与之类似的研究是，张伟进等(2014，2015)通过借鉴和改进 Mandelman & Zlate(2012)的两国 DSGE 模型，构建了一个城乡二元结构的新凯恩斯主义 DSGE 分析框架，但与中国人民银行海口中心支行课题组的做法不同的是，张伟进等人不但考虑了家庭领域的城乡差异，还考虑了一定数量的农业转移劳动力以及迁移者付出的额外成本(实质是由城乡分割造成的劳动报酬扭曲)，并在生产部门中将城市劳动力和农业转移劳动力作为两类异质性劳动力加入生产函数，从而进一步完善了对城乡间收入不平等的刻画方式。而从方法创新上看，Bewley(1983)提出一种含有借入约束与异质性个体的动态随机一般均衡模型(目前也简称 Bewley 模型)，通过引入借贷约束等方法来解释市场的不完备，并且以概率分布形式刻画具有差异性的家庭成员，这种异质性模型能够更精确地实现财产分布的内生化模拟，从而可较深入地考察不平等问题，而且与常规的 DSGE 模型类似，Bewley 模型同样可以采用计算机工具(如 MATLAB 软件和 FORTRAN 语言)进行数值模拟。由于对异质性微观个体刻画方式的改进恰好是未来 DSGE 的主要发展方向之一，所以 Bewley 模型及其各种改进版本也被视为建模思想前卫的"后 DSGE 模型"(post-DSGE)，但这种模型是否能够在应用中取代新凯恩斯主义 DSGE 模型还有待观察。

其二，是如何以 DSGE 的分析模式来剖析不平等在经济周期性波动过程中的内生作用，在总量波动过程中各经济变量的变化规律与不平等程度变化过程之间建立明晰的逻辑联系。如前所述，已有诸多学者在新凯恩斯主义模型的分析框架中纳入了不平等问题，通过模型中不同类型主体收入、财产、消费的变化规律分析，不平等的变化过程能够地到有效的刻画，但是这一分析还只是从不平等所受影响的视角，来判断经济的波动过程会怎样动态地改变不平等水平。而在一个一般均衡系统中，不平等问题的存在也会反过来影响到经济的波动规律，所以，学者们进一步从内生作用的角度出发，揭示了不平等在经济波动过程中扮演的角色、研究不平等问题是怎样内生地影响乃至决定经济的波动过程。例如，Motta & Tirelli(2012)在资产市场有限参与的假设下构建了考虑外部消费习惯的中等规模新凯恩斯主义 DSGE 模型，他们通过模型分析发现不平等与宏观经济波动存在相互的不利影响。Mandelman & Zlate(2012)构建的两国模型及其分析结果说明，跨国劳动力流动以及劳动收入的跨国汇兑形成了一种相对平等的跨国分配机制，这同时也是两国经济的自动稳定器。但是，过于严厉的边境管制政策会破坏上述分配机制、使自动稳定器作用被削弱，让经济的波动变得更加剧烈。陈彦斌等(2013)为了研究中国二元结构经济中通胀和财产不平等之间的关系，构建了一个新古典主义 Bewley 模型，在模型中加入了城乡二元的结构特征，并采用参数校准、数值迭代等方法来实施模拟分析；他们最终发现，在中国的通胀过程中，在金融系统不完善、发展战略偏向工业等因素的影响下，大部分"铸币税"流向了城镇(工业部门)，致使农村家庭在更大的程度上成为通胀的受害者，所以，这可以解释为什么在中国通货膨胀的过程中，穷人的家庭财产减持比例远高于富人群体。陈利锋(2015a)则将 Blanchard & Galí(2010)模型作为基准，拓展出一个包含异质性家户个体的 NK-DSGE 模型，并在两类模型间进行了比较，发现在不考虑不平等问题的情形下，经由 Blanchard & Galí(2010)模型展开的动态分析会对技术、偏好等随机因素冲击下经济波动做出准确性不足的判断，例如，未考虑收入分配的 Blanchard & Galí(2010)模型无法有效刻画工人家庭在低工资水平下的非自愿失业问题，所以，忽视现实中的不平等问题会降低 DSGE 模型对经济波动规律的拟合能力。

其三，是如何运用含有经济不平等问题的 DSGE 模型分析宏观经济稳定化政策的作用，剖析不平等制约下的宏观经济政策效应。如前所述，通过在 DSGE 模型中厘清经济波动过程中不平等水平的变化机制，在经济变量的变化与不平等程度的改变之间可以建立明晰的逻辑联系。既然宏观经济的稳定化政策正是以某些主要的经济变量作为控制目标，那么对上述机制的掌握，就可以进一步用于分析稳定化政策影响下不平等水平的动态变化特点、把握存在不平等约束的稳定化政策效应，提出相应政策建议。Galí et al.(2007)在其改进的 NK-DSGE 模型中加入了异质性家户成员设计，并通过模型应用分析结果发现，由于财政支出等宏观稳定化政策工具会使两类家庭成员产生不同的反应，所以会不可避免地带来分配效应，所以相应政策的设计应将上述分配效应考虑在内。Motta & Tirelli(2012)发现不平等与经济波动间的内生影响可以自动地在演化过程中得到放大，进而指出政府应通过更有效的再分配政策(如财税政策)来帮助实现宏观经济的稳定。Lim & McNelis(2013)利用小型开放经济的 DSGE 模型研究了反周期的财政支出政策对收入不平等和福利的影响，他们考察了在生产率、国内利率、贸易条件和出口需求等因素的冲击下，政府支出规则的差异所带来的不同结果，最终指出反周期的财政支出有利于提高社会福利水平，却不利于提高收入的平等程度。而在国内学者中，陈利锋(2015a)发现未考虑不平等问题的 DSGE 模型容易误判货币政策的效应，所以收入分配在基于 DSGE 的经济政策研究中不应被视作是无关紧要的因素。与之类似的是，江春(2018)也运用设置了高收入、低收入两类异质性家庭的 DSGE 模型对货币政策的收入分配效应进行了 DSGE 分析，以资产收益、劳动力供给作为主要影响渠道，分析了货币政策对收入不平等的改变机制。中国人民银行海口中心支行课题组与吴盼文(2014)则以城乡二元的社会、经济结构为切入点来设计 DSGE 模型，分析了货币政策的收入分配效应，并在模型分析结果中发现了货币政策对城、乡居民收入水平的不对称冲击效应，指出货币政策冲击对城镇居民收入的显著拉动作用是以抑制农村居民的收入增长为代价的。张伟进等(2014,2015)模拟了技术冲击、货币政策冲击、偏好冲击等外生随机冲击对城乡收入差距的动态影响过程，随后运用分析结果，从劳动力城乡间配置状态、城乡居民资产配置选择差异等角度解释了以货币政策为主的稳定化政策为何在城乡间存在不对称效应，从而使城乡间收入、消费等领域的不平等程度被改变。

2.5 对现有研究的简评

从上述文献梳理结果可见，学界对不平等程度的变化机制和影响因素已做了大量有意义的探索，而且在近年宏观经济领域的理论与实证研究中，学界对不平等问题的探索热情始终高涨，涉及不平等问题的研究仍在不断增多。前期文献中的研究为本书的研究工作提供了有益的启发，同时也构建起了扎实的理论依据和可行性基础，例如本书使用的 NK-DSGE 分析框架正是在前人研究基础上进一步改进调整的结果。当然，此处仍有必要对现有文献的贡献和相对不足之处做一客观的汇总归纳：

（1）从前期的理论研究中可发现，学界在该领域的研究尚未形成一个具有说服力的成熟框架，真正能从动态视角剖析、刻画不平等演化过程及其影响因素的文献比例相对不足，包括 Stiglitz（2012a，2012b）在内的诸多研究者采用的是定性分析方法。当然，有部分学者能够运用宏观经济的数理模型，联系长期内的经济增长、财富积累等来动态地分析不平等的演化过程，并佐以模型的直接参数化（参数校准）与数值模拟。此类方法不但可能存在理论和现实间的衔接问题，其目的也往往以分析长期内或稳态下的不平等水平决定机制为主，不足以对短期内周期波动过程中不平等的演化规律进行分析，而且大多数上述类型的文献运用的仍是基于新古典主义宏观经济理论的模型，如王弟海与龚六堂（2006）、陈钊和陆铭（2008）等，这无法全面、准确地反映宏观经济政策体系在不平等领域的作用。

（2）现有文献中的计量实证分析充分地归纳、提炼了宏观经济稳定化政策与不平等之间的关联规律，证明了相关问题的存在性，为本书研究提供了立论的现实依据。当然，在研究各类政策因素如何影响不平等演化规律的计量实证研究中，多数学者倾向于从经验研究角度对政策作用效果进行检验，而且其研究设计通常仅是采用单方程线性模型进行系数估计，往往需要面对难以解决的内生性、遗漏变量、实证模型与理论机制脱节等问题。

（3）目前，诸多采用了新凯恩斯主义 DSGE 分析框架的研究为本书带来了大量有益的启发，例如在不平等与新凯恩斯主义 DSGE 模型的结合方式上，现有文献中较广泛采用的异质性家庭部门设计在本书研究中得到了参考。不过，与其他领域的 DSGE 研究相比，关于不平等的新凯恩斯主义 DSGE 研究目前仍存在一些需要改进和完善之处。例如，如上文综述部分所言，新凯恩斯主义经济理论中关于劳动力市场的研究早已出现并正日臻完善，劳动力市场的有效刻画也代表了新凯恩斯主义 DSGE 的未来主要改进方向之一，而且从不平等问题研究的实际需要来看，工资黏性等劳动力市场的不完备因素可以刻画工资、就业等经济变量的变化过程，所以对不平等的形成、演化来说都是至关重要的，但综观现有关于不平等问题的 DSGE 研究可发现，该领域文献中真正全面地纳入了劳动力市场相关机制的文献尚在少数。例如 Galí et al.（2007）在其基准模型中仅仅纳入了产品市场的价格刚性，Ranciere et al.（2012）、Ravenna & Vincent（2014）、Auclert（2017）等研究中的模型设计也都存在类似的机制不完备问题，国内学者的研究现状也与其类似。例如，中国人民银行海口中心支行课题组与吴盼文（2014）、张伟进等（2014，2015）都没有专门考虑模型中的劳动力市场刻画，而是简单地让完全竞争的劳动力供求关系来决定模型中的工资与就业，其中张伟进等（2015）虽然考虑了农村劳动力的流动问题，但仅是简单地加入了农业转移劳动力的报酬扭曲机制，没有进一步使用工资黏性来表征劳动力市场的不完备因素，而且其模型中既未能真正准确地刻画劳动力迁移数量与农业劳动力总量之间的数量关系，也未能反映出转移劳动力在城乡间的双向流动过程，自然也无法在模型中纳入相应的城乡劳动力市场摩擦和工资决定过程。这无疑影响了其模型的解释能力，弱化了该二元结构 NK-DSGE 模型的创新意义。事实上，目前在 DSGE 研究领域尚未出现能为学界普遍认同的城乡劳动力流动刻画方式，而且相应统计数据也十分粗糙（例如国内官方统计数据的城乡划分标准模糊且多变），无法为 DSGE 模型提供可靠的实证基础，这也是本书没有选择从城乡二元角度刻画中国社会不平等问题的主要原因。

(4)在采用了新凯恩斯主义 DSGE 分析框架的文献中,大多数学者也只是联系不平等的形成机制来着重分析某一特定类别的宏观经济政策的作用效果,而且在新凯恩斯主义理论框架中纳入政策作用的方式也有待进一步补足、完善,例如以 Galí et al.(2007)、Lim & McNelis(2013)为代表的新凯恩斯主义 DSGE 研究只详细阐述了财政等政策的作用,而且即便是对财政政策的刻画,Galí et al.(2007)也是稍显粗糙的(例如只考虑总量税)。其余的研究文献则大多仅重点分析货币政策的作用,能够全面考察财政、货币等各类稳定化政策与不平等问题间关系的文献尚属罕见,例如在国内文献中,张伟进等(2014)、中国人民银行海口中心支行课题组与吴盼文(2014)、陈利锋(2015a)、江春(2018)等均只是重点考察了货币政策对各方面不平等水平的改变作用。而且,上述文献在政策作用评价以及政策的优化选择分析上也均有值得改进之处,例如在国内学者的研究中,以张伟进等(2014,2015)为代表的国内研究者仅是通过脉冲响应、方差分解的结果直接地判定了相应政策在收入分配上带来的代价,陈利锋(2015a)则是将含有不平等问题的 NK-DSGE 模型和作为基准的 Blanchard & Galí(2010)模型进行了简单比较、得出货币政策设计应考虑收入分配因素的结论,这限制了上述不平等研究文献在应用层面上的价值。所以,后续研究尚需要进一步结合福利损失函数等新凯恩斯主义的政策评价方法,联系不平等水平在短期内的演化机制来更全面、准确地进行宏观经济稳定化政策的评价与比较。

第 3 章 稳定化政策的 DSGE 分析框架：模型构建

按照本书结构总体安排，本章将先行构建一个未加入不平等的新凯恩斯主义 DSGE 模型（下文也简称为基本 NK-DSGE 模型或"基本模型"），该模型在本书研究框架中的作用主要有以下四个方面：

其一，如前所述，本书的 DSGE 模型构建是基于新凯恩斯主义经济理论的。所以，为了保证后续研究的可行性，需要先设计一个不包含不平等问题的基本模型、在该模型中加入新凯恩斯主义经济理论中涉及市场运行、价格与工资动态变化等方面的关键假设（这些假设与居民的收入水平、财富积累、消费水平等息息相关，对不平等问题的研究是不可或缺的），如价格黏性、工资黏性等。通过该模型的构建、推导、参数估计和初步应用，可以分析新凯恩斯主义的理论机制在模型经济中发挥的作用，判断其是否符合现实经济中的典型特征事实或一般直觉，从而明确新凯恩斯主义的思想、观点与 DSGE 分析方法是否在本书模型中实现了恰当的融合，从最基础的角度明确本书模型设计的合理性，为针对不平等问题的后续研究预先搭建一个可扩展的新凯恩斯主义理论框架。

其二，根据本书内容结构设计，本书的 DSGE 分析框架应能体现各类稳定化政策的作用机制。所以，接下来的基本模型设计虽然还未加入不平等因素，但其仍会预先加入较为全面的稳定化政策作用机制，为后续扩展模型中的政策作用刻画提供参照。通过基本模型的构建和应用，可以考察模型中的稳定化政策设定是否足够简明、恰当,且能够总体准确地反映现实中相关政策带来的实际经济效应。从而,便可以基本模型为依据,在后文的扩展模型中较恰当地实现稳定化政策影响下的不平等问题分析。

其三,现有的 DSGE 研究文献在涉及不平等问题及相应的政策作用时,其模型的合理性评价、模型实证的稳健性分析等重要步骤往往付之阙如,无法对模型质量进行全面、客观的评价。部分文献虽有较成熟的评价手段,但在模型评价的思路、方法上也往往存在问题,此类问题的具体体现是,上述文献如 Mandelman & Zlate(2012)、中国人民银行海口中心支行课题组与吴盼文(2014)、张伟进等(2015)等,通常只对包含不平等设计的 DSGE 模型进行模型合理性、稳健性评价,用单一的模型评价结果来说明该模型自身设计是否恰当,存在"自证循环"的嫌疑。含有不平等因素的 DSGE 模型是对新凯恩斯主义基本理论框架的一个扩展,所以对任何一个采用类似研究路线的学者来说,其都应正视一个最基础的问题:这种扩展是否真正合理。具体来讲,上述问题是基于以下逻辑而提出的:如果在加入不平等因素之后,DSGE 分析框架的稳健性和合理性都比加入不平等之前出现了显著下降,那么从这样一个扩展模型中得出的分析结论必然会受到比基本模型更多的怀疑乃至批判,其理论意义和应用价值也就要大打折扣。所以,本书的研究工作选择了一个更具逻辑合理性的模型评价思路:在使用相同样本数据、相同实证计量方法、模型基本设定尽可能一致的前提下,对基本 NK-DSGE 模型和加入不平等因素的扩展模型进行比较,考察两者的稳健性、合理性,如果后者在对现实经济数据的拟合质量上、在模型总体的稳健程度上至少不弱于前者,那么就说明不平等因素在 DSGE 模型中并不是多余的,扩展模型中对不平等形成机制、演化过程的刻画也是合理有效、贴合现实的,所以扩展模型将能够更全面、合理地对现实经济的运行进行模拟。实际上,上述评价思路在现有文献中已得到了一定体现,但在不平等问题研究中还较少被采纳(陈利锋,2015a、2015b)。综上,本章构建的基本模型将能为后文中的扩展模型提供一个评价基准(benchmark),帮助研究者判断扩展模型设计的合理程度。

其四,在加入不平等因素、建立起扩展模型并展开应用分析后,基本模型的使命也并未全部结束。在后续模型应用分析过程中,可以运用基本 NK-DSGE 模型的分析结果与扩展模型的分析结果进行综合比较,考察经济系统的内生变化过程在考虑不平等问题后会呈现出何种差异,这将有助更准确地判断不平等因素在整个经济系统中的作用传导机制、剖析不平等自身的动态变化原理,厘清不平等因素的存在会如何改变模型经济中稳定化政策的效应,使扩展模型的应用分析结论在理论逻辑上更为合理、可靠。

综上所述,本章所构建的基本模型将被视作全书的基础模型(base-line model),后文中包含不平等因素的 DSGE 模型将会是在基本模型基础上进行直接扩展而得到的。

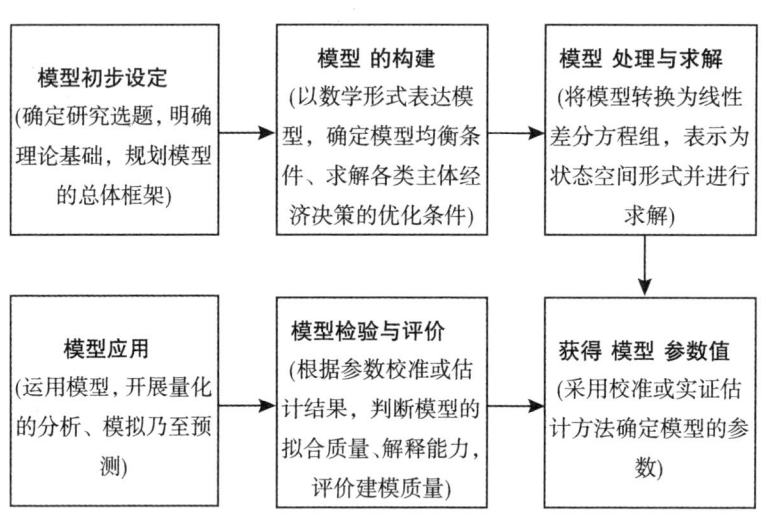

图 3.1　DSGE 分析主要步骤示意图

Figure 3.1　Schematic: the main steps of DSGE analysis

从实际操作角度来看,DSGE 分析是一项较复杂的系统性工作,可大体分为模型初步设定、模型构建、模型处理与求解、获得模型参数值、模型检验与评价、模型应用等六个紧密衔接的部分，大致步骤如图3.1所示。在本章剩余的内容中，模型设定、构建、处理与求解等步骤在第3.1节中进行阐述，而剩余步骤将主要囊括在3.2节、本章附录与第4、5章的应用分析部分之内。

3.1　基本模型的结构

由于具备了源自新凯恩斯主义经济学（new-Keynesian economics）的理论基础，新凯恩斯主义理论模型可更好地刻画市场的不完备性，能够较合理地反映货币的作用，对利率、通胀等宏观经济变量的调整过程进行了更合乎微观基础的刻画，而且模型中还囊括了各类政策的执行者，能够反映财政、货币等政策工具的效应。而在模型的计量方法上，以 Smets & Wouters（2003，2007）为代表的研究者日益广泛地引入以贝叶斯估计、最大似然值估计为代表的实证计量手段，部分避免了传统参数校准方法的主观化问题，使模型模拟结果能够更好地拟合实际经济数据。上述特点使得新凯恩斯主义的 DSGE 模型在政策作用分析上有了更大的用武之地。

根据选题和分析思路，本书的新凯恩斯主义 DSGE 分析框架中包含了家户、多种生产者、政策执行者等部门类型，考虑了价格黏性、工资黏性，刻画了非出清的劳动力市场，并以新凯恩斯主义的理论逻辑来体现家庭间的财产不平等、刻画收入等方面不平等程度的动态变化过程，分析稳定化政策在该过程中起到的作用、提出相应的政策优化建议。与国内绝大多数 DSGE 研究者的做法类似，本章的模型设计主要参考 Smets & Wouters（2003，2007）、Galí（2011，2015）、刘斌（2010）等典型的新凯恩斯主义 DSGE 研究文献，以在汲取前人经验的基础上保证模型设计的合理性，同时本书的模型也根据研究需要进行了改进、优化，例如在模型中加入了三类带有累进性的税收，考虑了两种不同类型的财政政策，对前人文献中设置的外生冲击进行了一定程度的取舍和调整，等等。

3.1.1 模型的基本假设

与现有的主流经济学理论模型一致，作为 DSGE 分析框架核心基础部分的数学模型同样建立在一系列前提假设的基础之上，从而能在合理简化的情况下，对模型结构进行恰当的设计，来实现 DSGE 分析的目的。本书的基本 NK-DSGE 模型在前提假设上延续了 Smets & Wouters（2003，2007）、Galí（2011，2015）、Ravenna & Walsh（2011）、Christiano（2011）等主流新凯恩斯主义 DSGE 模型的设定，可以简要概括为以下几个方面[①]：

其一，DSGE 模型中的经济主体是理性预期、追求自身利益的最大化，并具备理性预期能力的。在这一假设的基础上，便可以利用动态最优化方法推出各经济主体在资源约束下的跨期最优行为方程、构建起 DSGE 模型的理论框架。

其二，模型中经济的均衡应符合一般均衡条件。这意味着，DSGE 模型应同时涵盖多个不同经济部门、多种经济主体（例如本书的模型中便同时含有家户部门、厂商等），而且模型求解与分析的目标是要在各经济部门相互影响、关联的情况下，寻求一个同时符合经济系统局部、总体最优化条件的均衡解，而不是仅仅推演出经济系统中某个（类）经济主体的最优决策方案（局部均衡）。

其三，DSGE 理论模型采用离散时间的动态表达形式。离散时间是目前新凯恩斯主义 DSGE 模型的主流设定，使研究者能够以较直观的差分方程构成模型主体、建立起宏观经济的动力系统模型，来刻画经济系统运行的动态

---

① 此处因篇幅所限，仅列出模型理论基础赖以成立的若干最为基本、最为关键的假设。在此之外，第 3 章的 DSGE 模型还涉及一些更为具体的潜在假设，如家庭部门无流动性约束、消费与就业完全可分、劳动力市场无实际刚性、名义刚性水平外生给定等，由于这些前提假设与模型设计存在更直接、浅显的关联，所以将在理论模型的具体阐述过程中对其逐步进行介绍，或是参考更多主流文献的做法、直接通过模型的数学形式对其含义进行体现。

特征。基于理性预期假设可知，在离散时间的动态经济系统中，微观经济主体在每一期的决策都应同时考虑到本期和其后多期，所以在构建模型的过程中须要进行动态的最优化计算。

其四，模型经济中的产品市场、劳动力市场具备不完全竞争的结构特点。主流新凯恩斯主义 DSGE 模型中往往以微观主体之间的有限差别来体现不完全竞争的市场结构，在本书模型的具体设计中，这种有限差别主要是通过在 CES 函数中设定产品或劳动力之间的替代弹性系数来刻画的。

其五，模型经济中存在名义刚性。在本书的基本 NK-DSGE 模型中，市场中的刚性主要来自物价和工资，模型经济中厂商的定价、劳动力报酬的决定都不是连续、灵活的过程，而是体现出一定的黏性。正是基于这一点假设，新凯恩斯主义学者指出经济波动不仅仅是由生产率等来自供给侧的实际冲击造成的，货币和价格的角色也不再如新古典主义理论中那样无足轻重，货币、财政等领域的政策冲击同样会导致经济的波动。需要说明的是，从中国经济中的诸多典型特征事实来看，第四、第五点假设与中国的现实情况也是总体一致的（薛鹤翔，2010；徐建炜等，2012；张月友与刘志彪，2012）。

其六，模型经济面对着随机性的外生影响。这是 DSGE 模型的重要假设之一，也是 DSGE 区别于其他一般均衡分析方法（如 CGE 模型）的最关键特征。在主流的新凯恩斯主义 DSGE 模型中，暂时性的外生冲击是引发经济波动的根源。本书模型中纳入了实际冲击（主要指生产率冲击与劳动供给冲击）、政策冲击等多种不同来源的外生随机冲击。

3.1.2 微观主体及其经济决策

3.1.2.1 家户部门

(1) 家庭经济行为的基本设定

在模型所刻画的经济系统中，存在由无限生命的家庭所构成的连续性。家庭部门的跨期行为特点为"李嘉图模型"(Ricardian households)，李嘉图模型居民可通过消费、债券投资、资本投资的跨期选择来实现跨期消费平滑、最大化自身效用,不受流动性约束①。当期家庭效用函数的基本形式是:

$$U(C_t, N_t) = \frac{[(\tilde{C}_t)]^{1-\sigma}}{1-\sigma} - S_t^n \frac{(N_t)^{1+\varphi}}{1+\varphi} \quad (3.1)$$

$$\tilde{C}_t = C_t - hC_{t-1}$$

$$S_t^n = e^{\varepsilon_t^n},\ \varepsilon_t^n = \rho_n \varepsilon_{t-1}^n + e_t^n,\ e_t^n \sim i.i.d.\ N(0, \sigma_n^2);$$

在上式中,C_t 为实际消费额,家庭实际提供的劳动力为 N_t,消费和劳动均设为可分形式,系数 h 衡量了消费的惯性水平。σ 为消费者跨期替代弹性的倒数,又可视作跨期风险规避程度的体现。φ 为劳动供给弹性的倒数,反映劳动的规避程度(又称 Frisch 劳动厌恶系数)。S_t^n 是外生的劳动力供击项,其对数值 ε_t^n 服从持续性参数为 ρ_n 的 AR(1)过程,所受外生冲击的标准差为 σ_n。

如前所述,既然家庭的行为模式是追求跨期平滑的"李嘉图模型",那么其经济决策目标就是实现下述跨期效用的最大化:

$$E = \sum_{t=0}^{\infty} \beta^t U(C_t, N_t)$$

上式中的参数 β 是家庭成员的主观贴现因子,是介于 0 和 1 之间的常数。消费者效用最大化问题的当期预算约束条件为:

$$P_t[(1+\tau_t^c)C_t] + I_t + R_t^{-1}B_{t+1} = (1-\tau_t^w)W_t P_t N_t + (1-\tau_t^k)R_t^k P_t K_t + B_t + D_t \quad (3.2)$$

(3.2)式中,P_t 为第 t 期物价指数,家庭成员获得的实际工资为 W_t,K_t 为家庭成员在当期持有的实际物质资本总额,实际物质资本收益率为 R_t^k,获

---

① 正是基于这种跨期平滑消费的假定,李嘉图(D. Ricardo)认为现期的政府负债和减税将导致未来的高税收预期,理性的家庭在现期会增加储蓄或投资以应付未来的高税收,消费得不到增加甚至被"挤出";所以预算赤字和减税的效果是相同的,政府公债融资无非是延迟的税收。以上观点即为著名的"李嘉图等价定理"(Ricardian equivalence theorem)。

得的企业红利为 D_t，而在第 t 期抛售的债券数额（名义值）为 B_t，每单位债券的售价为 1 单位货币。而在支出方面，除了消费外，I_t 为投资支出，B_{t+1} 为在第 t 期认购并将在 $t+1$ 期抛售的债券数量，这些债券的认购价格为 R_t^{-1}。家庭成员以比例税形式纳税，τ_t^k、τ_t^w、τ_t^c 分别为其缴纳资产收入税、工薪所得税、消费税的当期实际税率。

家庭手中的物质资本 K_t 遵循以下的动态积累过程：

$$K_{t+1} = (1-\delta)K_t + K_t\left[\phi\left(\frac{I_t}{K_t}\right)\right] \tag{3.3}$$

上式中的参数 δ 为物质资本折旧率，是介于 0 和 1 之间的常数，$\phi(\cdot)$ 为物质资本调整成本函数，该函数具有下列性质：

$$\phi'(\cdot) > 0, \quad \phi'(\cdot) \leqslant 0$$

$$\phi(\delta) = \delta, \quad \phi'(\delta) = 1, \quad \phi''(\delta) = -\delta^{-1}$$

根据上述性质可以推知，在模型处于稳态时，有：

$$\overline{K}^h = (1-\delta)\overline{K}^h + \overline{K}^h\left[\phi\left(\frac{\overline{I}^h}{\overline{K}^h}\right)\right]$$

$$\Rightarrow \phi\left(\frac{\overline{I}^h}{\overline{K}^h}\right) = \delta,\ 结合\ \phi'(\cdot) > 0\ 与\ \phi(\delta) = \delta\ 及\ \phi'(\delta) = 1; \tag{3.4}$$

$$\Rightarrow \frac{\overline{I}^h}{\overline{K}^h} = \delta, \quad \phi'\left(\frac{\overline{I}^h}{\overline{K}^h}\right) = \phi'(\delta) = 1$$

(2) 家庭经济决策一阶优化条件的推导

在效用最大化并存在预算约束的前提下，家庭的经济行为优化选择目标是最大化下述的拉格朗日函数：

$$\mathcal{L} = \frac{[\widetilde{C}_t]^{1-\sigma}}{1-\sigma} - S_t^n\frac{(N_t)^{1+\phi}}{1+\phi} + \beta V(K_{t+1}, B_{t+1})$$

$$- \lambda_t \begin{bmatrix} P_t[(1+\tau_t^c)C_t] + I_t + R_t^{-1}B_{t+1} \\ -(1-\tau_t^w)W_tP_tN_t - (1-\tau_t^k)R_t^kP_tK_t - B_t - D_t \end{bmatrix} \tag{3.5}$$

上式中的 λ_t 是当期的拉格朗日乘子，$V(K_{t+1}, B_{t+1})$ 是一个"价值函数"，其在数学意义上是一个泛函，主要用途是为借助包络定理（envelope theorem）进行跨期一阶优化推导提供条件，其经济意义则是家庭经济行为决策的价值函数，家庭成员在跨期优化选择过程中须逐期追求下期价值函数的最大值，来实现经济行为在长期内的最优化。

直接利用偏微分方法对(3.5)式进行一阶优化条件的推导，得出的结果为：

$$\frac{\partial \mathcal{L}}{\partial C_t} = [\tilde{C}_t]^{-\sigma} - \lambda_t P(1+\tau_t^c) = 0 \Rightarrow \lambda_t = \frac{1}{[\tilde{C}_t]^{\sigma} P_t(1+\tau_t^c)} \quad (3.6)$$

$$\frac{\partial \mathcal{L}}{\partial N_t} = -S_t^n (N_t)^{\varphi} + \lambda_t(1-\tau_t^w) W_t P_t = 0 \Rightarrow \lambda_t = \frac{S_t^n (N_t)^{\varphi}}{(1-\tau_t^w) W_t P_t} \quad (3.7)$$

$$\frac{\partial \mathcal{L}}{\partial B_{t+1}} = \beta V'(B_{t+1}) - \lambda_t R_t^{-1} = 0 \Rightarrow V'(B_{t+1}) = \beta^{-1} \lambda_t R_t^{-1} \quad (3.8)$$

$$\frac{\partial \mathcal{L}}{\partial K_{t+1}} = \beta V'(K_{t+1}) - \lambda_t P_t \frac{\partial I_t}{\partial K_{t+1}} = 0 \Rightarrow \beta V'(K_{t+1}) = \lambda_t P_t \frac{\partial I_t}{\partial K_{t+1}} \quad (3.9)$$

同时，根据物质资本调整成本函数的性质，可以简要地计算出投资行为的优化选择条件。首先，投资者的决策目标，是以下拉格朗日函数的最优化：

$$\mathcal{L}^k = P_t I_t - P_t Q_t \left\{ (1-\delta) K_t + K_t \left[\phi\left(\frac{I_t}{K_t}\right) \right] - K_{t+1} \right\}$$

对上式进行一阶优化条件推导后可得：

$$\frac{\mathcal{L}^k}{I_t} = P_t - P_t Q_t \left[\phi'\left(\frac{I_t}{K_t}\right) \right] = 0$$

最后得出：

$$Q_t = \left[\phi'\left(\frac{I_t}{K_t}\right) \right]^{-1} \quad (3.10)$$

上面的 Q_t 为资本的影子价格，即托宾"Q"值。

接下来，利用包络定理进一步完成对消费者行为的跨期最优条件分析。根据包络定理，可从(3.5)式计算得出：

$$V'(B_t) = \frac{\partial \mathcal{L}}{\partial B_t} = \lambda_t$$

将上式前推一期并与(3.7)式联立后得：

$$V'(B_{t+1}) = \beta^{-1}\lambda_t R_t^{-1} = \lambda_{t+1}$$

$$\Rightarrow R_t = \beta^{-1}\frac{\lambda_t}{\lambda_{t+1}}$$

$$\Rightarrow R_t = \beta^{-1}\frac{(1+\tau_{t+1}^c)P_{t+1}}{(1+\tau_t^c)P_t}\left(\frac{\tilde{C}_{t+1}}{\tilde{C}_t}\right)^\sigma \quad (3.11)$$

$$\Rightarrow \beta R_t \frac{(1+\tau_t^c)P_t}{(1+\tau_{t+1}^c)P_{t+1}}\left(\frac{\tilde{C}_t}{\tilde{C}_{t+1}}\right)^\sigma = 1$$

$$\Rightarrow R_t \Lambda_{t,t+1} \frac{P_t}{P_{t+1}} = 1$$

上式中，Λ 为家庭成员实际税后消费的随机贴现因子，其定义为：

$$\Lambda_{t,t+k} = \beta^k \left(\frac{\tilde{C}_t}{\tilde{C}_{t+k}}\right)^\sigma \frac{(1+\tau_t^c)}{(1+\tau_{t+k}^c)} = \beta^k \frac{P_{t+k}}{P_t}\frac{\lambda_{t+k}}{\lambda_t} \quad (3.12)$$

(3.11)式、(3.12)式反映了家庭成员的跨期消费决定条件，可见这一决定过程与贴现程度、市场利率、物价水平变化等直接相关。

基于(3.5)式，还可利用包络定理算得资产变量的 t 期偏微分值：

$$V'(K_t) = \frac{\partial \mathcal{L}}{\partial K_t} = \lambda_t P_t (1-T_t^k) R_t^k - \lambda_t P_t \frac{\partial I_t}{\partial K_t} \quad (3.13)$$

另外，对资本积累方程求微分，并将(3.10)式的计算结果代入后可以得出：

$$\frac{\partial I_t}{\partial K_t} = \left[\phi'\left(\frac{I_t}{K_t}\right)\right]^{-1}\left[1-\delta+\phi\left(\frac{I_t}{K_t}\right)-\phi'\left(\frac{I_t}{K_t}\right)\frac{I_t}{K_t}\right]$$

$$= Q_t\left[1-\delta+\phi\left(\frac{I_t}{K_t}\right)-\phi\left(\frac{I_t}{K_t}\right)\frac{I_t}{K_t}\right] \quad (3.14)$$

将上式代入(3.13)式后得到：

$$V'(K_t) = \lambda_t P_t (1 - \tau_t^k) R_t^k + \lambda_t P Q_t \left\{ (1 - \delta) + \left[\phi\left(\frac{I_t}{K_t}\right) \right] - \left[\phi'\left(\frac{I_t}{K_t}\right) \right] \frac{I_t}{K_t} \right\}$$

$$= \lambda_t P_t \left\{ (1 - \tau_t^k) R_t^k + Q_t \left[(1 - \delta) + \phi\left(\frac{I_t}{K_t}\right) - \frac{I_t}{K_t} \phi'\left(\frac{I_t}{K_t}\right) \right] \right\}$$

将上式前推一期并与(3.9)式、(3.10)式、(3.14)式联立后得：

$$\beta V'(K_{t+1}) = \beta E_t \left\{ \begin{array}{l} (1 - \tau_{t+1}^k) R_{t+1} \\ + Q_{t+1} \left[\begin{array}{l} (1 - \delta) + \phi\left(\frac{I_{t+1}}{K_{t+1}}\right) \\ - \frac{I_{t+1}}{K_{t+1}} \phi'\left(\frac{I_{t+1}}{K_{t+1}}\right) \end{array} \right] \end{array} \right\} = E_t \left\{ \frac{\lambda_1 P_t}{\lambda_{t+1} P_{t+1}} \right\} Q_t$$

(3.15)

上式进一步整理后可以得到下文的(3.18)式，即为家庭成员的投资行为决定方程。

通过上述推导过程得出的基本 NK-DSGE 模型家庭部门一阶优化条件可整理归纳为：

$$R_t \Lambda_{t, t+1} \frac{P_t}{P_{t+1}} = 1 \tag{3.16}$$

$$Q_t = \left[\phi'\left(\frac{I_t}{K_t}\right) \right]^{-1} \tag{3.17}$$

$$Q_t = E_t \left\{ \Lambda_{t, t+1} (1 - \tau_{t+1}^k) R_{t+1}^k + \Lambda_{t, t+1} Q_{t+1} \left[1 - \delta + \phi\left(\frac{I_{t+1}}{K_{t+1}}\right) - \phi'\left(\frac{I_{t+1}}{K_{t+1}}\right) \frac{I_{t+1}}{K_{t+1}} \right] \right\}$$

(3.18)

(3) 家庭部门关键方程及一阶优化条件的线性化

我们在本部分推导中所得出的都是含有滞后项或预期项的非线性方程。如前所述，为了能够更便捷地实现 DSGE 分析，在进行后续分析之前应先实施模型主要方程的线性化。

众所周知，现实世界中人们的经济活动很少遵循线性规律。同样地，主流 DSGE 模型的数学表达式(方程)也都是非线性的，最典型的如模型中效用、生产的函数表达式。但是,越是结构复杂、因素众多的理论模型,其非线性模型方程的识别、求解与参数估计难度就越大,相应的计量分析过程也会对计算设备的性能提出很高的要求(否则参数估计过程极其缓慢或易出错),这极大地影响到了 DSGE 分析的推广、运用。

因此,大部分的现有文献中在开展 DSGE 的理论模型构建、优化条件推导和结构方程整理时,往往会采用线性化方法进行模型的简化,最后投入应用的模型方程均为线性形式。这一做法在新凯恩斯主义的 DSGE 分析中更是占据了绝对主流的地位,其数学模型中甚至还包括若干须完全仰赖线性化处理手段才能推导得出的方程,例如新凯恩斯主义菲利普斯曲线(NKPC)、新凯恩斯主义工资菲利普斯曲线(NKWPC)等。目前,DSGE 的模型线性化处理方法主要有泰勒展开法、Uhlig(2006)的对数偏离方法等,而目前应用最广泛的是其中的第二种即 Uhlig(2006)方法,该方法的基本原理是对模型内生变量相对于稳态的对数偏离进行低阶近似,在通过该方法最终得到的线性化方程中,变量均已被转换成对数偏离值。上述线性化方法大大降低了模型分析的难度,从而使 DSGE 分析方法能够在更多的研究方向上得到普及应用,以至目前文献中的新凯恩斯主义 DSGE 模型绝大多数是以线性化后的形式呈现的。本书为了保证研究的可实现性,也按照大多数文献的范式构建了一个线性化的新凯恩斯主义 DSGE 理论模型,将最终投入应用的模型方程全部转化为含有滞后项或预期项的线性方程式。

首先说明,在下文对 Uhlig 线性化方法的基本阐述中,一律用变量字母的小写格式(顶部加尖形符号)表示变量相对其稳态的对数偏离程度,用上方加横线的变量符号表示经济系统达到稳态时变量的值,$i.e.$, $\hat{x}_t \equiv log X_t / \overline{X}$,那么很自然地,我们就可以将原始的变量替换为其稳态值乘以自然底数 e 的对数偏离值次方,$i.e.$, $X_t \equiv \overline{X} e^{\hat{x}_t}$。接下来,假设有一个需要变换的方程式为:

$$W_t = C_t (N_t)^\varphi$$

上式可以变换为下面的对数偏离形式:

$$\overline{W}e^{\hat{w}_t} = \overline{C}e^{\hat{c}_t}(\overline{N})^{\varphi}e^{\varphi\hat{n}_t}$$

不难看出，对上面的方程式来说，可以直接进行如下处理：

$$\overline{W}e^{\hat{w}_t} = \overline{C}e^{\hat{c}_t}(\overline{N})^{\varphi}e^{\varphi\hat{n}_t}$$
$$\Rightarrow e^{\hat{w}_t} = e^{\hat{c}_t + \varphi\hat{n}_t}$$

最终得到的线性化结果为：

$$\hat{w}_t = \hat{c}_t + \varphi\hat{n}_t$$

但是，上述处理方式显然无法应对形式较为复杂的方程，例如在方程一侧有若干项之间为加（减）关系时，上面的方法便不敷使用。所以在 Uhlig (2006)方法中，对类似 $e^{\hat{x}_t}$ 的项还可以用一阶泰勒展开方法得到它们在稳态附近的近似值①：

$$e^{\hat{x}_t} \approx e^{\bar{\hat{x}}} + e^{\bar{\hat{x}}}(\hat{x}_t - \bar{\hat{x}})$$

在上面的一阶泰勒展开式中，形如 $\bar{\hat{x}}$ 的项表示变量对数偏离值的稳态值。不难理解，在经济系统的稳态下，任何变量的对数偏离值都为0。所以上式又可变换为：

$$e^{\hat{x}_t} \approx 1 + \hat{x}_t$$

将该方法运用于公式(3.1)，可作出如下推导：

$$\overline{W}e^{\hat{w}_t} = \overline{C}e^{\hat{c}_t}(\overline{N})^{\varphi}e^{\varphi\hat{n}_t}$$
$$\Rightarrow \overline{W}e^{\hat{w}_t} = \overline{C}(\overline{N})^{\varphi}e^{\hat{c}_t + \varphi\hat{n}_t}$$

将上式各项做一阶泰勒展开处理，可得：

$$\overline{W}[e^{\bar{\hat{w}}} + e^{\bar{\hat{w}}}(\hat{w}_t - \bar{\hat{w}})] = \overline{C}(\overline{N})^{\varphi}[e^{\bar{\hat{c}}+\varphi\bar{\hat{n}}} + e^{\bar{\hat{c}}+\varphi\bar{\hat{n}}}(\hat{c}_t - \bar{\hat{c}}) + \varphi e^{\bar{\hat{c}}+\varphi\bar{\hat{n}}}(\hat{n}_t - \bar{\hat{n}})]$$

由于稳态下变量对数偏离值都为0，上式进一步化简后可得：

$$\overline{W}(1 + \hat{w}_t) = \overline{C}(\overline{N})^{\varphi}(1 + \hat{c}_t + \varphi\hat{n}_t)$$

消去方程两侧的变量稳态值与同类项，化简后可得：

---

① 这一方法的潜在假设是变量偏离其稳态的程度很小；所以，只需进行一阶泰勒展开即可得到较有效的近似结果。

$$\hat{w}_t = \hat{c}_t + \varphi \hat{n}_t$$

可见其结果与直接取对数的线性化结果是一致的,而且受方程形式的限制较小,适用范围更广。以 Uhlig 方法为基础,新凯恩斯主义 DSGE 模型的所有方程式都可以转换为线性形式,极大地降低了模型构建的难度,增强了 DSGE 分析的可实现性。

从上面的方法入手,在经过恰当的变换后,模型方程即可变为由变量稳态值、参数、变量对数偏离值共同构成的线性方程式。

本部分的线性化主要针对上一部分推得的家庭部门经济行为一阶优化条件与家庭部门模型关键方程(如消费惯性表达式、资本积累方程等)。首先,上文中效用函数的消费变量融合了消费习惯因素,所以与上期消费之间形成了动态的相关关系。通过上述方法,可以求得带习惯因素的消费动态变化方程的线性化结果为(线性化计算过程见附录3A):

$$\hat{\tilde{c}}_t = \frac{1}{(1-h)}\hat{c}_t - \frac{h}{(1-h)}\hat{c}_{t-1} \quad (3.19)$$

资本积累方程(3.3)的 Uhlig 对数线性化结果为:

$$\hat{k}_{t+1} = \hat{k}_t + \delta(\hat{i}_t - \hat{k}_t) \quad (3.20)$$

方程(3.16)、方程(3.17)、方程(3.18)的 Uhlig 对数线性化处理结果分别为:

$$\hat{\tilde{c}}_t = E_t\{\hat{\tilde{c}}_{t+1}\} + E_t\{\pi_{t+1}\} + \frac{\bar{\tau}^c}{(1+\bar{\tau}^c)}(\hat{t}^c_{t+1} - \hat{t}^c_t) - \hat{r}_t \quad (3.21)$$

$$\hat{q}_t = \eta^{-1}(\hat{i}^h_t - \hat{k}^h_t) \quad (3.22)$$

$$\hat{q}_t = [1-\beta(1-\delta)]\left(-\frac{\bar{\tau}^{kh}}{(1-\bar{\tau}^{kh})}\hat{\tau}^{kh}_{t+1} + E_t\{\hat{r}^k_{t+1}\}\right) + \beta E_t\{\hat{q}_{t+1}\} - \hat{r}_t + E_t\{\pi_{t+1}\}$$

$$(3.23)$$

上式中的 $\pi_t = \ln P_t - \ln P_{t-1}$ 为通货膨胀率,需要说明的是,附录3A 因限于篇幅而没有列出方程(3.20)至(3.23)的线性化推导过程,但其具体步骤可参见后文中的附录4A①。在上述的线性化方程中，(3.21)即为NK-DSGE模型的主要方程之一：新凯恩斯主义动态IS曲线(DIS)。

3.1.2.2 生产部门

(1)最终产品生产商

参考Smets & Wouters(2003)、Galí et. al(2007，2008)、仝冰(2010)等人的典型设计，本书模型中的生产部门包含两类企业，分别是最终产品和中间产品的生产商。中间产品生产部门是最终产品生产商的上游环节，而后者通过运用下述的Dixit-Stigliz技术(即替代弹性不变的CES生产函数)，将其从各个中间产品生产企业采购的产品$X_t(j)$加总、得到一揽子的最终消费品Y_t，并出售给家庭部门的消费者。

$$Y_t = \left(\int_0^1 X_t(j)^{\frac{\varepsilon-1}{\varepsilon}} dj \right)^{\frac{\varepsilon}{\varepsilon-1}} \tag{3.24}$$

ε为各类中间产品间的替代弹性。若最终产品生产商在采购第j类产品时的价格为$P_t(j)$，那么加总后最终消费品的定价机制为：

$$P_t = \left(\int_0^1 P_t(j)^{1-\varepsilon} dj \right)^{\frac{1}{1-\varepsilon}} \tag{3.25}$$

而根据上面的设定，可以得出最终产品生产商的利润最大化一阶条件为：

$$X_t(j) = \left(\frac{P_t(j)}{P_t} \right)^{-\varepsilon} Y_t \tag{3.26}$$

(2)中间产品生产商

如前所述，中间产品生产部门存在一个由厂商$j \in [0,1]$构成的连续统，

---

① 未将上述方程的线性化推导过程列于第3章的原因是，此处家庭部门的优化条件与第4章中的相对富裕家庭经济行为优化条件实际是完全相同的(第4章附录4A的相应方程只是在变量中多加入了一个上标h)，所以为了节约论文篇幅、避免重复阐述，在本章余下部分中，一律借助第4章附录中富裕家庭成员优化条件的推导来说明第3章中相同性质的演算步骤。

各个厂商之间存在有限的差异,所以能够形成有限的垄断优势。各厂商均运用以下的柯布道格拉斯函数(简称 C-D 函数)进行生产:

$$Y_t(j) = K_{t-1}(j)^{(1-\alpha)} [S_t^a N_t(j)]^\alpha (K_t^g)^{\alpha_g} \tag{3.27}$$

上式中,$Y_t(j)$ 为第 j 个企业的产量,$1-\alpha$ 为资本的产出弹性,$K_{t-1}(j)$、$N_t(j)$ 分别表示第 j 个企业的资本投入量、劳动力投入量。另一项相对特殊的要素是 K_t^g,这是由政府的提供的生产性资产,相应的参数 α_g 表示此类资产的产出弹性系数,K_t^g 与 K_t 在动态积累过程特征上是非常相似的,K_t^g 的存量值变化过程取决于当期的政府生产性财政支出额度,它在本章的基础模型中体现了政府生产性财政支出的经济效应,后文还将具体介绍相应财政支出的决定机制与政府生产性资产的具体积累过程。S_t^a 则为技术(全要素生产率)的冲击项,其自然对数值 ε_t^a 服从持续性参数为 ρ_a 的 AR(1) 过程,所受外生冲击的标准差为 σ_a,具体定义为:

$$S_t^a = e^{\varepsilon_t^a}, \ \varepsilon_t^a = \rho_a \varepsilon_{t-1}^a + e_t^a, \ e_t^a \sim i.i.d.\ N(0, \sigma_a^2) \tag{3.28}$$

在上述生产函数中,单个厂商 j 的劳动力投入 $N_t(j)$、资本投入 $K_t(j)$ 与两者总量间的加总关系是:

$$N_t = \int_0^1 N_t(j) dj, \ K_t = \int_0^1 K_t(j) dj$$

而为了保证市场的平衡,每一中间产品商 j 的产出与其面对的最终产品商采购量之间均满足:

$$Y_t(j) = X_t(j)$$

(3.27)式由于采用了柯布道格拉斯函数形式,其线性化过程也相对简单,通过对两侧取对数(并同时减去稳态下的对数值),即可以很容易地得出中间产品商生产函数的线性化结果:

$$\hat{y}_t = (1-\alpha)\hat{k}_t + \alpha\hat{n}_t + \alpha_g\hat{k}_t^g + \alpha\varepsilon_t^a, \ e_t^a \sim i.i.d.\ N(0, \sigma_a^2) \tag{3.29}$$

进一步地,按照生产商成本最小化目标进行一阶推导后可知,在中间产品生产商的边际成本、边际产出以及各要素的使用量、要素报酬水平间,应满足以下两个关系式:

$$R_t^k = (1-\alpha)MC_t \frac{Y_t(j)}{K_t(j)}$$

$$W_t = \alpha MC_t \frac{Y_t(j)}{N_t(j)}$$

上两个式子中的 MC_t 表示厂商的实际边际成本水平，R_t^k、W_t 分别为实际资本收益率和劳动要素报酬水平（即实际工资率）。

以上两式中，实际资本收益率的决定方程的 Uhlig 对数线性化结果为：

$$r_t^k = mc_t + \hat{y}_t - \hat{k}_t \tag{3.30}$$

劳动要素报酬水平（实际工资率）的 Uhlig 对数线性化结果为：

$$\hat{w}_t = mc_t + \hat{y}_t - \hat{n}_t \tag{3.31}$$

可见，此处的要素报酬决定机制与完全竞争市场假设下的类似机制存在差异，要素报酬并不是与边际产出直接形成均衡关系，而是要进一步考虑含有价格加成（price markup）的边际成本水平的影响。如前所述，中间产品生产商是具有有限的垄断优势，所以对价格也具有一定的影响力。以 Smets & Wouters(2003)、Galí et. al(2008)为代表的大多数新凯恩斯主义 DSGE 研究采用如下形式来刻画这种价格规律：设中间产品生产商的价格调整过程遵循 Calvo 规则，也就是说在每一期，比例为$(1-\theta)$的企业能够根据自身利益最大化需要而重新设定一个最优价格 P_t^*（θ 也可视为名义价格刚性水平），其余企业则继续保持原价格不变：

$$P_t = [\theta P_{t-1}^{1-\varepsilon} + (1-\theta)(P_t^*)^{1-\varepsilon}]^{\frac{1}{(1-\varepsilon)}} \tag{3.32}$$

按照利润最大化原则，中间产品生产商确定其最优定价 P_t^*，以实现下面的目标：

$$\max_{P_t^*} \sum_{k=0}^{\infty} \theta^k E_t \left\{ \Lambda_{t,t+k} \frac{P_t}{P_{t+k}} [P_t^* Y_{t+k|t}(j) - \Psi_{t+k}(Y_{t+k|t}(j))] \right\} \tag{3.33}$$

上式中，$\Psi_{t+k}(Y_{t+k|t}(j))$ 为名义总成本函数。对上式进行线性化处理和相应推导后，可以得到一个描述价格（通胀率）跨期调节机制的线性表达式（具体推导过程参见第 4 章附录 4C）：

$$\pi_t = \beta E_t\{\pi_{t+1}\} + (1-\theta)(1-\theta\beta)\theta^{-1} mc_t \qquad (3.34)$$

（3.34）式即为 NK-DSGE 的关键模型之一：新凯恩斯主义菲利普斯曲线（new Keynesian Phillips' curve，NKPC）。

3.1.3 劳动力市场

现在对劳动力市场进行更深入的刻画。如前所述，新凯恩斯主义 DSGE 模型的主要特征之一是注重对各类黏性、摩擦机制的刻画。Galí（2011）在新凯恩斯主义研究框架中加入了工资黏性，其刻画方式与价格调整过程的 Calvo 规则类似，即将工资的调整过程同样设为不完全灵活的，每一时期的劳动者在 θ_w 的概率下只能接受和上期一致的名义工资水平 W_{t-1}^p，而相应的，劳动者也能在 $(1-\theta_w)$ 的概率下与雇主协商，重新议定一个最优的名义工资水平 W_t^*。

那么第 t 期第 i 类劳动者的总体名义工资水平为：

$$W_t^p = [\theta_w (W_{t-1}^p)^{(1-\varepsilon_w)} + (1-\theta_w)(W_t^*)^{(1-\varepsilon_w)}]^{1/(1-\varepsilon_w)} \qquad (3.35)$$

上式中 W_t^p 表示第 t 期第 i 类劳动者的名义工资（注意，与之前方程中出现的实际工资 W_t 不同，两者关系为 $W_t^p = W_{Pt}$），W_t^* 表示第 t 期设定的最优名义工资，θ_w 表示各类劳动者在各期保持工资水平不变的概率，即工资的刚性水平，ε_w 表示各类劳动力的替代弹性系数。

如果本书模型中的劳动力市场是完全竞争的，那么根据前述家庭部门经济行为一阶优化条件中的推导结果（3.6）式、（3.7）式不难得出，劳动者愿意提供的劳动供给与其工资水平、消费额度之间应满足下面的关系：

$$(1+\tau_t^c) S_t^n [\tilde{C}_t]^\sigma (L_t)^\varphi = (1-\tau_t^w) W_t$$

但是，在一个不完全竞争的、存在工资黏性的劳动力市场中，上面的优化选择条件自然无法成立。基于前述的 Calvo 工资设定规则，对本书模型中的劳动力而言，服从他们利益最大化诉求的最优工资设定一阶条件为（Galí，2011）：

$$\sum_{k=0}^{\infty}(\beta\theta_w)^k E_t\left\{\left(\frac{N_{t+k|t}}{C_{t+k}}\right)\left[\begin{array}{c}(1-\tau_{t+k}^w)\left(\dfrac{W_t^*}{P_{t+k}}\right)\\ -\mu_w(1+\tau_{t+k}^c)MRS_{t+k|t}\end{array}\right]\right\}=0,\ \mu_w=\frac{\varepsilon_w}{(\varepsilon_w-1)}$$

(3.36)

上式中的 μ_w^i 是稳态下的工资加成。从以上设定可以体现出，模型中的劳动力市场结构与现实经济中一致，都是不完全竞争的。当然，不难看出，如果排除上述劳动力市场的不完备因素，例如令 θ_w^i 等于 0、令 ε_w^i 趋向无穷大，则(3.36)式等价于完全竞争市场的最优工资决定条件。

通过一系列步骤(具体可参见附录4B，此处的线性化步骤与附录4B中两类劳动力的最优工资决定条件表达式的线性化过程均相同)，可以得到如下的线性化结果：

$$\pi_t^w=\frac{(1-\beta\theta_w)(1-\theta_w)}{\theta_w(1+\varphi\varepsilon_w)}\left[mrs_t-\hat{w}_t+\frac{\bar{\tau}^w}{(1-\bar{\tau}^w)}\hat{\tau}_t^w+\frac{\bar{\tau}^c}{(1+\bar{\tau}^c)}\hat{\tau}_t^c\right]+\beta\pi_{t+1}^w$$

(3.37)

上式即为 NK-DSGE 模型中的另一个重要方程：新凯恩斯主义工资菲利普斯曲线(new Keynesian wage Phillips' curve, NKWPC)。除了能够对带有黏性的工资变化过程进行动态刻画外，上式隐含的另一个重要经济变量是失业。我们不妨重新假设劳动力市场是完全竞争的，那么根据前述推导，劳动力市场完全竞争情形下劳动者愿意提供的劳动供给 L_t 和其消费、工资水平之间满足下式的关系：

$$(1+\tau_t^c)S_t^n\left[\widetilde{C}_t\right]^\sigma(L_t)^\varphi=(1-\tau_t^w)W_t$$

其 Uhlig 线性化形式为(换算过程见附录3A)：

$$\hat{l}_t=\varphi^{-1}(\hat{\Xi}_t^w+\hat{w}_t-\hat{\Xi}_t^c-\sigma\hat{\tilde{c}}_t)$$

注意，上式中的 $\Xi_t^c=(1+\tau_t^c)$，$\Xi_t^w=(1-\tau_t^w)$。

也就是说，如果劳动力市场不存在不完备因素，那么利用模型基本方程进行一阶优化条件推导后，劳动者在这种理想情形下愿意并能够提供的劳动量可以用工资、消费等变量来简单地表达。但是，如前所述，新凯恩斯主义的理论基础使得本书模型设定中包含了不完备的劳动力市场，引入了工资的黏性和工资的交错决定机制，所以劳动者的实际劳动量是无法达到最理想状态下的水平的。同时，在上面的工资菲利普斯曲线即公式(3.37)中，用到了劳动者的边际替代率：

$$MRS_t = S_t^n (\tilde{C}_t)^\sigma (N_t)^\varphi$$

上式的线性化结果为(换算过程见附录3A)：

$$\hat{n}_t = \varphi^{-1}(mrs_t - \sigma \hat{\tilde{c}}_t)$$

上式中的 N_t 恰好是在实际的、存在黏性的不完备市场中劳动者的实际劳动量，由于市场的缺陷，使这个劳动量与前述的 L_t 之间必然存在差异，两者间的缺口即为失业水平。Galí(2011)根据这两个变量的经济含义，采用一种变通的办法来体现模型经济中的失业水平：

$$\hat{u}_t = \hat{l}_t - \hat{n}_t = \varphi^{-1}(\hat{\Xi}_t^w - \hat{\Xi}_t^c + \hat{w}_t - mrs_t) \tag{3.38}$$

上式中的 $\hat{u}_t$ 即为对数线性化形式的失业水平。所以 NKWPC 曲线又可以表示为：

$$\pi_t^w = \beta \pi_{t+1}^w - \frac{\varphi(1-\beta\theta_w)(1-\theta_w)}{\theta_w(1+\varphi\varepsilon_w)}\hat{u}_t$$

此外，上述曲线方程中的符号 π_t^w 表示名义工资膨胀率，通过下面的简单换算也能得到刨去价格因素的实际工资膨胀率 π_t^{rw}(线性形式)：

$$\pi_t^w = \pi_t^w - \pi_t。$$

3.1.4 宏观稳定化政策

3.1.4.1 财政政策

(1)税收

在典型的 DSGE 研究文献中，一个较常见的简化处理方式是将税收按总量税形式加入模型，例如 Galí et. al(2007)、仝冰(2010)等即采用此种做法。但总量税设定的局限在于较难体现税收的结构，也不便于准确刻画税收负担的动态变化特征,在需要研究累进税制、不同类型税收的征税力度差异等问题时,总量税设定会给研究造成较大困难。更重要的是,在后文中将基本模型扩展为包含不平等因素的模型时,总量税设定也不利于反映面向不同人群的税收差异,难以准确地刻画其再分配作用。

所以,如同那些较侧重于财政政策研究的文献中的做法,本章的基本 DSGE 模型中的税收以比例税形式呈现。更具体地看,理论模型中的税收政策刻画方式须从两个方面来加以确定。

其一,是税收类型的划分问题。大部分采用比例税设定的国内 DSGE 研究,如贾俊雪与郭庆旺(2012)、朱军(2016a)等构建的中国宏观经济 DSGE 模型,均采用简化的比例税政策:仅采用单一的比例税税率,而且设定所有的税额均从家庭部门的各类收入中征得。但是,上述假定与现实中的税收政策相去甚远。另一方面,税收政策领域的实证研究也为 DSGE 模型中的税收政策划分提供了经验证据支持,例如 Mendoza et al. (1994)对多个西方主要经济体的税负水平进行了测算,而崔治文等(2011)、王蓓与崔治文(2012)、梁红梅与张卫峰(2014)利用中国数据,结合近年我国税制改革的实际情况,对国内纳税主体的税负程度进行了实证分析。在上述研究中,学者们为了能以恰当的测算方法来衡量不同类型税收的有效税率[1],均探索了如何对税收类型进行恰当的划分与归类。多数研究者最终认为,将税收类型划分为工薪所得税(工薪收入税)、资产收入税、消费税这三类,是一个有利于进行真实税负水平差异化分析的分类方式。所以,本书模型中的税收设定一方面借鉴了贾俊雪与郭庆旺(2012)等研究中的比例税设定方式,另一方面又根据上述实证分析的经验,同时在模型中加入消费税(consumption tax)、工薪收入税(payroll tax)、资产收入税(capital gains tax)这三类比例税,并且在后文的参数估计过程中借鉴相应研究的有效税率分析结论来确定相关税率的先验均值。

---

[1] 由于法定税率在计算方式上不尽相同,所以税收研究领域的国内外学者在研究过程中普遍会对相关数据做出一定的处理或修正,以更准确地衡量真实的税收负担。

其二，是如何设定税收政策的规则。在现有涉及财政政策规则的 DSGE 文献中，对税收政策的动态规则设定尚存在较大差异。其中，部分文献采用了线性平滑、带有外生冲击的税收政策规则，如朱军（2016a），也有部分文献着重刻画了税收对政府债务和经济总量波动的稳定作用，设置了盯住总产出、财政支出规模或政府债务规模的多种税收政策规则，如 Galí et. al（2007）、李玉双（2012）、贾俊雪与郭庆旺（2012），等等。上述税收规则设定方式均有一个问题，那就是未能准确地反映大多数现行税种在税率上的累进特征，所以如果将类似方法用于研究不平等问题，税收政策的收入分配效应将不能很好地被刻画出来，无疑会影响到研究结论的准确性。所以，本书假设政府征收的三类税收均服从累进税制。如前所述，本书中的税收分为消费税、资产收入税、工薪收入税三类。在上述税收类别中应当特别说明的是消费税，虽然我国的消费税在相关制度中被定义为比例税，也就是说该税种的征收做法是根据由制度给定的比例在特定商品的基本消费额上附加一个税收额度，并不具有直接的累进特征，但由于事实上消费税对越昂贵、越高档的商品的课税比例越高，而上述商品的主要受众又是高消费、高收入的人群，所以其在总体上也可视作累进性税收（朱军，2016a）。进一步地，由于本书模型的动态特征，须根据不同税收类型设置对应的动态变量，包括资产收入税率 τ_t^k、工薪收入税率 τ_t^w、消费税率 τ_t^c 这三类动态税率。在线性化 DSGE 模型中累进税政策的刻画方法上，Mattesini & Rossi（2012）、朱军（2016a）、陈利锋（2014）等学者在本书研究中采用了同一种简化的累进税制动态刻画方式，并且取得了非常理想的分析效果，所以此处借鉴以上文献中的方法来简要地刻画具有累进性的税收政策，将上述三类累进税率分别以动态方程表示为：

$$\tau_t^k = 1 - (1 - \bar{\tau}^k)\left(\frac{\bar{R}^k \bar{K}}{R_t^k K_t}\right)^{\omega_k} \qquad (3.39)$$

$$\tau_t^w = 1 - (1 - \bar{\tau}^w)\left(\frac{\bar{W}^h \bar{N}}{W_t^h N_t}\right)^{\omega_v} \qquad (3.40)$$

$$\tau_t^c = 1 - (1 - \bar{\tau}^c)\left(\frac{\bar{C}}{C_t}\right)^{\omega_c} \qquad (3.41)$$

在上面五项表达式中，$\bar{\tau}^k$、$\bar{\tau}^w$、$\bar{\tau}^c$ 分别表示稳态下资产收入税、工薪收入税、消费税的实际税率，各方程右起第一个括号内的项是以累进税的税基（对消费税而言是不同类型家庭成员的实际消费总额，对资产收入税而言是实际资产收益率乘以资产总额，对工薪收入税而言是不同劳动力的实际工资率乘以其各自的劳动供给数量）作为分母，以各类税收的税基稳态值作为分子，也就是说，分子、分母间构成的关系能够体现税基相对于稳态值的变化水平，如果税基在动态变化过程中扩大（缩小），那么整个分式的值也就缩小（扩大）。分式外的指数 ω_k、ω_w、ω_c 分别代表资产收入税、工薪收入税、消费税的累进性水平，均为大于等于 0 而小于等于 1 的值，该指数的值越大，即表明税负水平对税基的相对变化幅度越敏感，税率的累进性也就越强。当然从上述表达式也不难看出，若累进性水平指标 ω 等于 0，则实际税率始终等于稳态下的税率水平，此时累进税等价于固定税率制度。

资产收入税率的累进税率动态表达式，即（3.39）的 Uhlig 对数线性化结果为（换算过程参见附录 3A）：

$$\bar{\tau}^k \hat{\tau}_t^k = \omega_k (1 - \bar{\tau}^k)(\hat{r}_t^k + \hat{k}_t) \qquad (3.42)$$

工薪收入税率的累进税率动态表达式，即（3.40）的 Uhlig 对数线性化结果为（换算过程参见附录 3A）：

$$\bar{\tau}^w \hat{\tau}_t^w = (1 - \bar{\tau}^w)\omega_w (\hat{w}_t + \hat{n}_t) \qquad (3.43)$$

消费税率的累进税率动态表达式，即（3.41）的 Uhlig 对数线性化结果为（换算过程参见附录 3A）：

$$\bar{\tau}^c \hat{\tau}_t^c = (1 - \bar{\tau}^c)\omega_c (\hat{c}_t) \qquad (3.44)$$

(2) 财政支出

与税收政策的刻画类似，财政支出政策在模型中的设定同样存在政策类型、政策规则这两方面需要明确的问题。

财政支出在宏观经济系统中产生的效应及其原理、机制早已得到了大量的针对性研究。持主流观点的学者们认为，不同的财政工具在经济效应上自然也存在显著差异,例如 Aschauer(1989)认为,生产性财政支出影响经济波动过程的机制是,公共资本的存量会因生产性财政支出的数量而改变,而这又会间接影响到私人的资本收益率。Baxter & King(1993)则指出,非生产性的财政支出会带来负财富效应,这会迫使资产持有者放弃闲暇、通过增加劳动供给来维持生活水平,进而又会带来积极的产出效应。因此,财政支出至少在收入分配问题的研究中应当划分为非生产性、生产性两类,因为这能够令研究者更准确地掌握财政支出冲击对产出、劳动供给、收入水平等关键变量的影响。同时,现实经济中的特征事实也使得上述划分变得十分必要,虽然我国已历经了长期的市场化进程,生产性财政支出占财政总支出的比重却仍难以忽视,在近年还有进一步增加的倾向,所以生产性财政支出依然是推动经济发展的重要力量。从图 3.2 中可以发现,近年我国生产性财政支出占财政总支出的比重不断增加,到 2017 年第 3 季度,该比重已接近 20%。因此,模型中需要准确刻画不同类型的财政支出,以有效反映中国财政支出的结构变化规律、体现近年财政工具在宏观经济波动中扮演的角色。

在经济中,财政支出的融资来源通常是税收与债券收入。《中国人民银行法》明确规定了我国央行不得允许政府的财政透支,所以政府只能以举债来弥补赤字。这样一来,政府在制定与实施财政政策时,就必须考虑稳定政府债务规模的问题,这使政府债务在财政政策的决策中成为一个重要的影响因素。因此,在财政支出规则的刻画中应当考虑财政支出对债务规模的反应。其通常做法是,在代表财政政策规则的动态方程中,加入对政府债务规模变化的负反馈机制,使得模型中的政府在债务规模扩大时会通过减少财政支出的方式来稳定政府债务规模,Leeper et al. (2010)、Davig & Leeper (2011)、Iwata (2011)、贾俊雪与郭庆旺(2012)、李玉双(2012)、朱军(2013a)、陈利锋(2016)等人的 DSGE 研究均采用了与之类似的做法。具备上述设计的两类财政支出动态规则可用下面两个方程表示:

① 生产性财政支出规则:

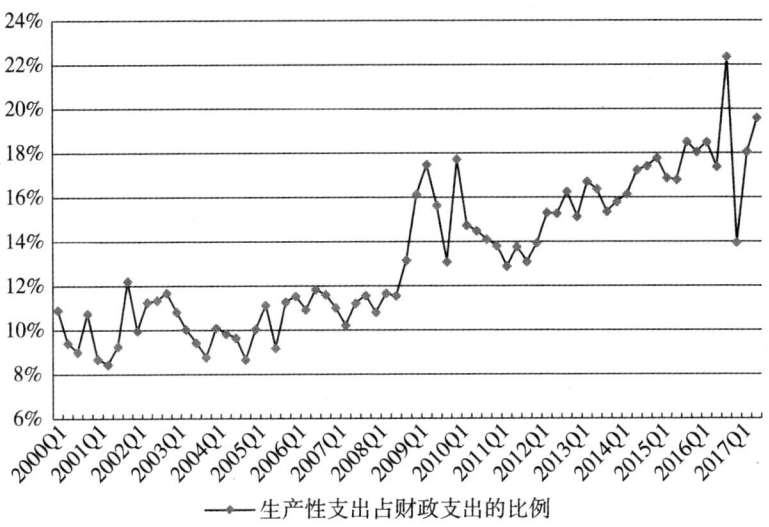

图 3.2 生产性财政支出在政府财政支出中的占比(季度数据)

Figure 3.2 the proportion of productive fiscal expenditure in government expenditure (quarterly data)

图注：原始数据获取自中国国家统计局网站数据查询页面，计算占比的分子为固定资产投资中来源为国家预算内资金的数额，分母为国家财政支出(不含债务还本)的总额，数据全部运用 Census X12 方法进行了去季节化处理，上述操作所用软件为 Eviews 7.0。

$$\frac{G_t^I}{\overline{G^I}} = \left(\frac{G_{t-1}^I}{\overline{G^I}}\right)^{\rho_g^I} \left[\left(\frac{B_{t-1}}{\overline{B}}\right)^{\psi_{gb}^I} \left(\frac{Y_{t-1}}{\overline{Y}}\right)^{-\psi_{gy}^I}\right]^{(\rho_g^I-1)} e^{e_t^{gi}}; \quad e_t^{gi} \sim i.i.d. N(0, \sigma_{gi}^2)$$

(3.45)

②非生产性财政支出规则：

$$\frac{G_t^P}{\overline{G^P}} = \left(\frac{G_{t-1}^P}{\overline{G^P}}\right)^{\rho_g^P} \left[\left(\frac{B_{t-1}}{\overline{B}}\right)^{\psi_{gb}^P} \left(\frac{Y_{t-1}}{\overline{Y}}\right)^{-\psi_g^P}\right]^{(\rho_g^P-1)} e^{e_t^{gp}}; \quad e_t^{gp} \sim i.i.d. N(0, \sigma_{gp}^2)$$

(3.46)

上述方程中，B_t 代表政府债务，Y_t 为总产出，G_t^I 为生产性财政支出，G_t^P

为非生产性财政支出。ρ_g^I 为生产性财政支出的平滑系数，ψ_{gb}^I、ψ_{gy}^I 分别为生产性财政支出对政府债务和总产出变化的反应系数，e_t^{gi} 是生产性财政支出面对的外生冲击，服从均值为 0 的正态分布且标准差为 σ_{gi}。(3.45)式中，方括号内的两个项近似于构成了政府债务变化水平和总产出变化水平间的比值，也即财政支出规则中盯住的目标，但该比值的分子、分母还各带有指数 ψ_{gb}^I、ψ_{gy}^I，而且通常有 $\psi_{gb}^I \geq \psi_{gy}^I$，这一设定与李玉双(2012)为债务和产出设置同一反应系数的做法不同，而更接近朱军(2013a)、陈利锋(2016)的设定，其经济含义为：通过 ψ_{gb}^I、ψ_{gy}^I 的差异，可以形成一个调整财政政策反应力度的权重，为逆向的财政支出操作确定一个适当的强度。与(3.45)类同，(3.46)式中的参数 ρ_g^P 为非生产性财政支出的平滑系数，ψ_{gb}^P、ψ_{gy}^P 分别为非生产性财政支出对政府债务和总产出变化的反应系数，e_t^{gp} 是非生产性财政支出面对的外生冲击，服从均值为 0 的正态分布，标准差为 σ_{gp}。

(3.45)(3.46)两式的特有形式使其线性化过程非常便捷，可以直接通过方程两侧取对数，给出其 Uhlig 对数线性化结果：

$$\hat{g}_t^P = \rho_g^p \hat{g}_{t-1}^P - (1-\rho_g^p)(\psi_{gb}^P \hat{b}_{t-1} - \psi_{gy}^P \hat{y}_{t-1}) + e_t^{gp}; \quad e_t^{gp} \sim i.i.d. N(0, \sigma_{gp}^2) \tag{3.47}$$

$$\hat{g}_t^I = \rho_g^I \hat{g}_{t-1}^I - (1-\rho_g^I)(\psi_{gb}^I \hat{b}_{t-1} - \psi_{gy}^I \hat{y}_{t-1}) + e_t^{gi}; \quad e_t^{gi} \sim i.i.d. N(0, \sigma_{gi}^2) \tag{3.48}$$

同时，对于生产性财政支出而言，还须确定如下所示的政府生产性资本的累积过程：

$$K_t^g = (1-\delta) K_{t-1}^g + G_t^I \tag{3.49}$$

上式的线性化结果为(线性化变换过程参见附录3A)：

$$\hat{k}_t^g = (1-\delta) \hat{k}_{t-1}^g + \delta \hat{g}_t^I \tag{3.50}$$

两类财政支出加总后可以得到总的财政支出值：

$$G_t = G_t^p + G_t^I \tag{3.51}$$

上式的线性化结果为(换算过程参见附录3A)：

$$\overline{G} \hat{g}_t = \overline{G}^P \hat{g}_t^P + \overline{G}^I \hat{g}_t^I \tag{3.52}$$

(3)政府的预算平衡

在模型经济中,政府财政预算的平衡条件为:

$$P_t T_t^c + P_t T_t^w + P_t T_t^k + R_t^{-1} B_{t+1} = B_t + P_t G_t^P + P_t G_t^I$$

或也可变换为:

$$T_t^c + T_t^w + T_t^k + R_t^{-1} \frac{B_{t+1}}{P_{t+1}} \frac{P_{t+1}}{P_t} = \frac{B_t}{P_t} + G_t^P + G_t^I \qquad (3.53)$$

上式中,B_{t+1}是当期由政府机构售出、待下期回购的公债债券总额(名义值),而B_t则是在该期已到期、须由政府购回的公债债券,构成了财政支出的一部分。T_t^c、T_t^w、T_t^k分别为消费税、资产收入税、工薪收入税的总征税额。上式的 Uhlig 线性化形式可表示为(换算过程参见附录 3A):

$$\frac{\overline{B}}{\overline{P}}\hat{b}_t + \overline{G}^P \hat{g}_t^P + \overline{G}^I \hat{g}_t^I = \begin{bmatrix} \bar{\tau}^c \overline{C}(\hat{\tau}_t^c + \hat{c}_t) + \bar{\tau}^w \overline{WN}(\hat{\tau}_t^w + \hat{w}_t + \hat{n}_t) \\ + \bar{\tau}^k \overline{R^k} \overline{K}(\hat{\tau}_t^k + \hat{r}_t^k + \hat{k}_t) + \beta \frac{\overline{B}}{\overline{P}}(\hat{b}_{t+1} + \pi_{t+1} - \hat{r}_t) \end{bmatrix}$$

(3.54)

3.1.4.2 货币政策

在货币政策部分,各阶段的新凯恩斯主义 DSGE 模型在货币政策的类型、规则选择上存在一些差异,例如一些较早期的研究者倾向于采用数量型货币政策规则,而以 Galí et. al(2008)为代表的较后期的 DSGE 研究则倾向于将利率设为主要货币政策工具。Clarida et al.(2000)等人的研究早已指出,前向反应的泰勒规则在经验规律上较好地拟合了 1979 年以来美国的货币政策实践规律,而在近年中国的一些相关研究中,Zhang(2009)通过 DSGE 模型的实证分析结果,发现利率规则能够比数量型规则更好地解释当时中国货币政策的经济效应。岳超云与牛霖琳(2014)也为货币政策规则在中国的存在性、适用性提供了实证依据,他们发现随着利率市场化水平的提高,泰勒规则(Taylor rule)能够日益准确地拟合、解释中国货币市场的经验规律。王曦等(2017)同样比较了 DSGE 模型在不同政策规则下的拟合结果,发现利率规则下的模型对近年中国实体经济的解释能力要优于数量规则。在近年的研究中，以许志伟等(2011)、吴化斌等(2011)、贾俊雪与郭庆旺(2012)、陈利锋与范红忠(2014)等为代表的研究也运用泰勒规则等利率型货币政策规则实现了对宏观经济波动和政策效应的有效模拟。总而言之，上述代表性研究已不约而同地指出，以利率为主要工具的价格型货币政策规则能够更好地解释中国货币政策实践的经验规律，这为模型中的货币政策刻画提供了坚实依据。所以，本书设定模型经济中的货币政策遵循如下的泰勒规则(Taylor,1993)：

$$\frac{R_t}{R} = \left(\frac{R_{t-1}}{R}\right)^{\rho_m} \left[\left(\frac{Y_t}{Y}\right)^{\psi_y} e^{(\psi_p \pi_t)}\right]^{(1-\rho_m)} e^{\varepsilon_t^r} \tag{3.55}$$

上式中的 $\pi_t = \ln P_t - \ln P_{t-1}$，即通货膨胀率，$\rho_m$ 为货币政策规则的平滑系数，参数 ψ_y 与 ψ_p 分别为利率对通胀与产出缺口的反应程度。ε_t^r 是和货币政策有关的随机冲击，服从下述 AR(1) 过程：

$$\varepsilon_t^r = \rho_r \varepsilon_{t-1}^r + e_t^r, \quad e_t^r \sim i.i.d. N(0, \sigma_r^2) \tag{3.56}$$

公式(3.55)中的 R_t 即名义利率，在泰勒规则中被视为央行的货币政策工具。而参数 ψ_y 与 ψ_p 是描述货币政策规则的关键所在，尤其是参数 ψ_p，其衡量了利率工具对通胀水平的反应程度，$\psi_p > 1$ 时，泰勒规则中政策对通胀的反应为激进型，此时名义利率的调整幅度会比通胀的提升幅度更大，从而推高实际利率；$\psi_p < 1$ 时，政策对通胀的反应为容忍型，名义利率的调节幅度会小于通胀。

(3.51)式的线性化形式同样不难通过求对数得出：

$$\hat{r}_t = \rho_m \hat{r}_{t-1} + (1 - \rho_m)(\psi_y \hat{y}_t + \psi_p \pi_t) + \varepsilon_t^r \tag{3.57}$$

此外，上述货币政策规则表达式中的利率是名义利率，为利于政策作用的准确剖析，可通过下面的方式将其换算为实际利率值 R_t^r：

$$R_t^r = R_t / \pi_t$$

同归对上式左右两侧取对数，不难得出其线性化形式：

$$\hat{r}_t^r = \hat{r}_t - \pi_t \tag{3.58}$$

3.1.5 模型均衡条件

本章的 DSGE 模型刻画的经济系统在达到总供求平衡时，其总产出应与消费、投资、政府财政支出额的总和恰好相当。所以，模型的总供求平衡条件可以通过下面的等式定义：

$$Y_t = C_t + I_t + G_t \tag{3.59}$$

总供求平衡条件的 Uhlig 线性化形式（换算过程见附录 3A）为：

$$\hat{y}_t = \frac{\overline{C}}{\overline{Y}}\hat{c}_t + \frac{\overline{I}}{\overline{Y}}\hat{i}_t + \frac{\overline{G}}{\overline{Y}}\hat{g}_t \tag{3.60}$$

至此，本书基本 NK-DSGE 分析框架的理论模型设计已阐述完毕。为方便阅读及后续应用，将非线性形式的理论模型方程整理汇总于附录 3B，进行了对数线性化变换、推导后的模型方程则整理于附录 3C。其中，附录 3C 所展示的线性化方程组将是编写 DSGE 模型分析程序的直接依据。

3.2 基本模型参数的校准与估计

从 3.1 节的阐述或附录 3C 可见，在采用 Uhlig 方法实施线性化处理后的 NK-DSGE 模型方程中，所有的变量均已被转换成对数偏离值、相互之间全部为线性关系，当然，模型中依然带有预期项、差分项、随机项。线性化的基本 NK-DSGE 模型共由 28 个方程式构成，其中包含 5 类外生冲击。运用简单的数学变换，即可将附录 3C 中的方程组整理为状态空间形式。接下来的分析步骤是利用由 DSGE 模型方程所构成的状态空间模型求得稳定解，然后运用来自现实经济的各项观测数据进行参数的识别和估计，实现模型的参数化（parameterization），使模型拥有扎实、稳健的实证基础，能够用于后续的经济问题分析。

由于线性化后的 DSGE 理论模型是一系列带有当期变量、前定变量、理性预期、随机冲击等要素的线性差分方程，所以其求解方法也是整个 DSGE

分析框架中的难点。在当前主流文献中采用的方法主要包括：Blanchard & Kahn(1980)提出的求解方法(简称BK法)，Uhlig(1999)提出的待定系数法(undetermined coefficient method)，以及由Klein(2000)、Sims(2002)共同引入并完善的广义舒分解法(generalized schur decomposition)①，等等。这其中，在近期的DSGE研究中最为常见、相对较成熟的是BK法和广义舒分解法。Blanchard & Kahn(1980)是最早提出线性理性预期方程组解法的文献，两位作者将来自工程领域的算法借鉴到经济学研究中，给出了求解带有前定变量、理性预期因素的线性方程组的有效方法即BK法，并得到了后来者的大量借鉴。BK方法存在的主要局限在于，在某些形式的DSGE模型中，可能会出现不可逆的系数矩阵，例如含有不可分劳动的Hansen(1985)模型便是如此，这使BK方法的适用性被削弱。由Klein(2000)、Sims(2002)等人率先在DSGE分析中应用的广义舒分解法在求解思路上与BK方法总体类似，但其通过一些巧妙而独到的处理克服了BK方法的局限，例如其主要创新之处在于使用QZ因式分解法来进行矩阵变换。而且，除了对矩阵的可逆性要求被放宽外，这种方法推出的解表达式矩阵均为实矩阵(real matrix)，而BK方法在使用中容易推得复矩阵(complex matrix)，增加了求解的难度。因为具备上述的各方面优点，广义舒分解法在近年的研究中得到了日益广泛的采用，本书DSGE模型的求解也同样选用了广义舒分解法。

需要说明的是，附录3C所展示的线性化方程组已能直接以计算机程序的语句进行表达，从而实现DSGE模型的程序化。也正因如此，模型求解及其之后的所有步骤均可交由计算机软件自动完成(除了一些重要的设定，例如贝叶斯估计的参数先验分布赋值，基本模型的计算机程序代码参见本书附录A)。在软件工具的选择上，本书根据大多数研究者的经验，选用由Michael Jullliard等人开发Dynare软件，来进行DSGE模型的程序化和应用分析。Dynare实际上是与Matlab软件相结合的工具包，具有使用简单、操作过程直观等特点，使用者只需知道如何以简单的脚本语言表达DSGE模型的线

---

① 部分文献中也将Sims的求解方法单独称作QZ因式分解法(QZ factorization)。

性化方程,并将其编为.mod格式文件,Dynare就能自动完成模型的重新编译过程(使Matlab软件可以识别模型),而且还可以自动将模型转换为状态空间形式,这无疑能大幅简化DSGE模型的输入与处理过程。并且,较新版本的Dynare工具包还能自动处理非线性的模型方程,并可以选用贝叶斯估计法或者最大似然法(ML)来确定模型参数。对Dynare的进一步介绍可以参见Kiley(2007)。

3.2.1 部分参数的校准

由于本书DSGE模型的方程数量较多,而且大部分参数难以直接由经济数据或现有研究经验推算,所以类似Kydlan & Prescott(1982a)那样单纯进行参数校准的做法已不能满足DSGE模型参数化的需要。所以,接下来同时采用校准和贝叶斯估计这两类手段来进行模型参数的确定。

对于模型中的一些已有较多前人研究经验可参考(或能寻得统计数据、经验事实的明确佐证)的稳态参数,以及部分对模型分析结果影响不大的非敏感参数,都可以直接加以校准。Schorfheide(2012)认为,部分参数的校准反而有利于保证贝叶斯估计的可行性与稳健性,因为这可以减少待估计参数的数量。在本章基本NK-DSGE模型的参数中,须进行校准的参数有9项,主要包括:家庭成员主观贴现率β、物质资本折旧率δ,以及几个最为关键的稳态参数①:模型经济稳态下消费占总产出的比重$\overline{C}/\overline{Y}$,稳态下政府财政支出占总产出的比重$\overline{G}/\overline{Y}$,稳态下非生产性财政支出占政府财政支出总额的比重$\overline{G^P}/\overline{G}$,此外还有稳态下资产收入税、工薪收入税、消费税的实际税率:$\overline{\tau}^k$、$\overline{\tau}^w$、$\overline{\tau}^c$。上述参数的校准值及其确定依据参见本章附表3.1,表中的数值一律精确至小数点后3位。

---

① 在确定这几个关键稳态参数后,模型线性化方程中出现的其他稳态参数均可通过对附录3A中的模型方程进行稳态推导而得到。为节约篇幅,此处不阐述其推导过程,稳态推导结果可参见论文末尾的附录A。

3.2.2 参数估计

DSGE 模型参数的估计过程与单方程计量模型或结构性宏观经济计量模型的参数估计并无本质区别，大体上可分为参数识别、估计，以及估计效果的评估等步骤，而具体的估计方法也同样有较多选择。DSGE 模型总体上可以采用有限信息和完全信息这两类参数估计法。主流的有限信息估计方法包括结构向量自回归方法(structural vector autoregressive, SVAR)、广义矩估计法(generalized method of moments, GMM)、模拟矩估计法(simulated method of moments, SMM)等。有限信息方法在思路与手段上相对保守、传统，其主要思想是：既然 DSGE 仅仅是一种抽象化的理论模型，那么模型在基本设定上就不可能百分之百准确地符合现实，所以研究者不必追求模型整体上对现实的刻画能力，只需让模型在部分维度上与现实数据相匹配即可。完全信息估计方法与有限信息估计方法的最大差别在于其需要依赖模型的所有信息来进行估计，也就是说，使用该方法时需要掌握完整的模型结构、明确外生冲击的分布，利用观测数据的全部样本来进行分析。完全信息估计法在理论上拥有比有限信息估计方法更高效、更全面的优势，但在实际应用中，该方法对研究者手中计算设备的性能具有相当高的要求，对观测数据的样本量、数据质量等的要求也更加严格，而且该方法也意味着研究者须尽可能避免不恰当的模型设定，否则将会得出偏误和不稳健的估计结果。目前最常用的完全信息估计方法主要有贝叶斯估计法(bayesian estimation)与最大似然估计法(maximum likelihood, ML)这两类，其中最大似然估计法(ML)较早在宏观经济计量模型中得到运用(Sargent, 1979; Hansen & Sargent, 1982)，在 DSGE 分析中的典型应用者则包括 Christiano & Vigfusson(2003)、Cogley & Sargent(2005)等。最大似然估计法的基本原理是对 DSGE 模型的状态空间方程使用卡尔曼滤波法(Kalman filtering)得出包含待估参数、观测数据的似然函数，通过求解该似然函数的最大值，参数估计值的最优解即可被确定。在实际使用中，最大似然估计法面对的限制较多，例如在观测数据对应的变量数大于外生冲击数量时会遇到奇异性问题，而且似然函数往往缺乏良好的性质（例如在某些参数识别不足时，会在相应维度上产生"扁平"的似然函数）。所以在近十余年内，以 Smets & Wouters（2003）为代表的大部分 DSGE 研究者更倾向于使用在最大似然估计法基础上衍生而来的另一种方法：贝叶斯估计法。贝叶斯估计法最大的特点在于，其在最大似然估计的基础上引入了先验分布，将先验信息看作似然函数的权重，这样就能更精确地定位参数的估值区域，将估计值向研究者先验认为合理的区间拉近，同时目标函数在具有明确先验分布的情况下也会更加平滑、便于求解。但是，贝叶斯估计的似然函数是包含参数的复杂函数，所以极难通过推导其显示解来得出完整后验分布，如果这一问题难以解决，那么贝叶斯估计方法的实际应用价值也会所剩无几，所以似然函数的求解难题长期以来的确影响到了贝叶斯估计方法的推广与发展。所幸，在计算设备性能突飞猛进的当下，克服上述问题的变通手段：马尔可夫链蒙特卡洛模拟法（Markov chain Monte Carlo，MCMC）已经出现，成为贝叶斯估计过程中使用的主要计算方法（Sargent & Ljungqvist，2000）。

贝叶斯估计法的优势在于其结合了参数校准法与最大似然估计法的优点，当研究者能够从以往研究经验和现实经济的典型特征事实中提炼出模型参数的先验分布时，该方法可以借助人们熟知的贝叶斯法则，以经济观测数据来评估、修正先验分布[1]，从而形成了一个能在先验知识、理论机制、估计结果之间充分达到逻辑一致的计量分析框架。前人的研究经验表明，采用贝叶斯估计法的 DSGE 模型能提供更高的拟合、预测精度。尤其是在短期预测方面，其效果超过了以动态数据拟合能力著称的 VAR 方法（Smets & Wouters，2003），这使其成为当前最为流行的 DSGE 模型参数估计方法。

---

[1] 在贝叶斯估计过程中，如果结构性参数的先验分布存在显著偏误，贝叶斯估计是无法进行的。因此，这一估计方法实际上能直接实现对先验分布设定的自我检验。

3.2.2.1 参数先验分布的确定

如前所述,贝叶斯估计法最大的特点正是其在最大似然估计的基础上引入了先验分布,将先验信息看作似然函数的权重,这样就能更精确地定位参数的估值区域。所以,在进行估计之前,首先须通过借鉴前人经验、分析实际数据等方式,确定待估参数的先验分布,然后再选定模型中的若干关键变量作为观测变量,最后利用与观测变量对应的现实经济统计数据作为观测值来估计出待估参数的后验分布情况。

从上述介绍中不难发现,先验分布的设置过程在本质上也是一种校准,而基于似然函数法的贝叶斯后验分布估计又能对先验分布施加约束和修正,如若先验分布设置存在根本性的偏误,甚至可能致使贝叶斯估计出错并终止(至少本书采用的 Dynare 程序是具备这一功能的)。因此,这一估计方法实际上能直接实现对先验分布设定的自我检验,贝叶斯估计法也因此吸收了参数校准法的优点、巧妙地克服了单纯校准带来的局限。根据现实经济典型事实、统计数据证据以及前人研究经验,对除 β、δ、$\overline{C/Y}$、$\overline{G/Y}$、$\overline{G^P/G}$、$\overline{\tau}^k$、$\overline{\tau}^w$、$\overline{\tau}^c$ 之外的 24 个待估参数及 5 个外生冲击的标准差进行了先验分布的设置。由于本书建立的是关于中国经济的 DSGE 模型,所以参数先验分布设置的依据也主要来自国内学者的理论和实证分析,例如刘斌(2008)、Zhang(2009)、薛鹤翔(2010)、许志伟等(2011)、朱军(2013b,2016b)、王曦等(2017)、陈利锋(2017b)等 DSGE 领域研究者的代表性研究。待估参数设置的详情及其依据参见附表 3.2,表中的数值一律精确至小数点后 3 位。

3.2.2.2 观测变量的选择与样本数据处理

设定待估参数先验分布后,本书使用 Matlab R2015a 软件与 Dynare 4.4.3 程序包来进行贝叶斯估计。首先,应根据样本数据的可得性,以及模型中内生变量的重要程度,来为整个贝叶斯估计过程选定若干观测变量(observed variable），进而便可根据这些变量的定义来选择用于参数估计的样本数据。依据贝叶斯估计的秩条件（Blanchard-Kahn 条件，简称 BK 条件），观测变量数量应小于等于模型中的外生冲击个数，再考虑到数据质量、数据来源限制等因素，在基本的 NK-DSGE 模型中选择产出 $\hat{y}_t$、消费 $\hat{c}_t$、生产性财政支出 $\hat{g}_t^I$、通货膨胀率 π_t、名义市场利率 $\hat{r}_t$ 等五个变量作为观测变量。在整理与上述五个变量对应的样本数据时，选用了来自中国国家统计局、中经网数据库的统计资料，时间跨度为 2000 年第 1 季度至 2017 年第 3 季度、共计 71 期。观测变量 $\hat{y}_t$ 对应的样本数据为中国国内生产总值（GDP）的季度数据①，当然，由于本书的 DSGE 模型均未考虑外国部门，所以参考陈利锋（2016）的做法，实际使用的产值数据中还减去了当期的净出口数额，$\hat{c}_t$ 数据则来自社会商品零售总额的季度值。$\hat{g}_t^I$ 的数据来自各季度的固定资产投资数据，是将其中来源为"国家预算内资金"的部分抽取出来而得到的。根据大多数文献的做法，利用统计资料中的居民消费价格指数（CPI）的环比值来衡量 π_t，由于中国国家统计局、中经网数据库提供的环比 CPI 指数是月度数据，而且是从 2001 年 1 月才开始发布的，所以须将每季度三个月的 CPI 指数累乘后换算为季度数据，并利用 2001 年同比 CPI 数据和 2001 年环比 CPI 指数共同推测出缺失的 2000 年环比 PCI 指数。名义市场利率 $\hat{r}_t$ 则是运用银行间同业拆借利率（3 个月）来进行表征，但此类数据不但是月度数据，通常还是以年化利率的形式来提供的，所以不但需要通过求均值的方法将其折算为季度数据，还须进一步将年化利率折算为季度利率。

---

① 自新古典主义 DSGE 模型之后，主流 DSGE 模型中微观基础都是通过微观个体（代表性个人或代表性家庭）的行为来刻画的，所以观测变量的样本数据在理论上应以人均数据最为理想，如果研究者掌握了准确的季度人口总量数据，那么所有的总量数据都可以换算为人均值；但鉴于国内人口统计数据存在众所周知的局限性，相应数据实际无法按上述思路进行准确的换算。在此因素限制下，为避免引入更多的不确定性，同时考虑到 20 世纪 90 年代以来中国人口增长比较缓慢，本书参考仝冰（2010）、朱军（2016）、陈利锋（2016）等国内学者的做法，在贝叶斯估计过程采用总量数据而非人均数据。

表 3.1 贝叶斯估计所用数据的描述性统计

Table 3.1: Descriptive statistics of data used in Bayesian estimation.

变量名	指标定义	计量单位	样本数	处理前				处理后			
				均值	标准差	最小值	最大值	均值	标准差	最小值	最大值
$\hat{y}_t$	实际总产出	亿元	71	70073.620	35256.195	20672.010	138054.100	4.572×10^{-13}	0.019	-0.057	0.037
$\hat{c}_t$	实际总消费	亿元	71	28165.671	16758.948	7933.801	64032.610	5.283×10^{-13}	0.019	-0.053	0.041
$\hat{g}_t^I$	实际生产性财政支出	亿元	71	2452.198	2146.531	149.560	7909.336	3.980×10^{-13}	0.101	-0.226	0.281
π_t	通胀率（CPI环比）	倍	71	1.005	0.011	0.979	1.031	-1.400×10^{-13}	0.007	-0.022	0.018
$\hat{r}_t$	名义市场利率	倍	71	1.009	0.003	1.004	1.015	7.320×10^{-16}	0.002	-0.004	0.004

表格说明：数据来源及预处理参见正文。表中"处理后"意为经过去季节化，取对数，HP 滤波等处理。

以上数据在正式投入估计以前，还需进行以下几步处理：首先，运用以 2000 年 1 季度为基期的定基 CPI 指数，将 $\hat{y}_t$、$\hat{c}_t$、$\hat{g}_t^I$ 的数据全部折算为实际值。其次，运用 Census X12 方法，对全部数据进行去季节化处理。再者，如前所述，本书的 DSGE 模型方程经过了 Uhlig 线性化处理，所有变量均是相对于稳态的对数偏离值，那么样本数据的性质自然也应与观测变量的对数线性化形式真正对应起来。所以，还须对样本数据全部取对数，并运用 Hodrick & Prescott(1980)的 HP 滤波法(Hodrick-Prescott filter)对数据进行消除趋势处理(detrending)，从而得到样本数据相对于其趋势的对数偏离值。为了避免 HP 滤波法带来的序列两端数据质量问题，在滤波后的数据中删去第 1 至第 4 期和第 69 至第 71 期，最终采用剩余的 64 期数据进行贝叶斯估计。

3.2.2.3 参数后验分布的贝叶斯估计结果

设定待估参数先验分布后，便可使用软件、结合程序化的 DSGE 模型方程与上述样本数据，在参数先验分布的约束下实施贝叶斯估计。为保证估计结果的稳健性，本书选择 MH(Metropolis-Hastings)算法估计后验分布，并要求程序使用 4 个平行马尔科夫链并进行 45000 次马尔可夫链-蒙特卡罗(MCMC)模拟(仝冰，2010；陈利锋，2013)。贝叶斯估计的先验、后验分布对比情况见图 3.3，具体结果如本章附表 3.3 所示，表中的数值一律精确至小数点后 3 位。

通常，模型参数的识别效果取决于模型结构、观测变量类型、数据质量等多个方面。通过观察软件生成的基本 NK-DSGE 模型贝叶斯估计先验-后验结果对比图(见图 3.3)可发现，在本章基本 NK-DSGE 模型的参数估计结果中，除了个别参数的识别结果较差外，绝大部分参数的先验设置、后验结果间差别均不大，或是至少能在先验、后验均值上较为接近。这说明本章模型参数估计的估计方法选择、先验分布设置等在总体上是合理可靠的。

3.2 基本模型参数的校准与估计

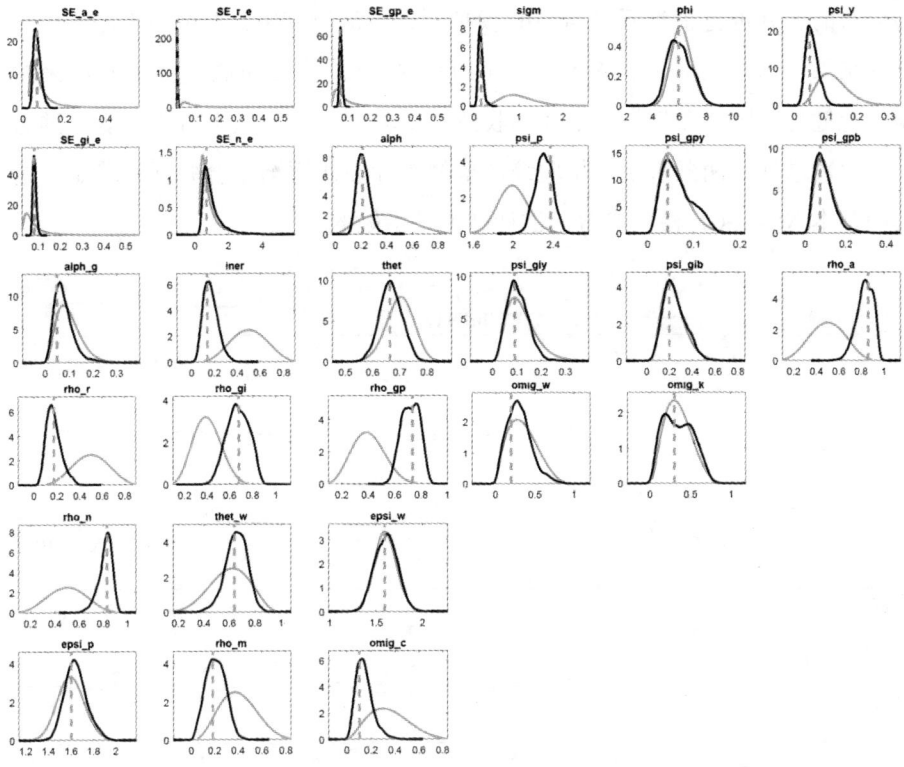

图3.3 基本模型参数先验分布与贝叶斯估计后验结果对比

Figure 3.3 Comparison of the prior distribution of the base-line model parameters and their posterior results generated by Bayesian estimation

图注：图中浅色的概率分布曲线表示参数先验分布设置的概率分布曲线，黑色线条代表由贝叶斯估计得出的后验分布结果，浅色垂直虚线对应其后验均值。图中参数符号与正文模型的对应关系可参见本书附录C。该图由Matlab R2015a软件与Dynare 4.4.3程序包生成并导出。

3.2.3 贝叶斯估计结果的检验与评价

3.2.3.1 参数估计结果的稳健性分析

如前所述，本书的贝叶斯估计是以MH(Metropolis-Hastings)算法估计后验分布的，并进行了数万次 MCMC 模拟。在主流研究中，对上述方法的模拟估计结果，通常以 Brooks & Gelman(1998)提出的多变量收敛性诊断法来检验其稳健性。图 3.4 报告了上述的收敛性检验结果。从图中可以发现，随着模拟次数增加，两条多变量检验统计量的指标曲线逐渐重合并保持稳定，这表明基本 NK-DSGE 模型参数的估计结果是稳健的。

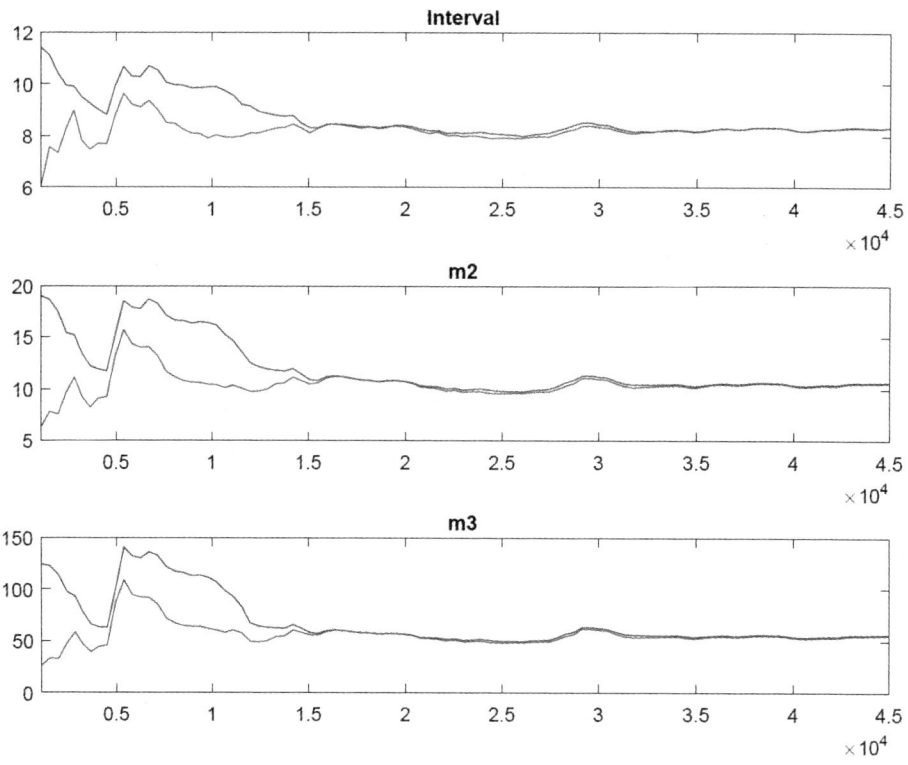

图 3.4　基本模型多变量收敛性诊断（Brooks & Gelman, 1998）

Figure 3.4　multivariate convergence diagnostic of the base-line model (Brooks & Gelman, 1998)

图注：横轴表示抽样次数，上下两条曲线间的距离关系表征检验统计量的收敛性，interval 表示均值，m2 表示方差，m3 表示 3 阶矩，该图由 Matlab R2015a 软件与 Dynare 4.4.3 程序包生成并导出。

3.2.3.2 模型模拟结果的评价

在完成稳健的参数估计后,还须进一步地评价 DSGE 模型对中国实际经济数据的拟合能力,从而对其构建质量做出初步评价。其具体做法是,参考 Nimark(2008)的分析方法,直接命令贝叶斯估计程序以参数的后验估计结果代入模型,基于各观测变量数据进行向前一步预测(one step ahead forecast),然后对模型模拟值与实际观测值进行比较,据此分析模型的拟合效果,评价模型的解释能力。在国内学者中,李玉双(2012)、王曦等(2017)也都采取类似方法来考察 DSGE 模型对实际经济的解释能力、评价建模质量,并取得了较合理的效果。根据上述方法进行的模型预测与评价结果如图 3.5 所示。

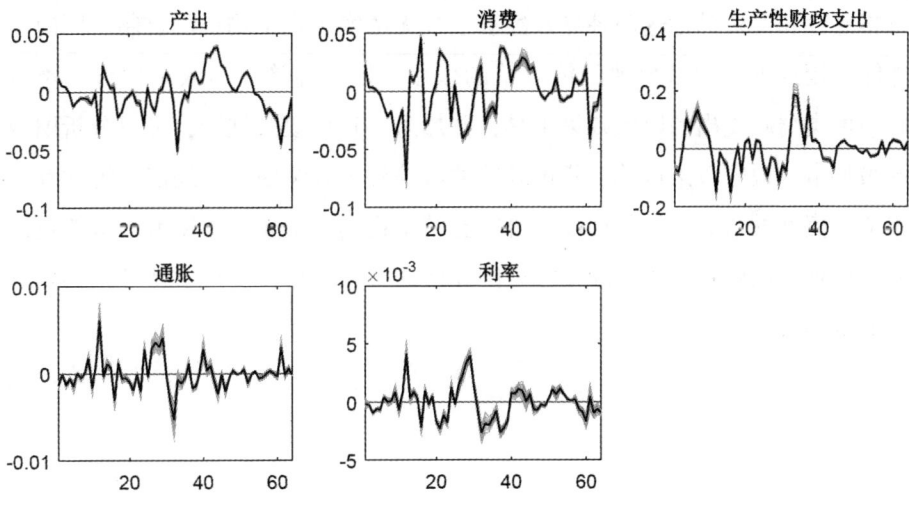

图 3.5 基本模型模拟数据和观测变量数据的比较

Figure 3.5 comparison between the data of observed variables and the prediction data of base-line model

图注:横轴表示时期(季度),对应的时间跨度为 2001 年 1 季度到 2016 年 4 季度,共 64 期。黑色曲线为各观测变量时间序列数据实际值,各条浅色曲线表示若干次模拟后得出的预测值。该图由 Matlab R2015a 软件与 Dynare 4.4.3 程序包生成并导出。

从图 3.5 可以发现，基本 NK-DSGE 模型的模拟值与实际观测值基本吻合，预测值不但在变化趋势上和观测值的时间序列数据没有本质区别，多次预测后得到的预测值变化范围也仅局限于观测值的时间数据序列曲线附近。所以，本章构建的基本 NK-DSGE 模型能够有效地解释中国宏观经济主要变量实际变化规律，达到了合意的建模质量。

3.3 本章小结

在本章，本书研究已经完成了第一阶段的工作，构建起了一个基本的新凯恩斯主义 DSGE 模型，该模型提供了一个新凯恩斯主义的理论框架，包含价格黏性和工资黏性这两种导致经济系统无法实现竞争均衡的机制，同时也能够利用这种机制来反映经济政策的作用。模型经济中引入了包含三类税收、两类财政支出的财政政策工具，并加入了货币政策规则，可以分析财政政策冲击、税收政策调节、货币政策冲击等外生政策因素对经济系统的动态影响。模型的参数估计与初步评价检验结果说明，上述基本模型的框架设定基本合理、能够稳健可靠地拟合中国经济的实际数据，实现了从理论到实证的有效衔接。

附录 3A 基本模型部分方程的线性化推导过程[①]

运用 Uhlig(2006)方法，对本章的 DSGE 模型中内生变量在动态变化过程中相对其稳态的对数偏离进行低阶近似，便可得到对数线性化形式的 DSGE 理论模型，其所有变量均已被转换成对数偏离值，具体的原理及计算过程可参阅正文的相关介绍。对数线性化处理除了可以降低模型求解与参数估计的难度外，在模型推导成型以及应用分析的过程中也发挥了重要的作用。

在此处给出的各方程线性化推导过程中，一律用变量字母的小写格式（顶部加尖形符号）表示变量相对其稳态的对数偏离程度，用上方加横线的变量符号表示经济系统达到稳态时变量的值，$i.e.\ \hat{x}_t \equiv \log X_t/\overline{X}$。

(1) 带消费习惯因素的消费动态变化方程(对应公式 3.19)

$$\widetilde{C}_t = C_t - hC_{t-1}$$

$$\Rightarrow \overline{\widetilde{C}} e^{\hat{\tilde{c}}_t} = \overline{C} e^{\hat{c}_t} - h\overline{C} e^{\hat{c}_{t-1}}$$

$$\Rightarrow \overline{\widetilde{C}} e^{\hat{\tilde{c}}_t} = \overline{C}(e^{\hat{c}_t} - he^{\hat{c}_{t-1}})$$

$$\Rightarrow \overline{\widetilde{C}}(1 + \hat{\tilde{c}}_t) = \overline{C}(1 + \hat{c}_t - h - h\hat{c}_{t-1})$$

$$\Rightarrow \overline{\widetilde{C}}\ \hat{\tilde{c}}_t = \overline{C}(\hat{c}_t - h\hat{c}_{t-1})$$

而上述方程在稳态下有：

$$\overline{\widetilde{C}} = (1 - h)\overline{C}$$

[①] 第 3 章、第 4 章的理论模型存在较多相通之处，所以为节约篇幅，将第 3 章模型中一些关键方程的线性化处理过程归并到第 4 章附录中进行介绍，如家庭效用一阶最大化条件、最优工资决定条件、生产者最优价格选择条件等，此处仅列出模型其余主要方程的线性化推导过程。具体情况可进一步查阅正文第 72 页中的解释。

所以线性化结果可整理为：

$$\hat{\tilde{c}}_t = \frac{1}{(1-h)}\hat{c}_t - \frac{h}{(1-h)}\hat{c}_{t-1}$$

(2) 劳动供给 L_t 和其消费、工资水平间的关系(对应 3.1.3 节中的相关公式)

$$(1+\tau_t^c)S_t^n[\tilde{C}_t]^\sigma(L_t)^\varphi = (1-\tau_t^w)W_t$$

对上式进行对数线性化处理：

$$(1+\tau_t^c)S_t^n[\tilde{C}_t]^\sigma(L_t)^\varphi = (1-\tau_t^w)W_t$$

$$\Rightarrow \overline{\Xi}^c[\overline{C}]^\sigma(\overline{L})^\varphi e^{\hat{\Xi}_t^c + \sigma\hat{\tilde{c}}_t + \varphi\hat{l}_t} = \overline{\Xi}^w\overline{W}_t e^{\hat{\Xi}_t^w + \hat{w}_t}$$

最后的线性化结果为：

$$\hat{l}_t = \varphi^{-1}(\hat{\Xi}_t^w + \hat{w}_t - \hat{\Xi}_t^c - \sigma\hat{\tilde{c}}_t)$$

(3) 劳动者的边际替代率(对应 3.1.3 节中的相关公式)

$$MRS_t = S_t^n(\tilde{C}_t)^\sigma(N_t)^\varphi$$

对其线性化处理可得：

$$MRS_t = S_t^n(\tilde{C}_t)^\sigma(N_t)^\varphi$$

$$\Rightarrow \overline{MRS}e^{mrs_t} = (\overline{\tilde{C}})^\sigma(\overline{N})^\varphi e^{\sigma\hat{\tilde{c}}_t + \varphi\hat{n}_t}$$

最后的线性化结果为：

$$\hat{n}_t = \varphi^{-1}(mrs_t - \sigma\hat{\tilde{c}}_t)$$

(4) 实际资本收益率决定方程(对应公式 3.30)

$$R_t^k = (1-\alpha)MC_t\frac{Y_t(j)}{K_t(j)}$$

从上式初步得出：$\overline{R}^k e^{r_t^k} = (1-\alpha)MC\frac{\overline{Y}}{\overline{K}}e^{\widehat{mc}_t + \hat{y}_t - \hat{k}_t}$

进一步整理可得出线性化结果：$r_t^k = mc_t + \hat{y}_t - \hat{k}_t$

附录 3A 基本模型部分方程的线性化推导过程

(5) 劳动要素报酬水平(实际工资)决定方程(对应公式 3.31)

$$W_t = \alpha MC_t \frac{Y_t(j)}{N_t(j)}$$

从上式初步得出：$We^{\hat{w}_t} = \alpha MC \dfrac{\overline{Y}}{\overline{N}} e^{mc_t + \hat{y}_t - \hat{n}_t}$

进而得出线性化结果：$\hat{w}_t = mc_t + \hat{y}_t - \hat{n}_t$

(6) 资产收入税的累进税率动态表达式(对应公式 3.39)

$$\tau_t^k = 1 - (1 - \overline{\tau}^k) \left(\frac{\overline{R}^k \overline{K}}{R_t^k K_t} \right)^{\omega_w}$$

$$\overline{\tau}^k e^{\hat{\tau}^k} = 1 - (1 - \overline{\tau}^k) \left(\frac{\overline{R}^k \overline{K}}{\overline{R}^k \overline{K}} \right)^{\omega_k} e^{-\omega_k (\hat{r}_t^k + \hat{k}_t)}$$

$$\Rightarrow \overline{\tau}^k (1 + \hat{\tau}_t^{kh}) = 1 - (1 - \overline{\tau}^k)[1 - \omega_k (\hat{r}_t^k + \hat{k}_t^h)]$$

得出方程线性表达式：

$$\overline{\tau}^k \hat{\tau}_t^k = \omega_k (1 - \overline{\tau}^k)(\hat{r}_t^k + \hat{k}_t)$$

(7) 工薪收入税的累进税率动态表达式(对应公式 3.40)

$$\tau_t^w = 1 - (1 - \overline{\tau}^w) \left(\frac{\overline{W}^h \overline{N}}{W_t^h N_t} \right)^{\omega_w}$$

$$\overline{\tau}^w e^{\hat{\tau}^w} = 1 - (1 - \overline{\tau}^w) \left(\frac{\overline{W}^h \overline{N}}{\overline{W}^h \overline{N}} \right)^{\omega_w} e^{-\omega_w (\hat{w}_t + \hat{n}_t)}$$

$$\Rightarrow \overline{\tau}^w (1 + \hat{\tau}_t^w) = 1 - (1 - \overline{\tau}^w)[1 - \omega_w (\hat{w}_t + \hat{n}_t)]$$

得出方程线性表达式：

$$\overline{\tau}^w \hat{\tau}_t^w = (1 - \overline{\tau}^w) \omega_w (\hat{w}_t + \hat{n}_t)$$

(8) 消费税的累进税率动态表达式(对应公式 3.41)

$$\tau_t^c = 1 - (1 - \overline{\tau}^c) \left(\frac{\overline{C}}{C_t} \right)^{\omega_c}$$

$$\bar{\tau}^c e^{\hat{\tau}^c} = 1 - (1-\bar{\tau}^c)\left(\frac{C}{\bar{C}}\right)^{\omega_c} e^{-\omega_c(\hat{c}_t)}$$

$$\Rightarrow \bar{\tau}^c(1+\hat{\tau}^c_t) = 1 - (1-\bar{\tau}^c)[1-\omega_c(\hat{c}_t)]$$

最终得出方程线性表达式：

$$\bar{\tau}^c \hat{\tau}^c_t = (1-\bar{\tau}^c)\omega_c(\hat{c}_t)$$

(9) 政府生产性资本的累积过程(对应公式 3.49)

$$K^g_t = (1-\delta)K^g_{t-1} + G^I_t$$

$$\bar{K}^g e^{\hat{k}^g_t} = (1-\delta)\bar{K}^g e^{\hat{k}^g_{t-1}} + \bar{G}^I e^{\hat{g}^I_t}$$

$$\Rightarrow \bar{K}^g(1+\hat{k}^g_t) = (1-\delta)\bar{K}^g(1+\hat{k}^g_{t-1}) + \bar{G}^I(1+\hat{g}^I_t)$$

$$\Rightarrow \bar{K}^g \hat{k}^g_t = (1-\delta)\bar{K}^g \hat{k}^g_{t-1} + \bar{G}^I \hat{g}^I_t$$

$$\Rightarrow \hat{k}^g_t = (1-\delta)\hat{k}^g_{t-1} + \frac{\bar{G}^I}{\bar{K}^g}\hat{g}^I_t$$

从上述资本积累方程的稳态可知：

$$\bar{K}^g = (1-\delta)\bar{K}^g + \bar{G}^I$$

$$\Rightarrow \frac{\bar{G}^I}{\bar{K}^g} = \delta$$

最终将线性化结果整理为：

$$\hat{k}^g_t = (1-\delta)\hat{k}^g_{t-1} + \delta\hat{g}^I_t$$

(10) 财政支出的加总(对应公式 3.51)

$$G_t = G^p_t + G^I_t$$

$$\bar{G}e^{\hat{g}_t} = \bar{G}^P e^{\hat{g}^P_t} + \bar{G}^I e^{\hat{g}^I_t}$$

$$\Rightarrow \bar{G}(1+\hat{g}_t) = \bar{G}^P(1+\hat{g}^P_t) + \bar{G}^I(1+\hat{g}^I_t)$$

最终得到如下线性化方程：

$$\bar{G}\hat{g}_t = \bar{G}^P \hat{g}^P_t + \bar{G}^I \hat{g}^I_t$$

(11) 政府财政预算的平衡条件(对应公式 3.53)

平衡条件表达式为:

$$T_t^c + T_t^w + T_t^k + R_t^{-1}\frac{B_{t+1}}{P_{t+1}}\frac{P_{t+1}}{P_t} = \frac{B_t}{P_t} + G_t^P + G_t^I$$

上式中, T_t^c、T_t^w、T_t^k 分别为消费税、资产收入税、工薪收入税的总征税额, 具体算法为:

$$T_t^k = \tau_t^k R_t^k K_t$$

$$T_t^c = \tau_t^c C_t$$

$$T_t^w = \tau_t^w W_t N_t$$

对平衡条件表达式进行 Uhlig 线性化处理, 首先得出:

$$\overline{T}^c e^{\hat{t}_t^c} + \overline{T}^w e^{\hat{t}_t^w} + \overline{T}^k e^{\hat{t}_t^k} + \overline{R}^{-1}\frac{\overline{B}}{\overline{P}}e^{\hat{b}_{t+1}+\pi_{t+1}-\hat{r}_t} = \frac{\overline{B}}{\overline{P}}e^{\hat{b}_t} + \overline{G}^P e^{\hat{g}_t^P} + \overline{G}^I e^{\hat{g}_t^I}$$

化简后得到:

$$\overline{T}^c \hat{t}_t^c + \overline{T}^w \hat{t}_t^w + \overline{T}^k \hat{t}_t^k + \beta\frac{\overline{B}}{\overline{P}}(\hat{b}_{t+1} + \pi_{t+1} - \hat{r}_t) = \frac{\overline{B}}{\overline{P}}\hat{b}_t + \overline{G}^P \hat{g}_t^P + \overline{G}^I \hat{g}_t^I$$

若将三类税收总额的线性化形式代入, 上式又可表示为:

$$\frac{\overline{B}}{\overline{P}}\hat{b}_t + \overline{G}^P \hat{g}_t^P + \overline{G}^I \hat{g}_t^I = \begin{bmatrix} \overline{\tau}^c \overline{C}(\hat{\tau}_t^c + \hat{c}_t) + \overline{\tau}^w \overline{WN}(\hat{\tau}_t^w + \hat{w}_t + \hat{n}_t) \\ + \overline{\tau}^k \overline{R}^k \overline{K}(\hat{\tau}_t^k + \hat{r}_t^k + \hat{k}_t) + \beta\frac{\overline{B}}{\overline{P}}(\hat{b}_{t+1} + \pi_{t+1} - \hat{r}_t) \end{bmatrix}$$

(12) 总供求平衡条件(对应公式 3.59)

$$Y_t = C_t + I_t + G_t$$

$$\overline{Y}e^{\hat{y}_t} = \overline{C}e^{\hat{c}_t} + \overline{I}e^{\hat{i}_t} + \overline{G}^P e^{\hat{g}_t^P} + \overline{G}^I e^{\hat{g}_t^I}$$

$$\Rightarrow \overline{Y}(1 + \hat{y}_t) = \overline{C}(1 + \hat{c}_t) + \overline{I}(1 + \hat{i}_t) + \overline{G}^P(1 + \hat{g}_t^P) + \overline{G}^I(1 + \hat{g}_t^I)$$

$$\Rightarrow \hat{y}_t = \frac{\overline{C}}{\overline{Y}}\hat{c}_t + \frac{\overline{I}}{\overline{Y}}\hat{i}_t + \frac{\overline{G}^P}{\overline{Y}}\hat{g}_t^P + \frac{\overline{G}^I}{\overline{Y}}\hat{g}_t^I$$

$$\hat{y}_t = \frac{\overline{C}}{\overline{Y}}\hat{c}_t + \frac{\overline{I}}{\overline{Y}}\hat{i}_t + \frac{\overline{G}^P}{\overline{Y}}\hat{g}_t^P + \frac{\overline{G}^I}{\overline{Y}}\hat{g}_t^I$$

整理后得出上式的 Uhlig 线性化形式：

$$\hat{y}_t = \frac{\overline{C}}{\overline{Y}}\hat{c}_t + \frac{\overline{I}}{\overline{Y}}\hat{i}_t + \frac{\overline{G}}{\overline{Y}}\hat{g}_t$$

附录3B 基本模型方程汇总(一阶优化推导结果)

按照基本模型的理论设定和相应推导结果,可以将第3章中DSGE理论模型的主要方程(非线性)整理如下①:

(1) 家庭效用最大化一阶条件

$$R_t \Lambda_{t,\,t+1} \frac{P_t}{P_{t+1}} = 1$$

$$Q_t = E_t \left\{ \Lambda_{t,\,t+1}(1 - \tau_{t+1}^k) R_{t+1}^k + \Lambda_{t,\,t+1} Q_{t+1} \left[1 - \delta + \phi\left(\frac{I_{t+1}}{K_{t+1}}\right) - \phi'\left(\frac{I_{t+1}}{K_{t+1}}\right)\frac{I_{t+1}}{K_{t+1}} \right] \right\}$$

$$Q_t = \left[\phi\left(\frac{I_t}{K_t}\right) \right]^{-1}$$

(2) 资本的动态积累过程

$$K_{t+1} = (1 - \delta) K_t + K_t \left[\phi\left(\frac{I_t}{K_t}\right) \right]$$

(3) 随机贴现因子

$$\Lambda_{t,\,t+k} = \beta^k \left(\frac{\tilde{C}_t}{\tilde{C}_{t+k}}\right)^{\sigma} \frac{(1 + \tau_t^c)}{(1 + \tau_{t+k}^c)}$$

(4) 带有习惯因素的家庭成员消费动态方程

$$\tilde{C}_t = C_t - hC_{t-1}$$

(5) 家庭成员的边际替代率

$$MRS_t = S_t^n (\tilde{C}_t)^{\sigma} (N_t)^{\varphi}$$

---

① 由于外生冲击的动态方程在正文中通常直接以对数线性化形式表示,此处为节约篇幅将其略去。

(6) 最终产品生产商的 Dixit-Stigliz 生产函数

$$Y_t = \left(\int_0^1 X_t(j)^{\frac{\varepsilon-1}{\varepsilon}} dj \right)^{\frac{\varepsilon}{\varepsilon-1}}$$

(7) 最终产品生产商的定价机制

$$P_t = \left(\int_0^1 P_t(j)^{1-\varepsilon} dj \right)^{\frac{1}{1-\varepsilon}}$$

(8) 最终产品生产商对第 j 类中间产品的需求

$$X_t(j) = \left(\frac{P_t(j)}{P_t} \right)^{-\varepsilon} Y_t$$

(9) 中间产品生产商生产函数

$$Y_t(j) = K_{t-1}(j)^{(1-\alpha)} [S_t^a N_t(j)]^{\alpha} (K_t^g)^{\alpha_g}$$

(10) 中间产品生产商的要素报酬、边际成本间的关系

$$R_t^k = (1-\alpha) MC_t \frac{Y_t(j)}{K_{t-1}(j)}$$

$$W_t = \alpha MC_t \frac{Y_t(j)}{N_t(j)}$$

(11) 产品最优价格设定一阶条件

$$\sum_{k=0}^{\infty} \theta^k E_t \{ \Lambda_{t,t+k} Y_{t+k|t}(j) [(P_t^*/P_{t+k}) - \mu MC_{t+k|t}] \} = 0, \quad \mu = \frac{\varepsilon}{(\varepsilon-1)}$$

(12) 最优名义工资决定条件:

$$\sum_{k=0}^{\infty} (\beta \theta_w)^k E_t \left\{ \left(\frac{N_{t+k|t}}{C_{t+k}} \right) \left[(1 - \tau_{t+k}^w) \left(\frac{W_t^*}{P_{t+k}} \right) - \mu_w (1 + \tau_{t+k}^c) MRS_{t+k|t} \right] \right\} = 0,$$

$$\mu_w = \frac{\varepsilon_w}{(\varepsilon_w - 1)}$$

(13) 货币政策规则

$$\frac{R_t}{\overline{R}} = \left(\frac{R_{t-1}}{\overline{R}} \right)^{\rho_m} \left[\left(\frac{Y_t}{\overline{Y}} \right)^{\psi_y} e^{(\psi_p \pi_t)} \right]^{(1-\rho_m)} e^{\varepsilon_t^i}$$

(14) 名义利率与实际利率的换算

$$R_t^r = R_t/\pi_t$$

(15) 财政政策规则

①两类财政支出规则

a. 生产性财政支出规则：

$$\frac{G_t^I}{\overline{G^I}} = \left(\frac{G_{t-1}^I}{\overline{G^I}}\right)^{\rho_g^I} \left[\left(\frac{B_{t-1}}{\overline{B}}\right)^{\psi_{gb}^I} \left(\frac{Y_{t-1}}{\overline{Y}}\right)^{-\psi_{gy}^I}\right]^{(\rho_z^I-1)} e^{e_t^{gi}}$$

b. 非生产性财政支出规则：

$$\frac{G_t^P}{\overline{G^P}} = \left(\frac{G_{t-1}^P}{\overline{G^P}}\right)^{\rho_g^P} \left[\left(\frac{B_{t-1}}{\overline{B}}\right)^{\psi_{gb}^P} \left(\frac{Y_{t-1}}{\overline{Y}}\right)^{-\psi_{gy}^P}\right]^{(\rho_g^P-1)} e^{e_t^{gp}}$$

c. 政府生产性资产的积累过程：

$$K_t^g = (1-\delta)K_{t-1}^g + G_t^I$$

②税收政策表达式

a. 资产收入税的累进税率动态表达式

$$\tau_t^k = 1 - (1-\overline{\tau}^k)\left(\frac{\overline{R^k}\overline{K}}{R_t^k K_t}\right)^{\omega_k}$$

b. 工薪收入税的累进税率动态表达式

$$\tau_t^w = 1 - (1-\overline{\tau}^w)\left(\frac{\overline{WN}}{W_t N_t}\right)^{\omega_w}$$

c. 消费税的累进税率动态表达式

$$\tau_t^c = 1 - (1-\overline{\tau}^c)\left(\frac{\overline{C}}{C_t}\right)^{\omega_c}$$

d. 三类税收的总额

$$T_t^k = \tau_t^k R_t^k K_t$$

$$T_t^c = \tau_t^c C_t$$

$$T_t^w = \tau_t^w W_t N_t$$

(16) 两类财政支出的加总关系

$$G_t = G_t^p + G_t^I$$

(17) 政府预算平衡条件

$$P_t T_t^c + P_t T_t^w + P_t T_t^k + R_t^{-1} B_{t+1} = B_t + P_t G_t^P + P_t G_t^I$$

(18) 市场平衡条件

①中间产品商 j 的产量加总与平衡条件

$$N_t = \int_0^1 N_t(j) dj$$

$$K_t = \int_0^1 K_t(j) dj$$

②中间产品商 j 与最终产品商采购量间的平衡条件

$$Y_t(j) = X_t(j)$$

③模型经济的总供求平衡条件

$$Y_t = C_t + I_t + G_t^P + G_t^I$$

附录 3C 对数线性化后的基本模型方程

本章中 DSGE 理论模型的 Uhlig 对数线性化形式，包括对数线性化形式的理论模型方程、政策规则、外生冲击动态过程表达式等汇总整理如下：

(1) 家庭效用最大化一阶条件

$$\hat{\tilde{c}}_t = E_t\{\hat{\tilde{c}}_{t+1}\} + E_t\{\pi_{t+1}\} + \frac{\bar{\tau}^c}{(1+\bar{\tau}^c)}(\hat{t}^c_{t+1} - \hat{t}^c_t) - \hat{r}_t$$

$$\hat{q}_t = \eta^{-1}(\hat{i}_t - \hat{k}_t)$$

$$\hat{q}_t = [1 - \beta(1-\delta)]\left(-\frac{\bar{\tau}^k}{(1-\bar{\tau}^k)}\hat{\tau}^k_{t+1} + E_t\{\hat{r}^k_{t+1}\}\right) + \beta E_t\{\hat{q}_{t+1}\} - \hat{r}_t + E_t\{\pi_{t+1}\}$$

(2) 资本的动态积累过程

$$\hat{k}_{t+1} = \hat{k}_t + \delta(\hat{i}_t - \hat{k}_t)$$

(3) 带消费习惯系数的消费动态方程

$$\hat{c}_t = \frac{1}{(1-h)}\hat{c}_t - \frac{h}{(1-h)}\hat{c}_{t-1}$$

(4) 家庭成员的边际替代率

$$mrs_t = \varphi \hat{n}_t + \sigma \hat{\tilde{c}}_t$$

(5) 中间产品生产商生产函数

$$\hat{y}_t = (1-\alpha)\hat{k}_t + \alpha \hat{n}_t + \alpha_g \hat{k}^g_t + \alpha \varepsilon^a_t$$

(6) 中间产品生产商边际成本、要素投入、要素报酬间的关系

$$r^k_t = mc_t + \hat{y}_t - \hat{k}_t$$

$$\hat{w}_t = mc_t + \hat{y}_t - \hat{n}_t$$

(7) 新凯恩斯主义菲利普斯曲线

$$\pi_t = \beta E_t\{\pi_{t+1}\} + (1-\theta)(1-\theta\beta)\theta^{-1} mc_t$$

(8) 实际工资膨胀率

$$\pi_t^{rw} = w_t - w_{t-1}$$

(9) 实际工资膨胀率与名义工资膨胀率的换算

$$\pi_t^w = \pi_t^{rw} + \pi_t$$

(10) 新凯恩斯主义工资菲利普斯曲线(NKWPC)

$$\pi_t^w = \frac{(1-\beta\theta_w)(1-\theta_w)}{\theta_w(1+\varphi\varepsilon_w)}\left[mrs_t - \hat{w}_t + \frac{\bar{\tau}^w}{(1-\bar{\tau}^w)}\hat{\tau}_t^w + \frac{\bar{\tau}^c}{(1+\bar{\tau}^c)}\hat{\tau}_t^c\right] + \beta\pi_{t+1}^w$$

(11) 劳动力失业水平表达式

$$\hat{u}_t = \varphi^{-1}\left(-\frac{\bar{\tau}^w}{(1-\bar{\tau}^w)}\hat{\tau}_t^w - \frac{\bar{\tau}^c}{(1+\bar{\tau}^c)}\hat{\tau}_t^c + \hat{w}_t - mrs_t\right)$$

(12) 货币政策规则

$$\hat{r}_t = \rho_m \hat{r}_{t-1} + (1-\rho_m)(\psi_y \hat{y}_t + \psi_p \pi_t) + \varepsilon_t^r$$

(13) 名义利率与实际利率的换算

$$\hat{r}_t^r = \hat{r}_t - \pi_t$$

(14) 财政政策规则

①两类财政支出规则

$$\hat{g}_t^I = \rho_g^I \hat{g}_{t-1}^I - (1-\rho_g^I)(\psi_{gb}^I \hat{b}_{t-1} - \psi_{gy}^I \hat{y}_{t-1}) + e_t^{gi}; \quad e_t^{gi} \sim i.i.d. N(0, \sigma_{gi}^2)$$

$$\hat{g}_t^P = \rho_g^p \hat{g}_{t-1}^P - (1-\rho_g^p)(\psi_{gb}^P \hat{b}_{t-1} - \psi_{gy}^P \hat{y}_{t-1}) + e_t^{gp}; \quad e_t^{gp} \sim i.i.d. N(0, \sigma_{gp}^2)$$

②政府生产性资产的积累方程

$$\hat{k}_t^g = (1-\delta)\hat{k}_{t-1}^g + \delta\hat{g}_t^I$$

③各类税收的累进税率动态表达式

a. 资产收入税的累进税率动态表达式

$$\bar{\tau}^k \hat{\tau}_t^{kh} = \omega_k(1-\bar{\tau}^k)(\hat{r}_t^k + \hat{k}_t^h)$$

b. 工薪收入税的累进税率动态表达式

$$\bar{\tau}^w \hat{\tau}_t^w = \omega_w(1-\bar{\tau}^w)(\hat{w}_t + \hat{n}_t)$$

c. 消费税的累进税率动态表达式

$$\bar{\tau}^c \hat{\tau}_t^c = \omega_c(1-\bar{\tau}^c)\hat{c}_t$$

(15) 两类财政支出的加总

$$\hat{g}_t = \frac{\overline{G}^P}{\overline{G}}\hat{g}_t^P + \frac{\overline{G}^I}{\overline{G}}\hat{g}_t^I$$

(16) 政府预算平衡条件

$$\frac{\overline{B}}{\overline{P}}\hat{b}_t + \overline{G}^p\hat{g}_t^p + \overline{G}^I\hat{g}_t^I = \begin{bmatrix} \overline{\tau}^c\overline{C}(\hat{\tau}_t^c + \hat{c}_t) + \overline{\tau}^w\overline{W}\,\overline{N}(\hat{\tau}_t^w + \hat{w}_t + \hat{n}_t) \\ + \overline{\tau}^k\overline{R}^k\overline{K}(\hat{\tau}_t^k + \hat{r}_t^k + \hat{k}_t) + \beta\frac{\overline{B}}{\overline{P}}(\hat{b}_{t+1} + \pi_{t+1} - \hat{r}_t) \end{bmatrix}$$

(17) 模型经济的总供求平衡条件

$$\hat{y}_t = \frac{\overline{C}}{\overline{Y}}\hat{c}_t + \frac{\overline{I}}{\overline{Y}}\hat{i}_t + \frac{\overline{G}}{\overline{Y}}\hat{g}_t$$

(18) 其他外生冲击

① 技术(全要素生产率)冲击

$$\varepsilon_t^a = \rho_a\varepsilon_{t-1}^a + e_t^a, \quad e_t^a \sim i.i.d.\,N(0,\,\sigma_a^2)$$

② 劳动力的供给冲击

$$\varepsilon_t^n = \rho_n\varepsilon_{t-1}^n + e_t^n, \quad e_t^n \sim i.i.d.\,N(0,\,\sigma_n^2)$$

③ 货币政策冲击

$$\varepsilon_t^r = \rho_r\varepsilon_{t-1}^r + e_t^r, \quad e_t^r \sim i.i.d.\,N(0,\,\sigma_r^2)$$

附表 3.1 基本模型部分参数校准表
Enclose table 3.1: calibration of some parameters in the base-line model.

参数	校准值	校 准 依 据
β	0.990	参考仝冰(2010)、贾俊雪与郭庆旺(2012)、肖尧与牛永青(2014)、王曦等(2017)根据市场利率水平折算的结果,从本书市场利率样本数据中得出的推算值也与其相符
δ	0.040	参考薛鹤翔(2010)、张伟进(2015)、陈利锋(2016)等学者的经验
$\overline{C}/\overline{Y}$	0.450	根据中国国家统计局网站提供的统计数据,以社会商品零售总额占GDP(不含净出口)的比值估算
$\overline{G}/\overline{Y}$	0.250	根据中经网统计数据,以国家财政支出(不含债务还本)与GDP(不含净出口)的比值估算
$\overline{G^P}/\overline{G}$	0.820	根据中经网统计数据,以来源为国家预算内资金的固定资产投资额占国家财政支出总额的比值推算
$\bar{\tau}^k$	0.250	根据李玉双(2012)、黄赜琳与朱保华(2015)等人的研究经验,以及崔治文等(2011)、王蓓与崔治文(2012)、梁红梅与张卫峰(2014)等人的有效税率测算结果确定
$\bar{\tau}^w$	0.060	根据李玉双(2012)、黄赜琳与朱保华(2015)等人的研究经验,以及崔治文等(2011)、王蓓与崔治文(2012)、梁红梅与张卫峰(2014)等人的有效税率测算结果确定
$\bar{\tau}^c$	0.090	根据李玉双(2012)、黄赜琳与朱保华(2015)等人的研究经验,以及崔治文等(2011)、王蓓与崔治文(2012)、梁红梅与张卫峰(2014)等人的有效税率测算结果确定

附表3.2 基本模型参数贝叶斯估计的先验分布设定
Enclose table 3.2: prior distribution of Bayesian estimation for the base-line model

参数	先验均值	分布类型	标准差	确 定 依 据
α	0.400	beta	0.180	参考薛鹤翔(2010)的设定
α_g	0.100	beta	0.050	参考朱军(2013a)、陈利锋(2016)的设定
h	0.500	beta	0.150	参考张伟进等(2015)的设定
θ	0.700	beta	0.050	参考陈利锋(2017b)的设定
σ	1.000	gamma	0.375	参考薛鹤翔(2010)的设定
φ	6.160	gamma	0.750	参考刘斌(2008)、薛鹤翔(2010)的设定
ψ_y	0.125	gamma	0.050	参考Zhang(2009)的设定
ψ_p	2.000	gamma	0.150	参考贾俊雪与郭庆旺(2012)的设定
ψ_{gy}^P	0.060	gamma	0.030	参考李玉双(2012)、朱军(2013a)的取值范围,并参考陈利锋(2016)的做法,令债务的反应系数大于产出缺口的反应系数
ψ_{gb}^P	0.100	gamma	0.050	同上
ψ_{gy}^I	0.120	gamma	0.060	同上。参考陈利锋(2016)的做法,令生产性支出的反应系数大于非生产性支出
ψ_{gb}^I	0.240	gamma	0.100	同上
ρ_a	0.500	beta	0.150	参考王曦等(2017)的设定
ρ_r	0.500	beta	0.150	参考陈利锋(2016)、王曦等(2017)等的设定
ρ_g^I	0.400	beta	0.120	参考王曦等(2017)的设定
ρ_g^P	0.400	beta	0.120	同上
ρ_n	0.500	beta	0.150	参考陈利锋(2016)、王曦等(2017)等的设定

续表

参数	先验均值	分布类型	标准差	确 定 依 据
θ_w	0.600	beta	0.150	参考刘斌(2008)的设定
ε_w	1.600	gamma	0.120	参考陈利锋(2013)设定其合理范围
ε	1.600	gamma	0.120	许志伟等(2011)设为1.7,陈利锋(2014)设为1.553;取一个居中的值
ρ_m	0.400	beta	0.150	参考王曦等(2017)的设定
ω_c	0.350	beta	0.160	参考 Mattesini & Rossi(2012)设定其合理范围
ω_w	0.350	beta	0.180	同上
ω_k	0.350	beta	0.160	同上
σ_a	0.100	inv_gamma	Inf	参考刘斌(2008)的估计结果
σ_r	0.100	inv_gamma	Inf	参考刘斌(2008)的设定
σ_{gp}	0.100	inv_gamma	Inf	参考刘斌(2008)、李玉双(2012)、陈利锋(2016)的设置
σ_{gi}	0.100	inv_gamma	Inf	同上
σ_n^h	1.000	inv_gamma	Inf	参考刘斌(2008)、张伟进等(2015)的设置

附表3.3 基本模型参数的贝叶斯估计结果
Enclose table 3.3: the Bayesian estimation results of the base-line model

参数	先验分布设置			后验分布估计结果	
	先验均值	分布类型	标准差	后验均值	95%后验置信区间
α	0.400	beta	0.180	0.217	[0.127, 0.304]
α_g	0.100	beta	0.050	0.077	[0.012, 0.154]
h	0.500	beta	0.150	0.166	[0.053, 0.291]
θ	0.700	beta	0.050	0.667	[0.594, 0.749]
σ	1.000	gamma	0.375	0.146	[0.049, 0.251]
φ	6.160	gamma	0.750	5.998	[4.505, 7.657]
ψ_y	0.125	gamma	0.050	0.055	[0.021, 0.093]
ψ_p	2.000	gamma	0.150	2.306	[2.140, 2.467]
ψ_{gy}^P	0.060	gamma	0.030	0.065	[0.015, 0.127]
ψ_{gb}^P	0.100	gamma	0.050	0.092	[0.016, 0.181]
ψ_{gy}^I	0.120	gamma	0.060	0.103	[0.029, 0.186]
ψ_{gb}^I	0.240	gamma	0.100	0.246	[0.075, 0.430]
ρ_a	0.500	beta	0.150	0.831	[0.689, 0.953]
ρ_r	0.500	beta	0.150	0.173	[0.055, 0.302]
ρ_g^I	0.400	beta	0.120	0.670	[0.490, 0.847]
ρ_g^P	0.400	beta	0.120	0.719	[0.593, 0.838]
ρ_n	0.500	beta	0.150	0.816	[0.699, 0.912]
θ_w	0.600	beta	0.150	0.653	[0.483, 0.810]
ε_w	1.600	gamma	0.120	1.607	[1.384, 1.827]
ε	1.600	gamma	0.120	1.642	[1.458, 1.842]

续表

参数	先验分布设置			后验分布估计结果	
	先验均值	分布类型	标准差	后验均值	95%后验置信区间
ρ_m	0.400	beta	0.150	0.208	[0.054, 0.362]
ω_c	0.350	beta	0.160	0.143	[0.026, 0.286]
ω_w	0.350	beta	0.180	0.301	[0.020, 0.589]
ω_k	0.350	beta	0.160	0.349	[0.045, 0.660]
σ_a	0.100	inv_gamma	Inf	0.069	[0.040, 0.104]
σ_r	0.100	inv_gamma	Inf	0.015	[0.012, 0.019]
σ_{gp}	0.100	inv_gamma	Inf	0.067	[0.055, 0.079]
σ_{gi}	0.100	inv_gamma	Inf	0.084	[0.070, 0.099]
σ_n^h	1.000	inv_gamma	Inf	0.990	[0.337, 2.128]

第4章 不平等与稳定化政策：模型扩展

第4章的主要任务是基本模型的扩展，其目的在于得到一个包含经济不平等状态的新凯恩斯主义 DSGE 模型（下文简称"扩展模型"或"不平等 NK-DSGE 模型"），为本书后续部分中联系不平等问题的稳定化政策分析提供有效的工具，第3章的基本模型同时也是本章扩展模型的建模质量评价基准。而且，在后文的模型应用分析部分，通过将基本模型与接下来的扩展模型进行比较，无论是不平等自身的变化规律，还是其在经济波动、政策作用传导过程中发挥的内生作用，都将能得到较清晰的辨识和剖析。

本章研究工作的难点是如何在模型中加入不平等问题，以动态方式刻画不平等的产生与演化过程。不平等问题在现实经济中是长期存在、难以完全消除的，所以王弟海与龚六堂(2006)等既有理论研究提供的一个宝贵经验是，涉及不平等问题的理论模型中须首先引入"存量"维度上的不平等（参见1.2.1小节），用以在动态的经济系统中体现不平等问题的产生机制（本书也将其简称为模型中的"不平等的收入分配机制"）。

所以，与基本模型相比，第4章中最关键的改进在于，将基本模型中的单一代表性家庭扩展到两类：第一类是拥有资产、相对富裕的李嘉图模型家庭（Ricardian households），而且如同第3章曾叙述的，此类家庭中的消费者可以追求跨期的消费平滑和效用最大化，在经济决策时会尽可能理性地考虑政府公债融资的负财富效应。第二类家庭是相对贫困的非李嘉图模型家庭（non-Ricardian households），这类家户在经济分析中又称经验法则居民（ruleof-thumb households，ROT)，缺乏可供跨期平滑的资产存量，无法进行跨期决策，所以受限于流动性约束、预算窘迫，仅能靠当期可支配收入来进行消费。

虽然相对于真实社会中的家庭财产、收入分布状况来说，上述设定是高度简化的，但当前也已有足够的实证依据来支撑上述设定的合理性，例如上述设定的一个重要特点是认为只有李嘉图模型家庭掌握了资产，意味着财富的分布在模型经济中是高度集中的，这确实是对经济现实的近似、能够得到许多实证结论的支持。诸多实证研究表明，"存量"维度上的不平等主要表现为财富不平等（廉永辉与张琳，2013），而这类不平等在现实中的严重程度要远远超过收入的不平等（Cagetti & Nardi，2009），Kennickell(2003)对美国财富分配状况的研究则表明，美国人口中最富的那1%持有超过30%的社会财富，而5%的最富有人口持有的财富超过了全社会总量的一半，同时相当比例的贫穷家户几乎没有任何资产、处于寅吃卯粮的状态，恰好和上述的ROT型家户对应。而另一些实证研究则表明，现实经济中大部分居民的消费与当期收入变化更加密切，生命周期—持久收入假说（LC-PIH）并不显著成立（Campbell & Mankiw，1989）。联系上述研究经验可知，家庭财富分布的高度集中和家庭跨期决策模式的异质性都是切实存在的经济现象，在建立经济政策分析框架的过程中，如果不考虑上述现象，就难以真正准确地把握经济政策对微观个体经济决策行为的实际效应，而且也不便对经济政策、居民收入之间的动态关系进行准确刻画（Mankiw，2000）。

与此同时，国内的大量实证分析与微观调查数据也为上述异质性家庭设计在中国DSGE模型中的适用性提供了依据。在近几十年里（尤其是改革开放后），市场经济体制确立后房地产、金融市场行情的逐年变化，再加上遗产税、房产税等财富再分配机制的长期缺位，都对中国居民财产不平等的加剧起到了重要的推动作用，已有学者发现中国社会中的财产基尼系数在2010年就已超过0.73（李实等，2014），财产分布的集中程度令人触目惊心。同时，模型经济中非李嘉图家庭面对流动性约束、纯粹以经验法则（ROT）进行经济决策的设置虽然高度抽象,但在中国财富分布和收入分配日渐悬殊、社会长期保持二元结构、金融体系仍在不断完善的现实背景下,相对贫困的非李嘉图模型家庭的设定实质上能够反映中国社会的诸多经验规律,国内研究者申朴和刘康兵(2003)、李伯涛与龙军(2011)通过理论模型和计量实证分析指出中国居民的确面临较强流动性约束,而表4.1中通过CLDS微观调查数据得出的初步分析结果也支持了这一点。表4.1的分析结果还进一步表明,与非李嘉图模型家庭相比,中国的李嘉图模型家庭对应着相对更高的年平均收入、年平均消费。与此异曲同工的是,封福育(2014)也利用门限回归模型的实证研究结果指出,流动性约束对中国低收入人群经济决策的影响显著高于高收入人群;修磊(2017)的实证研究则进一步剖析了流动性约束与不平等之间的双向联系,同样发现流动性约束和收入不平等、消费不平等之间存在密切关联。

表4.1 基于CLDS2016数据的中国家庭类型划分及初步统计①

Table 4.1 classification and preliminary statistics of Chinese families based on CLDS2016 data

家庭类型	家庭样本数(占比)	年平均收入(元)	年平均消费(元)
李嘉图模型	3673 (25.83%)	132643.74	68551.43
非李嘉图模型	10546 (74.17%)	46202.01	39812.10

表格说明:表中数据来自CLDS2016数据库,由MS Office Excel 2010软件计算得出。

---

① 表中数值是基于中山大学社会科学调查中心中国劳动力动态调查项目(CLDS)的2016年调查数据计算得出的,该数据对应的是中国大陆地区各地级市的14227个家庭(其中有效样本14219个)在2015年的状况。表中家庭类型的判断条件是,在财产性收入、理财产品、借款、收入大于总支出等条件中,只要样本家庭具备其中之一,即可判定为李嘉图模型,反之则为非李嘉图模型。感谢来自中山大学社会科学调查中心中国劳动力动态调查项目(CLDS)的数据支持,并且本人谨此声明:本书通过CLDS数据得出的结论均属作者个人观点,一切文责自负。

综上所述，扩展模型中的李嘉图-非李嘉图模型二元家庭设计是对现实经济中家庭不平等特征的合理概括、适度抽象。在现实社会中，两类家庭的确有逐渐改变自身状态的可能，但其过程通常是较为漫长、复杂，充满不确定性的；再者，DSGE 又是主要用于分析宏观经济短期波动的研究框架（而非研究经济系统的长期内生演化路径），所以以"存量"维度上的不平等（主要指财富不平等）设定为一种外生给定的状态、专注于研究"流量"维度上不平等，对基于 DSGE 的不平等研究来说会是一种较合理的简化方式。正因如此，二元化家庭的简化设定方式在 DSGE 分析框架中已经得到了较普遍采用，Galí et. al（2007）、Iwata（2011）、Swarbrick（2012）、Ranciere et al.（2012）、Ferrara & Tirelli(2015)、陈利锋（2015a）、江春等（2018）在涉及收入分配或经济政策非对称效应的 DSGE 研究中均采用了上述设计①，他们的研究经验也表明，这种刻画方式虽然简练、抽象，但依然能够在本质上实现对现实经济情况的近似，可以合理有效地刻画经济，并且也保证了模型的简洁易用，提高了模型分析的可行性。在上述的 DSGE 研究中，异质性家庭间在"存量"维度上的不平等状态（财富差异）及其在经济决策模式上的差异，共同构成了本书模型中收入分配与消费不平等问题的产生机制。

在 DSGE 模型的构建与应用过程中，在加入上述机制后，研究者便可利用收入、消费等动态变量，以尽可能简洁的方式在经济波动过程中模拟出"流量"维度的不平等动态变化过程，判断收入、消费等方面的不平等程度是如何在短期经济波动中发生变化的。反之，参考本书第 3 章的基本模型可知，如果模型不进行上述设定，则不可能产生任何维度上的不平等。此外，在本书研究中，上述动态变化过程是以经济变量的脉冲响应函数来呈现的，参见第 4.3.2 小节以及第 5 章。

---

① 无独有偶，上述设定除了在 DSGE 模型研究中较为常见，Shoven 和 Whalley 在其税收 CGE 模型的研究(Shoven&Whalley，1984)中也将居民分为富户和穷户，并且对两类居民户初始要素禀赋都进行了理想化的假设（即：假设富居民户只有资本要素；而穷居民户只有劳动要素），这说明李嘉图-非李嘉图模型的二元化家庭部门设定实际上具有更为广泛的适用性。

所以，在后文的模型应用分析中，两类家庭成员在财产存量和经济决策模式上的差异，以及稳定化政策对此二类家庭部门产生的不对称影响，都将成为剖析不平等形成、演化机制的主要出发点。

4.1 扩展模型的结构

如本章引言所述，扩展模型与基本模型的关键区别在于考虑了家庭之间的差异，所以除了家户部门和劳动力市场以外，扩展模型在理论基础、前提假设、方程形式等方面和基本模型并没有本质区别。

4.1.1 微观主体及其经济决策

4.1.1.1 家户部门

在模型所刻画的虚拟经济系统中，存在由无限生命的家庭 $i\in[0,1]$ 所构成的连续系统。家庭分为两类，上标为 h 的家庭是相对富裕的李嘉图模型家庭，此类家庭不受流动性约束，可以追求跨期的消费平滑和效用最大化。上标为 s 的家庭是相对贫困的非李嘉图模型家庭或经验法则(ROT)居民，其主要特点是没有资产、消费决策受限于流动性约束。如前所述，上述设定是对当前中国社会财富集中程度的近似体现，形成了一种要素禀赋上的巨大差异，类似于王弟海与龚六堂(2006)、钞小静与沈坤荣(2014)在理论模型中设置的"初始不平等"。如前所述，通过引入这种不平等的产生机制，扩展模型能够近似地呈现"存量"维度上的不平等状态，并能以此为基础，在动态分析过程中反映出"流量"维度上的不平等，体现出收入等方面的不平等程度与各类经济变量间的动态关系，模拟出各方面不平等程度随经济波动而变化的动态过程。当然，上述设定也意味着，本书通过 DSGE 模型所进行的不平等问题动态化分析最终将以收入不平等作为主要侧重点，同时兼顾与之相关联的消费不平等问题。

(1) 相对富裕家庭的经济决策

扩展模型中，贫、富家庭的当期效用函数共同由以下方程表示：

$$U(C_t^i, N_t^i) = \frac{[(\tilde{C}_t^i)]^{1-\sigma}}{1-\sigma} - S_t^{ni}\frac{(N_t^i)^{1+\varphi}}{1+\varphi}, \quad i \in \{h, s\} \quad (4.1)$$

$$\tilde{C}_t^i = C_t^i - hC_{t-1}^i, \quad i \in \{h, s\}$$

$$S_t^{ni} = e^{\varepsilon_t^{ni}}, \quad \varepsilon_t^{ni} = \rho_{ni}\varepsilon_{t-1}^{ni} + e_t^{ni}, \quad e_t^{ni} \sim i.i.d. N(0, \sigma_{ni}^2); \quad i \in \{h, s\}$$

在上式中，相对富裕家庭和相对贫困家庭的消费分别为 C_t^h 和 C_t^s，两类家庭提供的劳动力分别为 N_t^h 和 N_t^s。消费和劳动均设为可分形式，系数 h 衡量了消费的惯性水平。σ 为消费者跨期替代弹性的倒数，φ 为劳动供给弹性的倒数，反映劳动规避程度（又称 Frisch 劳动厌恶系数）。S_t^{ni} 代表服从 AR(1) 过程的两类家庭劳动力供给冲击。

相对富裕家庭的经济决策是为了最大化下述的跨期效用：

$$E_h = \sum_{t=0}^{\infty} \beta^t U(C_t^h, N_t^h)$$

而其面对的预算约束为：

$$P_t[(1+\tau_t^{ch})C_t^h] + I_t^h + R_t^{-1}B_{t+1}^h = \begin{bmatrix} (1-\tau_t^{wh})W_t^h P_t N_t^h \\ + (1-\tau_t^{kh})R_t^k P_t K_t^h + B_t^h + D_t^h \end{bmatrix}$$

(4.2)

(4.2) 式中，P_t 为第 t 期物价指数，相对富有家庭获得的实际工资为 W_t^h，实际物质资本收益为 R_t^k，获得的企业红利为 D_t^h，而在第 t 期抛售的债券数额（名义值）为 B_t^h，每单位债券的售价为 1 单位货币。而在支出方面，除了消费外，I_t^h 为投资支出，B_{t+1}^h 为在第 t 期认购并将在 $t+1$ 期抛售的债券数量，这些债券的认购价格为 R_t^{-1}。家庭成员以比例税形式纳税，τ_t^{kh}、τ_t^{wh}、τ_t^{ch} 分别为其缴纳资产收入税、工薪所得税、消费税的当期实际税率。

相对富裕家庭的物质资本 K_t^h 遵循以下的动态积累过程：

$$K_{t+1}^h = (1-\delta)K_t^h + K_t^h\left[\phi\left(\frac{I_t^h}{K_t^h}\right)\right] \qquad (4.3)$$

上式中的参数 δ 为物质资本折旧率,函数 φ(·)为物质资本调整成本函数,该函数具有下列性质:

$$\phi'(\cdot) > 0, \quad \phi''(\cdot) \leq 0$$
$$\phi(\delta) = \delta, \quad \phi'(\delta) = 1, \quad \phi''(\delta) = -\delta^{-1}$$

与第 3 章中公式(3.4)的分析类似,根据上述性质可以推出:

$$\frac{\bar{I}^h}{\bar{K}^h} = \delta, \quad \phi'\left(\frac{\bar{I}^h}{\bar{K}^h}\right) = \phi'(\delta) = 1 \qquad (4.4)$$

在效用最大化并存在预算约束的前提下,相对富裕家庭的经济行为优化选择目标是最大化下述的拉格朗日函数:

$$\begin{aligned}\mathcal{L} = &\frac{[\tilde{C}_t^h]^{1-\sigma}}{1-\sigma} - S_t^{ni}\frac{(N_t^h)^{1+\varphi}}{1+\varphi} + \beta V(K_{t+1}^h, B_{t+1}^h) \\ &-\lambda_t\begin{bmatrix} P_t[(1+\tau_t^{ch})C_t^h] + I_t^h + R_t^{-1}B_{t+1}^h \\ -(1-\tau_t^{wh})W_t^hP_tN_t^h - (1-\tau_t^{hh})R_t^kP_tK_t^h - B_t^h - D_t^h \end{bmatrix}\end{aligned} \qquad (4.5)$$

上式中的 λ_t 是当期的拉格朗日乘子,$V(K_{t+1}, B_{t+1})$ 是家庭成员跨期选择的价值函数。

首先,通过直接对(4.5)式中各变量求偏导,可以得到部分的一阶优化条件:

$$\frac{\partial \mathcal{L}}{\partial C_t^h} = [\tilde{C}_t^h]^{-\sigma} - \lambda_t P_t(1+\tau_t^{ch}) = 0 \Rightarrow \lambda_t = \frac{1}{[\tilde{C}_t^h]^\sigma P_t(1+\tau_t^{ch})} \qquad (4.6)$$

$$\frac{\partial \mathcal{L}}{\partial N_t^h} = -S_t^{ni}(N_t^h)^\varphi + \lambda_t(1-\tau_t^{wh})W_t^hP_t = 0 \Rightarrow \lambda_t = \frac{S_t^{ni}(N_t^h)^\varphi}{(1-\tau_t^{wh})W_t^hP_t} \qquad (4.7)$$

$$\frac{\partial \mathcal{L}}{\partial B_{t+1}^h} = \beta V'(B_{t+1}^h) - \lambda_t R_t^{-1} = 0 \Rightarrow V'(B_{t+1}^h) = \beta^{-1}\lambda_t R_t^{-1} \qquad (4.8)$$

$$\frac{\partial \mathcal{L}}{\partial K_{t+1}^h} = \beta V'(K_{t+1}^h) - \lambda_t P_t\frac{\partial I_t^h}{\partial K_{t+1}^h} = 0 \qquad (4.9)$$

同时，与第3章中公式(3.10)的推导类似，物质资本调整成本函数的性质，可以推出一个资本的影子价格表达式，也可视作托宾的"Q"值：

$$Q_t = \left[\phi'\left(\frac{I_t}{K_t}\right)\right]^{-1} \tag{4.10}$$

接下来，利用包络定理进一步完成对相对富裕家庭消费者行为的跨期最优条件分析。根据包络定理，可从(4.5)式计算得出：

$$V'(B_t^h) = \frac{\partial \mathcal{L}}{\partial B_t^h} = \lambda_t$$

将上式前推一期并与(4.9)式联立后得：

$$V'(B_{t+1}^h) = \beta^{-1}\lambda_t R_t^{-1} = \lambda_{t+1}$$

$$\Rightarrow R_t = \beta^{-1}\frac{\lambda_t}{\lambda_{t+1}}$$

$$\Rightarrow R_t = \beta^{-1}\frac{(1+\tau_{t+1}^{ch})P_{t+1}}{(1+\tau_t^{ch})P_t}\left(\frac{\tilde{C}_{t+1}^h}{\tilde{C}_t^h}\right)^\sigma \tag{4.11}$$

$$\Rightarrow \beta R_t \frac{(1+\tau_t^{ch})P_t}{(1+\tau_{t+1}^{ch})P_{t+1}}\left(\frac{\tilde{C}_t^h}{\tilde{C}_{t+1}^h}\right)^\sigma = 1$$

$$\Rightarrow R_t \Lambda_{t,t+1}\frac{P_t}{P_{t+1}} = 1$$

上式中，Λ 为家庭成员实际税后消费的随机贴现因子，其定义为：

$$\Lambda_{t,t+k} = \beta^k\left(\frac{\tilde{C}_t^h}{\tilde{C}_{t+k}^h}\right)^\sigma \frac{(1+\tau_t^{ch})}{(1+\tau_{t+k}^{ch})} = \beta^k \frac{P_{t+k}}{P_t}\frac{\lambda_{t+k}}{\lambda_t} \tag{4.12}$$

根据包络定理，从(4.6)式还可计算得出：

$$V'(K_t^h) = \frac{\partial \mathcal{L}}{\partial K_t^h} = \lambda_t P_t(1-\tau_t^{kh})R_t^k - \lambda_t P_t \frac{\partial I_t^h}{\partial K_t^h} \tag{4.13}$$

同时，对资本积累方程求导后可以得出：

$$\frac{\partial I_t^h}{\partial K_t^h} = \left[\phi'\left(\frac{I_t^h}{K_t^h}\right)\right]^{-1}\left[1 - \delta + \phi\left(\frac{I_t^h}{K_t^h}\right) - \phi'\left(\frac{I_t^h}{K_t^h}\right)\frac{I_t^h}{K_t^h}\right]$$

将(4.10)代入上式后可得：

$$\frac{\partial I_t^h}{\partial K_t^h} = Q_t\left[1 - \delta + \phi\left(\frac{I_t^h}{K_t^h}\right) - \phi'\left(\frac{I_t^h}{K_t^h}\right)\frac{I_t^h}{K_t^h}\right] \quad (4.14)$$

将上式代入前推一期的(4.13)式后，并与(4.9)、(4.11)式联立后得：

$$\beta V'(K_{t+1}^h) = \beta E_t\left\{(1 - \tau_{t+1}^{kh})R_{t+1}^h + Q_{t+1}\left[(1-\delta) + \phi\left(\frac{I_{t+1}^h}{K_{t+1}^h}\right) - \frac{I_{t+1}^h}{K_{t+1}^h}\phi'\left(\frac{I_{t+1}^h}{K_{t+1}^h}\right)\right]\right\}$$

$$= E_t\left\{\frac{\lambda_t P_t}{\lambda_{t+1} P_{t+1}}\right\}Q_t$$

上式整理后可得到下面的(4.17)式。

根据以上各式及其推导过程，可将相对富裕家庭经济行为的一阶优化条件汇总如下：

$$R_t \Lambda_{t, t+1}\frac{P_t}{P_{t+1}} = 1 \quad (4.15)$$

$$Q_t = \left[\phi'\left(\frac{I_t^h}{K_t^h}\right)\right]^{-1} \quad (4.16)$$

$$Q_t = E_t\left\{\Lambda_{t, t+1}(1 - \tau_{t+1}^{kh})R_{t+1}^k + \Lambda_{t, t+1}Q_{t+1}\left[1 - \delta + \phi\left(\frac{I_{t+1}^h}{K_{t+1}^h}\right) - \phi'\left(\frac{I_{t+1}^h}{K_{t+1}^h}\right)\frac{I_{t+1}^h}{K_{t+1}^h}\right]\right\}$$
$$(4.17)$$

(2) 相对贫困家庭的经济决策

如前所述，相对贫困家庭预算窘迫且存在流动性约束，经济决策方式较简单，即将所有税后收入全部用于消费。设相对贫困家庭获得的实际工资水平为 W_t^s，τ_t^{ws}、τ_t^{cs} 分别为其缴纳工薪所得税、消费税的当期实际税率。所以其预算约束条件同时也是消费决定条件可以表示为：

$$P_t(1 + \tau_t^{cs})C_t^s = P_t(1 - \tau_t^{ws})W_t^s N_t^s \quad (4.18)$$

(3) 两类家庭的加总关系

设参数 γ_n^h 为相对富裕家庭在整个家庭连续统中的比例权重，那么参考

Galí et. al(2007)等文献的处理方式,可以通过下列方式对两类家庭的消费、资本持有量、投资额,以及消费税、工薪收入税、资产收入税的纳税额进行加总:

$$C_t \equiv \gamma_n^h C_t^h + (1 - \gamma_n^h) C_t^s \quad (4.19)$$

$$K_t \equiv \gamma_n^h K_t^h \quad (4.20)$$

$$I_t \equiv \gamma_n^h I_t^h \quad (4.21)$$

$$T_t^c \equiv \gamma_n^h \tau_t^{ch} C_t^h + (1 - \gamma_n^h) \tau_t^{cs} C_t^s \quad (4.22)$$

$$T_t^w \equiv \gamma_n^h \tau_t^{wh} W_t^h N_t^h + (1 - \gamma_n^h) \tau_t^{ws} W_t^s N_t^s \quad (4.23)$$

$$T_t^k \equiv \gamma_n^h \tau_t^{kh} R_t^k K_t^h \quad (4.24)$$

与Galí(2007)等典型文献中直接对富裕家庭比重进行粗略界定①的做法不同,本书将系数 γ_n^h 视为模型中的待估参数,并结合前人经验与微观统计数据来确定其先验均值(此为贝叶斯估计法的必需步骤)。而且,在模型应用分析的过程中,这一参数的取值还能被灵活地用于反映政策作用效果。例如,可以运用反事实分析法(counterfactual analysis),通过调整 γ_n^h 的取值来反映扶贫攻坚工作(尤其是"精准扶贫"等新型帮扶政策)所能达到的效果,考察社会保障体系建设的预期作用,同时也可探索普惠金融等领域的制度创新所带来的扶贫作用(此类政策可帮助更多居民摆脱以往的流动性约束)。

(4)两类家庭模型方程的线性化处理

本章同样采用Uhlig(2006)的线性化方法对扩展模型进行稳态附近的对数线性化处理。在本章余下的推导过程中,一律用变量字母的小写格式(顶部加尖形符号)表示变量相对其稳态的对数偏离程度,用上方加横线的变量符号表示经济系统达到稳态时变量的值,i.e., $\hat{x}_t \equiv \log X_t / \overline{X}$。

首先,扩展模型的效用函数的消费变量同样融合了消费习惯因素,所以与上期消费之间形成了动态的相关关系。带习惯因素的消费动态变化方程的对数线性化结果为(线性化变换过程参见附录4D):

---

① Galí(2007)中为了简化分析,直接将类似的比例系数设定为0.5。

$$\hat{\tilde{c}}_t^i = \frac{1}{(1-h)}\hat{c}_t^i - \frac{h}{(1-h)}\hat{c}_{t-1}^i; \quad i \in \{h, s\} \tag{4.25}$$

相对富裕家庭资本积累方程(3.3)、方程(3.16)、方程(3.17)、方程(3.18)的 Uhlig 对数线性化处理结果分别为:

$$\hat{k}_{t+1}^h = \hat{k}_t^h + \delta(\hat{i}_t^h - \hat{k}_t^h) \tag{4.26}$$

$$\hat{\tilde{c}}_t^h = E_t\{\hat{c}_{t+1}^h\} + E_t\{\pi_{t+1}\} + \frac{\bar{\tau}^{ch}}{(1+\bar{\tau}^{ch})}(\hat{t}_{t+1}^{ch} - \hat{t}_t^{ch}) - \hat{r}_t \tag{4.27}$$

$$\hat{q}_t = \eta^{-1}(\hat{i}_t^h - \hat{k}_t^h) \tag{4.28}$$

$$\hat{q}_t = [1-\beta(1-\delta)]\left(-\frac{\bar{\tau}^{kh}}{(1-\bar{\tau}^{kh})}\hat{\tau}_t^{kh} + E_t\{\hat{r}_{t+1}^k\}\right) + \beta E_t\{\hat{q}_{t+1}\} - \hat{r}_t + E_t\{\pi_{t+1}\} \tag{4.29}$$

需要说明的是,此处限于篇幅而没有列出方程(4.26)至(4.29)的线性化推导过程,但其具体步骤可参见附录 4A。上述的线性化方程中的(4.27)为新凯恩斯主义动态 IS 曲线(DIS),式中的 $\pi_t = \ln P_t - \ln P_{t-1}$ 为通货膨胀率。

此外,相对贫困家庭的预算约束条件线性化结果为(线性化计算具体过程参见附录 4D):

$$\frac{\bar{\tau}^{cs}}{(1+\bar{\tau}^{cs})}\hat{\tau}_t^{cs} + \hat{c}_t^s = -\frac{\bar{\tau}^{ws}}{(1-\bar{\tau}^{ws})}\hat{\tau}_t^{ws} + \hat{w}_t^s + \hat{n}_t^s \tag{4.30}$$

此外,两类家庭的加总关系也须进行专门的线性化处理,采用类似上式线性化变换的步骤不难得出,两类家庭消费加总方程(4.19)的线性化结果为:

$$\bar{C}\hat{c}_t \equiv \gamma_n^h \bar{C}^h \hat{c}_t^h + (1-\gamma_n^h)\bar{C}^s \hat{c}_t^s \tag{4.31}$$

家庭资产加总方程(4.20)的线性化结果为:

$$\hat{k}_t \equiv \hat{k}_t^h \tag{4.32}$$

投资加总方程(4.21)的线性化结果为:

$$\hat{i}_t \equiv \hat{i}_t^h \tag{4.33}$$

两类家庭消费税加总方程(4.22)的线性化结果为:

$$\bar{T}^c \hat{t}_t^c = \gamma_n^h \bar{\tau}^{ch} \bar{C}^h (\hat{\tau}_t^{ch} + \hat{c}_t^h) + (1-\gamma_n^h)\bar{\tau}^{cs}\bar{C}^s(\hat{\tau}_t^{cs} + \hat{c}_t^s) \tag{4.34}$$

两类家庭工薪收入税加总方程(4.23)的线性化结果为:

$$\overline{T}^w \hat{t}_t^w = \gamma_n^h \overline{\tau}^{wh} \overline{W}^h \overline{N}^h (\hat{\tau}_t^{wh} + \hat{w}_t^h + \hat{n}_t^h) + (1 - \gamma_n^h) \overline{\tau}^{ws} \overline{W}^s \overline{N}^s (\hat{\tau}_t^{ws} + \hat{w}_t^s + \hat{n}_t^s)$$

(4.35)

资产收入税加总方程(4.24)的线性化结果为:

$$\overline{T}^k \hat{t}_t^k = \gamma_n^h \overline{\tau}^{kh} \overline{R}^k \overline{K}^h (\hat{\tau}_t^{kh} + \hat{r}_t^k + \hat{k}_t^h) \quad (4.36)$$

4.1.1.2 生产部门

模型经济中的最终产品生产商通过运用下述的 Dixit-Stigliz 技术(即替代弹性不变的 CES 生产函数),将其从各个中间产品生产企业采购的产品 $X_t(j)$ 加总、得到一揽子的最终消费品 Y_t,并出售给家庭部门的消费者。

$$Y_t = \left(\int_0^1 X_t(j)^{\frac{\varepsilon-1}{\varepsilon}} dj \right)^{\frac{\varepsilon}{\varepsilon-1}} \quad (4.37)$$

ε 为各类中间产品间的替代弹性。加总后产品的定价机制为:

$$P_t = \left(\int_0^1 P_t(j)^{1-\varepsilon} dj \right)^{\frac{1}{1-\varepsilon}} \quad (4.38)$$

最终产品厂商追求利润最大化,其一阶条件为:

$$X_t(j) = \left(\frac{P_t(j)}{P_t} \right)^{-\varepsilon} Y_t \quad (4.39)$$

而为了保证市场的平衡,每一中间产品商 j 的产出与其面对的最终产品商采购量之间均满足:

$$Y_t(j) = X_t(j) \quad (4.40)$$

设中间产品生产部门存在一个由厂商 $j \in [0, 1]$ 构成的连续统,每个厂商运用以下的生产函数进行生产:

$$Y_t(j) = K_{t-1}(j)^{(1-\alpha)} [S_t^a N_t(j)]^{\alpha} (K_t^g)^{\alpha_g} \quad (4.41)$$

上式中的 N_t 由来自相对富裕家庭、相对贫困家庭的劳动力共同构成,其构成机制如(4.37)所示。$Y_t(j)$ 为第 j 个企业的产量,$1-\alpha$ 为资本的产出弹性,$K_{t-1}(j)$、$N_t(j)$ 分别表示第 j 个企业的资本投入量、劳动力投入量。

K_t^g 是由政府提供的生产性资产，相应的参数 α_g 表示其产出弹性系数。S_t^a 则为技术(全要素生产率)的冲击项，其自然对数值 ε_t^a 服从持续性参数为 ρ_a 的 AR(1)过程，所受外生冲击的标准差为 σ_a，具体定义为：

$$S_t^a = e^{\varepsilon_t^a}, \quad \varepsilon_t^a = \rho_a \varepsilon_{t-1}^a + e_t^a, \quad e_t^a \sim i.i.d. N(0, \sigma_a^2) \quad (4.42)$$

在上述生产函数中，单个厂商 j 的劳动力投入 $N_t(j)$、资本投入 $K_t(j)$ 与两者总量间的加总关系是：

$$N_t = \int_0^1 N_t(j) \, dj, \quad K_t = \int_0^1 K_t(j) \, dj$$

通过对方程两侧取对数，中间产品商生产函数的线性化结果可简易地推得：

$$\hat{y}_t = (1-\alpha)\hat{k}_t + \alpha \hat{n}_t + \alpha_g \hat{k}_t^g + \alpha \varepsilon_t^a, \quad e_t^a \sim i.i.d. N(0, \sigma_a^2) \quad (4.43)$$

进一步地，根据生产商的成本最小化目标进行一阶条件推导后可知，在中间产品生产商的边际成本、边际产出以及各要素的使用量、要素报酬水平间，应满足以下两个关系式：

$$R_t^k = (1-\alpha) MC_t \frac{Y_t(j)}{K_t(j)}$$

$$W_t = \alpha MC_t \frac{Y_t(j)}{N_t(j)}$$

上两个式子中的 MC_t 表示厂商的实际边际成本水平，R_t^k、W_t 分别为实际资本收益率和劳动要素报酬水平。以上两式中，实际资本收益率的决定方程的 Uhlig 对数线性化结果为：

$$r_t^k = mc_t + \hat{y}_t - \hat{k}_t \quad (4.44)$$

劳动要素报酬水平(实际工资率)的 Uhlig 对数线性化结果为：

$$\hat{w}_t = mc_t + \hat{y}_t - \hat{n}_t \quad (4.45)$$

以上两式的对数线性化方法与第 3 章模型中的同类方程一致。

与第 3 章的基本模型相同，中间产品生产商的价格调整过程遵循 Calvo 规则，也就是说在每一期，比例为 $(1-\theta)$ 的企业能够根据自身利益最大化需要而重新设定一个最优价格 P_t^*（θ 也可视为名义价格刚性水平），其余企业继续保持原价格不变：

$$P_t = [\theta P_{t-1}^{1-\varepsilon} + (1-\theta)(P_t^*)^{1-\varepsilon}]^{\frac{1}{(1-\varepsilon)}} \quad (4.46)$$

按照利润最大化原则，中间产品生产商确定其最优定价 P_t^*，以实现下面的目标：

$$\max_{P_t^*} \sum_{k=0}^{\infty} \theta^k E_t \left\{ \Lambda_{t,t+k} \frac{P_t}{P_{t+k}} [P_t^* Y_{t+k|t}(j) - \Psi_{t+k}(Y_{t+k|t}(j))] \right\} \quad (4.47)$$

上式中，$\Psi_{t+k}(Y_{t+k|t}(j))$ 为名义总成本函数。对上式进行线性化和相应推导后，可以得到一个描述价格(通胀率)跨期调节机制的表达式(推导过程见附录4C)：

$$\pi_t = \beta E_t \{\pi_{t+1}\} + (1-\theta)(1-\theta\beta)\theta^{-1} mc_t \quad (4.48)$$

(4.59)式即为 NK-DSGE 的关键模型之一：新凯恩斯主义菲利普斯曲线(new Keynesian Phillips' curve，NKPC)。

4.1.2 劳动力市场

本章扩展模型中，生产部门使用的劳动力由来自相对富裕家庭、相对贫困家庭的成员共同构成。不同于 Galí et al. (2007) 等文献中对两类劳动力数量加权求和的做法，以及陈利锋(2014)中将两类劳动力作为不同要素分别加入生产函数的做法，本书假设劳动力市场存在一个代表性的中介部门(对应于现实中的人力资源中介机构或企业下属的人力资源管理部门)，该中介部门按照如下的 CES 函数对两类劳动力进行加总，然后投入到下文的中间产品生产商的生产函数中：

$$N_t = [(\gamma_n^h)^{1/\varepsilon_w}(N_t^h)^{(\varepsilon_w-1)/\varepsilon_w} + (1-\gamma_n^h)^{1/\varepsilon_w}(N_t^s)^{(\varepsilon_w-1)/\varepsilon_w}]^{\varepsilon_w/(\varepsilon_w-1)}$$

$$(4.49)$$

上式的线性化结果为(具体变换过程参见附录4D)：

$$\hat{n}_t = (\gamma_n^h)^{1/\varepsilon_w} \left(\frac{\overline{N^h}}{\overline{N}}\right)^{(\varepsilon_w-1)/\varepsilon_w} \hat{n}_t^h + (1-\gamma_n^h)^{1/\varepsilon_w} \left(\frac{\overline{N^s}}{\overline{N}}\right)^{(\varepsilon_w-1)/\varepsilon_w} \hat{n}_t^s \quad (4.50)$$

根据劳动力中介部门的成本最小化一阶条件，可推知其对两类劳动力的需求分别为：

$$N_t^h = (\gamma_n^h)\left(\frac{W_t^h}{W_t}\right)^{-\varepsilon_w} N_t \tag{4.51}$$

$$N_t^s = (1-\gamma_n^h)\left(\frac{W_t^s}{W_t}\right)^{-\varepsilon_w} N_t$$

以上两类需求表达式的 Uhlig 线性化形式分别为(线性化变换过程参见附录 4D)：

$$\hat{n}_t^h = -\varepsilon_w(\hat{w}_t^h - \hat{w}_t^s) + \hat{n}_t \tag{4.52}$$

$$\hat{n}_t^s = -\varepsilon_w(\hat{w}_t^s - \hat{w}_t) + \hat{n}_t \tag{4.53}$$

对于中介机构而言，中间产品生产商(劳动力最终使用者)支付的劳动要素报酬与两类劳动力在中介机构领取的实际工资之间的关系为：

$$W_t = [\gamma_n^h (W_t^h)^{(1-\varepsilon_w)} + (1-\gamma_n^h)(W_t^s)^{(1-\varepsilon_w)}]^{1/(1-\varepsilon_w)} \tag{4.54}$$

上式的线性化结果为(变换过程参见附录 4D)：

$$\hat{w}_t = \gamma_n^h \left(\frac{\overline{W}^h}{\overline{W}}\right)^{(1-\varepsilon_w)} \hat{w}_t^h + (1-\gamma_n^h)\left(\frac{\overline{W}^s}{\overline{W}}\right)^{(1-\varepsilon_w)} \hat{w}_t^s \tag{4.55}$$

上述推导过程实质上完成了对两类劳动力的加总机制的刻画。同时，如果从两类家庭劳动力各自群体的内部来看，本章的扩展模型也认为各类劳动者与其直接雇主间也各自存在着类似第 3 章中的工资调整过程，体现出其各自的工资黏性特征。工资的调整过程同样设为不完全灵活的，每一时期的劳动者在 θ_w^i 的概率下只能接受和上期一致的名义工资水平 W_{t-1}^{pi}，而相应的，劳动者也能在 $(1-\theta_w^i)$ 的概率下与雇主协商，重新议定一个最优的名义工资水平 W_t^{i*}。

那么第 t 期第 i 类劳动者的总体名义工资水平为：

$$W_t^{pi} = [\theta_w^i (W_{t-1}^{pi})^{(1-\varepsilon_w^i)} + (1-\theta_w^i)(W_t^{i*})^{(1-\varepsilon_w^i)}]^{1/(1-\varepsilon_w^i)}; \quad i \in \{h, s\} \tag{4.56}$$

上式中 W_t^{pi} 表示第 t 期第 i 类劳动者的名义工资(注意，与之前方程中出现的实际工资 W_t^i 不同，两者关系为 $W_t^{pi} = W_t^i P_t$)，W_t^{i*} 表示第 t 期设定的最优名义工资，θ_w^i 表示各类劳动者在各期保持工资水平不变的概率，即工资的刚性水平；在本书的研究框架中，劳动力的工资刚性 θ_w^i 也反映了劳动者的岗位稳定性和其在工资议价过程中的相对优势(徐建炜等，2012)，所以后文中也会利用对该参数的调整来反映相关政策的作用。系数 ε_w^i 则表示各类劳动力的替代弹性系数。在一个不完全竞争的、存在工资黏性的劳动力市场中，扩展模型中两类劳动力基于自身利益最大化诉求的最优工资设定一阶条件为 (Galí，2011)：

$$\sum_{k=0}^{\infty}(\beta\theta_w^i)^k E_t\left\{\left(\frac{N_{t+k|t}^i}{C_{t+k}^i}\right)\left[\begin{array}{c}(1-\tau_{t+k}^{wi})\left(\dfrac{W_t^{i*}}{P_{t+k}}\right)\\-\mu_w^i(1+\tau_{t+k}^{ci})MRS_{t+k|t}^i\end{array}\right]\right\}=0, \quad (4.57)$$

$$\mu_w^i=\frac{\varepsilon_w^i}{(\varepsilon_w^i-1)};\quad i\in\{h,s\}$$

上式中的 μ_w^i 是稳态下的工资加成。当然，不难看出，如果排除上述劳动力市场的不完备因素，例如令 θ_w^i 等于 0、令 ε_w^i 趋向无穷大，则上式等价于完全竞争市场的最优工资决定条件。通过对最优工资决定条件的一系列推导、变换，可以得到下面的线性方程(具体可参见附录4B)：

$$\pi_t^{wi}=\frac{(1-\beta\theta_w^i)(1-\theta_w^i)}{\theta_w^i(1+\varphi\varepsilon_w^i)}\left[\begin{array}{c}mrs_t^i-\hat{w}_t^i+\\ \dfrac{\overline{\tau}^{wi}}{(1-\overline{\tau}^{wt})}\hat{\tau}_t^{wi}+\dfrac{\overline{\tau}^{ci}}{(1+\overline{\tau}^{ci})}\hat{\tau}_t^{ci}\end{array}\right]+\beta\pi_{t+1}^{wi};\quad i\in\{h,s\}$$

$$(4.58)$$

上式即为新凯恩斯主义工资菲利普斯曲线(new Keynesian wage Phillips' curve, NKWPC)。上述方程中的符号 π_t^{wi} 表示名义工资膨胀率，通过下面的简单换算也能得到刨去价格因素的实际工资膨胀率 π_t^{rwi}：

$$\pi_t^{rwi}=\pi_t^{wi}-\pi_t;\quad i\in\{h,s\}$$

与第3章中对失业的表示方法类似，此处也可得到两类劳动力的失业水平表达式：

$$\hat{u}_t^i = \hat{l}_t^i - \hat{n}_t^i = \varphi^{-1}\left(-\frac{\bar{\tau}^{wi}}{(1-\bar{\tau}^{wi})}\hat{\tau}_t^{wi} - \frac{\bar{\tau}^{ci}}{(1+\bar{\tau}^{ci})}\hat{\tau}_t^{ci} + \hat{w}_t^i - mrs_t^i\right); \quad i \in \{h, s\} \tag{4.59}$$

4.1.3 不平等的衡量

4.1.3.1 收入不平等

(1)劳动收入不平等

劳动收入不平等在扩展模型中的衡量方式是直接计算两类代表性家庭劳动力的劳动收入之比,一个最基本的计算公式如下所示:

$$GAP_t^w = \frac{(1-\tau_t^{wh})W_t^h N_t^h}{(1-\tau_t^{ws})W_t^s N_t^s} \tag{4.60}$$

上式的线性化形式为(对数线性化变换过程参见附录4D):

$$gap_t^w = \hat{w}_t^h + \hat{n}_t^h - \frac{\bar{\tau}^{wh}}{(1-\bar{\tau}^{wh})}\hat{\tau}_t^{wh} - \hat{w}_t^s - \hat{n}_t^s + \frac{\bar{\tau}^{ws}}{(1-\bar{\tau}^{ws})}\hat{\tau}_t^{ws} \tag{4.61}$$

需要注意的是,为了充分体现税收的收入分配调节作用,本小节的收入计算全部使用了税后值。以上推导过程中简化符号 Ξ 的含义及处理方式可参见附录4D中对公式(4.30)的推导过程。

(2)总收入不平等

从模型的基本设定可知,两类家庭成员的总收入在来源范围上是不同的,相对富裕家庭的收入既包括劳动收入也包括财产性收入,而相对贫困家庭的唯一收入来源是劳动收入,即其所获得的工薪的总额。

也就是说,如果在劳动收入不平等的基础上进一步考虑财产性收入上的差别,就能对不同类型代表性家庭间的总收入不平等水平进行衡量。两类家庭成员的税后总收入计算式分别为:

a. 相对富裕家庭总收入

$$INC_t^h = (1-\tau_t^{wh})W_t^h N_t^h + (1-\tau_t^{kh})R_t^k K_t^h \tag{4.62}$$

上式的对数线性化形式为(变换过程参见附录4D):

$$\overline{INC^h}inc_t^h = \begin{bmatrix} (1-\overline{\tau}^{wh})\overline{W}^h\overline{N}^h\left(-\dfrac{\overline{\tau}^{wh}}{(1-\overline{\tau}^{wh})}\hat{\tau}_t^{wh}+\hat{w}_t^h+\hat{n}_t^h\right) \\ +(1-\overline{\tau}^{kh})\overline{R}^k\overline{K}^h\left(-\dfrac{\overline{\tau}^{kh}}{(1-\overline{\tau}^{kh})}\hat{\tau}_t^{kh}+\hat{r}_t^k+\hat{k}_t^h\right) \end{bmatrix} \quad (4.63)$$

b. 相对贫困家庭总收入

由于相对贫困家庭的经济行为遵循非李嘉图模型的经验法则(ROT),所以其总收入为:

$$INC_t^s = (1-\tau_t^{ws})W_t^sN_t^s \quad (4.64)$$

上式的对数线性化结果为(换算过程参见附录4D):

$$inc_t^s = -\dfrac{\overline{\tau}^{ws}}{(1-\overline{\tau}^{ws})}\hat{\tau}_t^{ws}+\hat{w}_t^s+\hat{n}_t^s \quad (4.65)$$

c. 全社会的居民收入总量

根据以上两类家庭的收入总量进行直接加总,不难得到全社会居民收入的总量为:

$$INC_t = \gamma_n^h INC_t^h + (1-\gamma_n^h)INC_t^s \quad (4.66)$$

上式的含义为,两类家庭劳动力的总和构成了全社会范围内的总收入。上式的Uhlig对数线性化形式为:

$$\overline{INC}\,inc_t = \gamma_n^h\,\overline{INC^h}inc_t^h + (1-\gamma_n^h)\,\overline{INC^s}inc_t^s \quad (4.67)$$

d. 总收入不平等的计算式

按照常用方式,将两类家庭的总收入直接求比值,即可得到一个简单的总收入不平等动态衡量标准GAP_t,即贫富家庭税后收入比:

$$GAP_t = \dfrac{INC_t^h}{INC_t^s} \quad (4.68)$$

上述总收入不平等指标(贫富家庭税后收入比)的线性表达式为(线性化推导过程参见附录4D):

$$gap_t = inc_t^h - inc_t^s \quad (4.69)$$

e. 总收入不平等(近似的基尼系数)

在衡量一国(社会)收入不平等水平的各类测度指标中,基尼系数是运用最为广泛、接受面最大的一种，为更好地在 DSGE 模型模拟结果与实际统计数据之间进行比较，需要在模型中构建一个基尼系数指标。但是，基尼系数对统计数据的依赖性很强，在理论上需要以全社会中每一个微观个体的收入水平来进行测算。而在统计实践中，也须借助尽可能多的调查样本进行估算，才能获得较准确的近似值。即便在中国国家统计局发布的最为权威的统计数据中，基尼系数也曾长期未予公布①，对涉及不同人群间收入差异的数据也提供得很少、很简略②，所以在绝大多数研究中，对基尼系数都只能采用各类近似方法作出粗糙的估算。本书 DSGE 模型的设置使其难以从模拟结果中获得基尼系数的精确测算值，所以同样需要寻求一种合理的基尼系数近似计算方法。参考胡祖光（2004）、张建华（2007）等人的研究，并结合 DSGE 模型的特点对相关研究中的计算方法进行优化选择后，决定采用以下的方法进行本书模型经济中居民收入基尼系数的近似计算：

$$GINI = 1 - \frac{1}{n}\left(2\sum_{i=1}^{n-1} INCR_i + 1\right) \quad (4.70)$$

上述基尼系数的近似计算式中，n 为按收入水平划分的群体数量，$INCR_i$ 为各个群体的收入占全社会总收入之比，每个群体的人数规模均相等，按 $INCR_i$ 值从低到高的顺序对这些人群进行排序后，赋予其序号 i。也就是说，序号 $i=1$ 的人群为最贫困人群，$i=n$ 的人群为最富裕人群。将相应指标代入上式进行计算后，即可获得近似的基尼系数值，虽然计算方法简化程度较大，但其优点在于简便易用，使相关研究在较大程度上摆脱了数据完备性带来的限制。而且，张建华（2007）的测算与比较结果说明，该方法的估算精度并不低于一些更复杂的基尼系数近似计算手段。

根据模型设定，对上面的计算式还需进行进一步的调整，得到：

---

① 直至 2013 年，中国国家统计局才一次性发布了 2003—2012 年的基尼系数测算值，并在其后开始逐年发布基尼系数。

② 例如历年《中国统计年鉴中》的"按收入等级分城镇居民平均每人全部年收入"与"按收入五等份分农村居民家庭平均每人纯收入"，常被国内研究者用于基尼系数的近似计算，但该数据在 2012 年后便停止发布。

$$GIN_t = 1 - \left(1 + \frac{1-\gamma_n^h}{\gamma_n^h}\right)^{-1} \left[\frac{2(1-\gamma_n^h)INC_t^s}{INC_t} + 1\right] \quad (4.71)$$

从上式得出的线性化的近似基尼系数表达式为(推导过程参见附录4D)：

$$\overline{GINI}\,gini_t = -\left(1 + \frac{1-\gamma_n^h}{\gamma_n^h}\right)^{-1}\left(\frac{2(1-\gamma_n^h)\overline{INC^s}}{\overline{INC}}\right)(inc_t^s - inc_t) \quad (4.72)$$

为考察上式的计算效果，利用后文估计、校准得到的模型参数(参见附表4.1与附表4.2)推算出模型变量的稳态值，然后将相关的变量稳态值代入(4.71)式(基尼系数在稳态下的表达式也可参考本书附录B)，便可得出稳态下模型经济中的基尼系数值为0.4527。根据国家统计局近年发布的基尼系数官方数字可知，该计算结果的误差较小，可见此处的基尼系数计算方法具有足够的可靠性。

4.1.3.2 消费不平等

消费不平等的计算与收入不平等类似，是贫富家庭消费额的比值：

$$GAP_t^c = \frac{C_t^h}{C_t^s} \quad (4.73)$$

不难通过对上式两侧取对数的方法，得出其线性化表达式为：

$$gap_t^c = \hat{c}_t^h - \hat{c}_t^s \quad (4.74)$$

但与收入差距计算有所不同的是，由于消费的实际水平以及相应的福利状况是取决于税前消费额的，所以此处计算中采用的是消费额的税前值。

4.1.4 宏观稳定化政策

4.1.4.1 财政政策

(1) 税收

此处采用与第3章相同的方法来简要地刻画具有累进性的税收政策。但是，由于扩展模型中设置了不同家户类型，并且面向不同人群的累进税率在模型经济中会随其实际收入或消费额度而发生不同程度的动态变化，所以为了准确衡量税负水平，须进一步将实际累进税率划分为资产收入税率 τ_t^{kh}、相对富裕人群工薪收入税率 τ_t^{wh}、相对贫困人群工薪收入税率 τ_t^{ws}、相对富裕人群消费税率 τ_t^{ch}、相对贫困人群消费税率 τ_t^{cs} 这五类动态税率。在线性化 DSGE 模型中累进税率的表达方法上，以上五类累进税率可分别以动态方程表示为：

$$\tau_t^{kh} = 1 - (1 - \bar{\tau}^k) \left(\frac{\bar{R}^k \bar{K}^h}{R_t^k K_t^h} \right)^{\omega_k}$$

$$\tau_t^{wh} = 1 - (1 - \bar{\tau}^w) \left(\frac{\bar{W}^h \bar{N}^h}{W_t^h N_t^h} \right)^{\omega_w}$$

$$\tau_t^{ws} = 1 - (1 - \bar{\tau}^w) \left(\frac{\bar{W}^s \bar{N}^s}{W_t^s N_t^s} \right)^{\omega_w}$$

$$\tau_t^{ch} = 1 - (1 - \bar{\tau}^c) \left(\frac{\bar{C}^h}{C_t^h} \right)^{\omega_c}$$

$$\tau_t^{cs} = 1 - (1 - \bar{\tau}^c) \left(\frac{\bar{C}^s}{C_t^s} \right)^{\omega_c}$$

在上面五项表达式中，乘方指数 ω_k、ω_w、ω_c 分别代表资产收入税、工薪所得税、消费税的累进性水平，均为大于等于 0 而小于等于 1 的值，该指数的值越大，即表明税负水平对税基的相对变化幅度越敏感，税率的累进性也就越强。当然从上述表达式也不难看出，若累进性水平指标 ω 等于 0 时，则实际税率始终等于稳态下的税率水平。

资产收入税率动态方程的 Uhlig 对数线性化表达式为：

$$\bar{\tau}^k \hat{\tau}_t^{kh} = \omega_k (1 - \bar{\tau}^k)(\hat{r}_t^k + \hat{k}_t^h) \tag{4.75}$$

两类劳动力工薪收入税率动态方程的 Uhlig 对数线性化表达式分别为：

$$\bar{\tau}^w \hat{\tau}_t^{wh} = (1 - \bar{\tau}^w) \omega_w (\hat{w}_t^h + \hat{n}_t^h) \tag{4.76}$$

$$\bar{\tau}^w \hat{\tau}_t^{ws} = (1 - \bar{\tau}^w) \omega_w (\hat{w}_t^s + \hat{n}_t^s) \tag{4.77}$$

两类家庭消费税率的动态方程的 Uhlig 对数线性化表达式分别为：

$$\bar{\tau}^c \hat{\tau}_t^{ch} = (1 - \bar{\tau}^c) \omega_c (\hat{c}_t^h) \tag{4.78}$$

$$\bar{\tau}^c \hat{\tau}_t^{cs} = (1 - \bar{\tau}^c) \omega_c (\hat{c}_t^s) \tag{4.79}$$

以上五个线性化表达式,即公式(4.75)到公式(4.79)的推导过程均参见附录 4D。

(2)财政支出

此处与第 3 章采用同类的政策类型、政策规则。财政支出分为生产性、非生产性两类,并加入对政府债务规模变化的负反馈机制,其表达式分别为:

① 生产性财政支出规则:

$$\frac{G_t^I}{\bar{G}^I} = \left(\frac{G_{t-1}^I}{\bar{G}^I}\right)^{\rho_g^I} \left[\left(\frac{B_{t-1}}{\bar{B}}\right)^{\psi_{gb}^I} \left(\frac{Y_{t-1}}{\bar{Y}}\right)^{-\psi_{gy}^I}\right]^{(\rho_g^I - 1)} e^{e_t^{gi}}; \quad e_t^{gi} \sim i.i.d.N(0, \sigma_{gi}^2) \tag{4.80}$$

② 非生产性财政支出规则:

$$\frac{G_t^P}{\bar{G}^P} = \left(\frac{G_{t-1}^P}{\bar{G}^P}\right)^{\rho_g^P} \left[\left(\frac{B_{t-1}}{\bar{B}}\right)^{\psi_{gb}^P} \left(\frac{Y_{t-1}}{\bar{Y}}\right)^{-\psi_{gy}^P}\right]^{(\rho_g^P - 1)} e^{e_t^{gp}}; \quad e_t^{gp} \sim i.i.d.N(0, \sigma_{gp}^2) \tag{4.81}$$

上述方程中,B_t 代表政府债务,Y_t 为总产出,G_t^I 为生产性财政支出,G_t^P 为非生产性财政支出。ρ_g^I 为生产性财政支出的平滑系数,ψ_{gb}^I、ψ_{gy}^I 分别为生产性财政支出对政府债务和总产出变化的反应系数。参数 ρ_g^P 为非生产性财政支出的平滑系数,ψ_{gb}^P、ψ_{gy}^P 分别为非生产性财政支出对政府债务和总产出变化的反应系数。和基本模型一致的是,两类财政支出规则中也包含了外生冲击项,标准差分别为 σ_{gi} 和 σ_{gp}。

经过简单的变换,可得出(4.80)、(4.81)两式的对数线性化形式:

$$\hat{g}_t^P = \rho_g^P \hat{g}_{t-1}^P - (1 - \rho_g^P)(\psi_{gb}^P \hat{b}_{t-1} - \psi_{gy}^P \hat{y}_{t-1}) + e_t^{gp}; \quad e_t^{gp} \sim i.i.d.N(0, \sigma_{gp}^2) \tag{4.82}$$

$$\hat{g}_t^I = \rho_g^I \hat{g}_{t-1}^I - (1 - \rho_g^I)(\psi_{gb}^I \hat{b}_{t-1} - \psi_{gy}^I \hat{y}_{t-1}) + e_t^{gi}; \quad e_t^{gi} \sim i.i.d.N(0, \sigma_{gi}^2) \tag{4.83}$$

同时,对于生产性财政支出而言,还须确定如下所示的政府生产性资产的累积过程:

$$K_t^g = (1-\delta)K_{t-1}^g + G_t^I \tag{4.84}$$

上式中的 K_t^g 是由政府的生产性资产存量值。与第 3 章模型一致，(4.84)式的线性化形式为：

$$\hat{k}_t^g = (1-\delta)\hat{k}_{t-1}^g + \delta\hat{g}_t^I \tag{4.85}$$

生产性、非生产性财政支出加总后可以得到总的财政支出值：

$$G_t = G_t^P + G_t^I \tag{4.86}$$

上式的线性化形式同样与第 3 章模型中的同类方程一致：

$$\overline{G}\hat{g}_t = \overline{G}^P\hat{g}_t^P + \overline{G}^I\hat{g}_t^I \tag{4.87}$$

(3) 政府的预算平衡

在模型经济中，政府财政预算的平衡条件为：

$$P_tT_t^c + P_tT_t^w + P_tT_t^k + R_t^{-1}B_{t+1} = B_t + P_tG_t^P + P_tG_t^I$$

或也可变换为：

$$T_t^c + T_t^w + T_t^k + R_t^{-1}\frac{B_{t+1}}{P_{t+1}}\frac{P_{t+1}}{P_t} = \frac{B_t}{P_t} + G_t^P + G_t^I \tag{4.88}$$

上式中，B_{t+1} 是当期由政府机构售出、待下期回购的公债债券总额（名义值），而 B_t 则是在该期已到期、须由政府购回的公债债券，构成了财政支出的 部分。上式的对数线性化形式为（推导过程参见附录 4D）：

$$\overline{T}^c\hat{t}_t^c + \overline{T}^w\hat{t}_t^w + \overline{T}^k\hat{t}_t^k + \beta\frac{\overline{B}}{\overline{P}}(\hat{b}_{t+1} + \pi_{t+1} - \hat{r}_t) = \frac{\overline{B}}{\overline{P}}\hat{b}_t + \overline{G}^P\hat{g}_t^P + \overline{G}^I\hat{g}_t^I$$

若将三类税收总额的线性化形式代入，上式又可表示为：

$$\frac{\overline{B}}{\overline{P}}\hat{b}_t + \overline{G}^P\hat{g}_t^P + \overline{G}^I\hat{g}_t^I = \begin{cases} \gamma_n^h\overline{\tau}^{ch}\overline{C}^h(\hat{\tau}_t^{ch} + \hat{c}_t^h) + (1-\gamma_n^h)\overline{\tau}^{cs}\overline{C}^s(\hat{\tau}_t^{cs} + \hat{c}_t^s) \\ + \gamma_n^h\overline{\tau}^{wh}\overline{W}^h\overline{N}^h(\hat{\tau}_t^{wh} + \hat{w}_t^h + \hat{n}_t^h) \\ + (1-\gamma_n^h)\overline{\tau}^{ws}\overline{W}^s\overline{N}^s(\hat{\tau}_t^{ws} + \hat{w}_t^s + \hat{n}_t^s) \\ + \gamma_n^h\overline{\tau}^{kh}\overline{R}^k\overline{K}^h(\hat{\tau}_t^{kh} + \hat{r}_t^k + \hat{k}_t^h) \\ + \beta\dfrac{\overline{B}}{\overline{P}}(\hat{b}_{t+1} + \pi_{t+1} - \hat{r}_t) \end{cases}$$

$$\tag{4.89}$$

4.1.4.2 货币政策

在货币政策部分，基于基本模型中的经验，本书同样设定模型经济中的货币政策遵循如下的泰勒规则：

$$\frac{R_t}{\overline{R}} = \left(\frac{R_{t-1}}{\overline{R}}\right)^{\rho_m} \left[\left(\frac{Y_t}{\overline{Y}}\right)^{\psi_y} e^{(\psi_p \pi_t)}\right]^{(1-\rho_m)} e^{\varepsilon_t^r} \quad (4.90)$$

公式(4.90)中的 R_t 即名义利率，上式中的 $\pi_t = \ln P_t - \ln P_{t-1}$，即通货膨胀率，$\rho_m$ 为货币政策规则的平滑系数，参数 ψ_y 与 ψ_p 分别为利率对通胀与产出缺口的反应程度。ε_t^r 是和货币政策有关的随机冲击，服从下述 AR(1) 过程：

$$\varepsilon_t^r = \rho_r \varepsilon_{t-1}^r + e_t^r, \ e_t^r \sim i.i.d.N(0, \sigma_r^2) \quad (4.91)$$

(4.90)式的线性化形式同样不难通过求对数得出：

$$\hat{r}_t = \rho_m \hat{r}_{t-1} + (1-\rho_m)(\psi_y \hat{y}_t + \psi_p \pi_t) + \varepsilon_t^r \quad (4.92)$$

此外，上述货币政策规则表达式中的利率是名义利率，为利于政策作用的准确剖析，可通过下面的方式将其换算为实际利率值 R_t^r：

$$R_t^r = R_t / \pi_t$$

上式的对数线性化结果为：

$$\hat{r}_t^r = \hat{r}_t - \pi_t \quad (4.93)$$

4.1.5 模型均衡条件

本章的扩展模型可以通过下面的等式定义其总供求平衡条件：

$$Y_t = C_t + I_t + G_t \quad (4.94)$$

与第三章中的基本 NK-DSGE 模型一致，上式的 Uhlig 线性化形式为：

$$\hat{y}_t = \frac{\overline{C}}{\overline{Y}} \hat{c}_t + \frac{\overline{I}}{\overline{Y}} \hat{i}_t + \frac{\overline{G}}{\overline{Y}} \hat{g}_t \quad (4.95)$$

完成上述方程的设计与推导后，一个扩展的、含有不平等问题的 NK-DSGE 理论模型已构建完毕。为方便阅读及后续应用，将非线性形式的理论模型方程全部整理汇总于附录 4E，进行过对数线性化变换后的模型方程则整理于附录 4F。其中，附录 4F 中的线性化方程组将是编写 DSGE 模型可执行程序的直接依据。

4.2 参数校准与贝叶斯估计

从 4.1 节的阐述或附录 4E 可见，采用 Uhlig 方法实施线性化处理后的不平等 NK-DSGE 模型共由 51 个方程式构成，其中包含 6 类外生冲击。接下来的分析步骤是利用由扩展模型（不平等 NK-DSGE 模型）方程所构成的状态空间模型求得稳定解，然后运用来自现实经济的各项观测数据进行参数的识别和估计，实现模型的参数化（parameterization），使模型拥有扎实、稳健的实证基础，能够用于后续的经济问题分析。与第 3 章一致，本章的模型分析、参数估计均使用 Matlab R2015a 软件与 Dynare 4.4.3 程序包自动完成，扩展模型的完整程序代码列于本书附录 B。

4.2.1 部分参数的校准

由于本章的扩展模型（不平等 NK-DSGE 模型）的方程数量较多，而且大部分参数难以直接由经济数据或现有研究经验推算，所以同时采用校准、贝叶斯估计这两类手段来进行模型参数的确定。

须进行校准的参数主要为模型中一些已有较多前人研究经验可参考（或能寻得统计数据、经验事实的明确佐证）的稳态参数，以及部分对于模型结论并不敏感的参数，包括：家庭成员主观贴现率 β、物质资本折旧率 δ，以及几个最为关键的稳态参数①：模型经济稳态下消费占总产出的比重 $\overline{C}/\overline{Y}$，稳态下政府财政支出占总产出的比重 $\overline{G}/\overline{Y}$，稳态下非生产性财政支出占政府财政支出总额的比重 $\overline{G^p}/\overline{G}$，此外还有稳态下的三类实际税率：$\overline{\tau}^k$、$\overline{\tau}^w$、$\overline{\tau}^c$。上述参数的校准值及其确定依据参见本章附表 4.1，表中的数值一律精确至小数点后 3 位。

4.2.2 贝叶斯估计的先验分布设置

模型中的其余参数取值需要通过贝叶斯估计来确定。根据现实经济典型事实、统计数据证据以及前人研究经验，对不属于上述已校准参数的其余 30 个参数、6 个外生冲击标准差进行了先验分布的设置。由于本书建立的是关于中国经济的 DSGE 模型，所以参数先验分布设置的依据也主要来自国内学者的理论和实证分析，例如刘斌（2008）、Zhang（2009）、薛鹤翔（2010）、许志伟等（2011）、王曦等（2017）、朱军（2016b）、陈利锋（2017b）等 DSGE 领域研究文献，以及张月友与刘志彪（2012）、潘文卿等（2017）学者的计量实证分析结果。需注意的是，扩展模型参数与基本模型差异最大之处在于其包含了相对富裕家庭劳动力比例权重 γ_n^h，在模型稳态推导和参数估计过程中也须进一步确定相对富裕家庭消费水平权重系数 γ_c^h② 等密切关系到不平等问题的关键参数，而从前人研究和宏观经济统计数据中提供的信息来看，这两类参数的先验均值没有一致、可靠的参考来源。所以，最终通过对中国劳动力动态调查项目（CLDS）提供的 2016 年度

---

① 在确定这几个关键稳态参数，以及后文中的参数 γ_n^h、γ_c^h 后，模型线性化方程中出现的其他稳态参数均可通过对附录 4E 中的模型方程进行稳态推导而得到。为节约篇幅，此处不阐述其推导过程，模型稳态推导结果可参见本书末尾的附录 B。

② 该参数可视作稳态下相对富裕、相对贫困家庭消费水平差异程度的衡量指标，定义为：$\gamma_c^h = \overline{C}^h/(\overline{C}^h + \overline{C}^l)$。虽然模型主要方程中并未出现该参数，但其在推导模型稳态的过程中有较为重要的作用，所以必须加以估计。具体可参见本书末尾的附录 B。

微观调查数据进行分析,大致确定了上述两个参数的合理范围:首先,根据 CLDS2016 数据中李嘉图模型家庭、ROT 型家庭在适龄劳动力数量上的对比,将参数 γ_n^h 的先验均值估算为 0.3164。其次,根据 CLDS2016 数据中两类家庭在年度消费总额上的对比,将参数 γ_c^h 的先验均值估算为 0.3748。

4.2.3 观测数据的选择与处理

设定待估参数先验分布后的主要步骤是样本数据的处理。依据贝叶斯估计的秩条件(Blanchard-Kahn 条件),以及数据质量、数据来源限制等因素,在不平等 NK-DSGE 模型中选择产出 $\hat{y}_t$、消费 $\hat{c}_t$、生产性财政支出 $\hat{g}_t^I$、通货膨胀率 π_t、名义市场利率 $\hat{r}_t$ 等 5 个变量作为观测变量,这与第 3 章的基本 NK-DSGE 模型是一致的。上述数据的来源、处理方式与第 3 章数据一致,此处不再赘述。

4.2.4 参数后验分布的贝叶斯估计结果

设定待估参数先验分布、处理好观测变量数据后,便可使用软件实施贝叶斯估计。为保证估计结果的稳健性,本书选择 MH(Metropolis-Hastings)算法估计后验分布,并要求程序使用 4 个平行马尔科夫链并进行 45000 次马尔可夫链-蒙特卡罗(MCMC)模拟。贝叶斯估计的具体结果如图 4.1 与本章附表 4.3 所示,表中的数值一律精确至小数点后 3 位。

通过观察软件生成的贝叶斯估计先验-后验结果对比图(见图 4.1)可发现,在本章模型的参数估计结果中,除了个别参数的识别结果较差外,绝大部分参数的先验设置、后验结果间差别不大,或是至少能在先验、后验均值上较为接近。这说明本章模型参数估计的估计方法选择、先验分布设置等在总体上是合理可靠的。

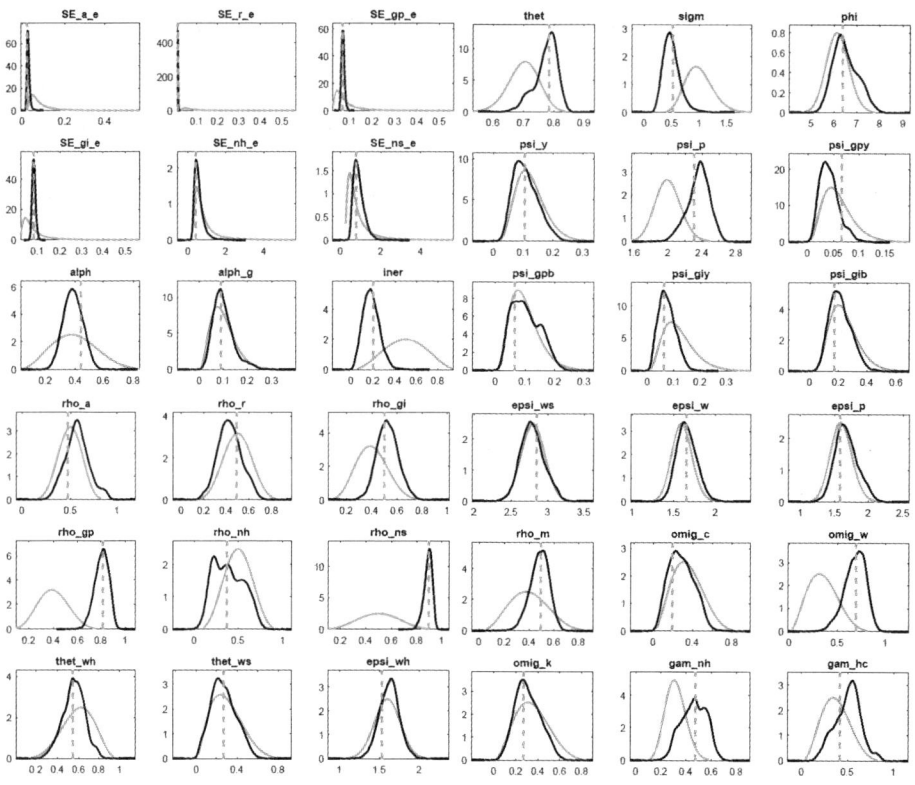

图 4.1 扩展模型参数先验分布与贝叶斯估计后验结果对比

Figure 4.1 Comparison of the prior distribution of the extended model parameters and their posterior results generated by Bayesian estimation

图注：图中浅色的概率分布曲线表示参数先验分布设置的概率分布曲线，黑色线条代表由贝叶斯估计得出的后验分布结果，浅色垂直虚线对应其后验均值。图中参数符号与正文模型的对应关系可参见本书附录 C。该图由 Matlab R2015a 软件与 Dynare 4.4.3 程序包生成并导出。

4.2.5 贝叶斯估计结果的评价与检验

图 4.2 报告了上述参数估计的 Brooks & Gelman(1998) 收敛性检验结果。

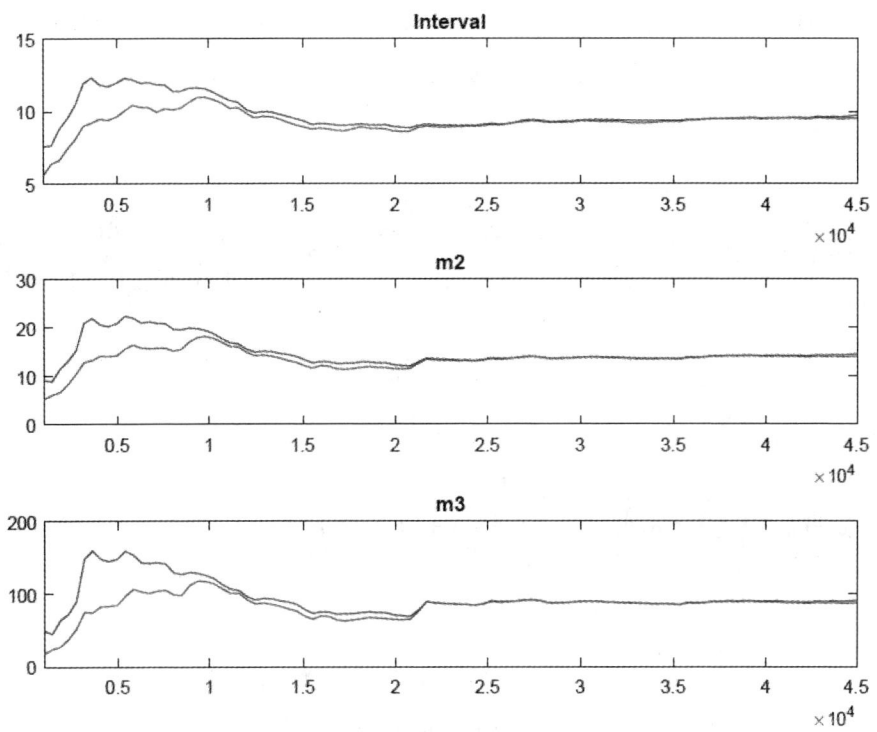

图 4.2 扩展模型多变量收敛性诊断（Brooks &Gelman, 1998）

Figure 4.2 multivariate convergence diagnostic of the extended model (Brooks &Gelman, 1998)

图注：横轴表示抽样次数，上下两条曲线间的距离关系表征检验统计量的收敛性，interval 表示均值，m2 表示方差，m3 表示 3 阶矩，该图由 Matlab R2015a 软件与 Dynare 4.4.3 程序包生成并导出。

从图中可以发现，随着模拟次数增加，上下两条多变量检验统计量的指标曲线逐渐重合并保持稳定，这表明本章扩展得到的不平等 NK-DSGE 模型在参数估计上是稳健可靠的。与第 3 章类似，对于采用贝叶斯估计法的 DSGE 模型来说，可以参考 Nimark(2008)、李玉双(2012)、王曦等(2017)等人的研究经验，采用向前一步预测(one step ahead forecast)方法得出 DSGE 模型的解释能力评价结果。从图 4.3 可以发现，模型预测值不但在变化趋势上和观测值的时间序列数据没有本质区别,多次模拟后得到的预测值变化范围也仅局限于观测值的时间数据序列曲线附近。所以,本章构建的不平等 NK-DSGE 模型能够有效地解释实际经济指标的变化,达到了合意的建模质量。

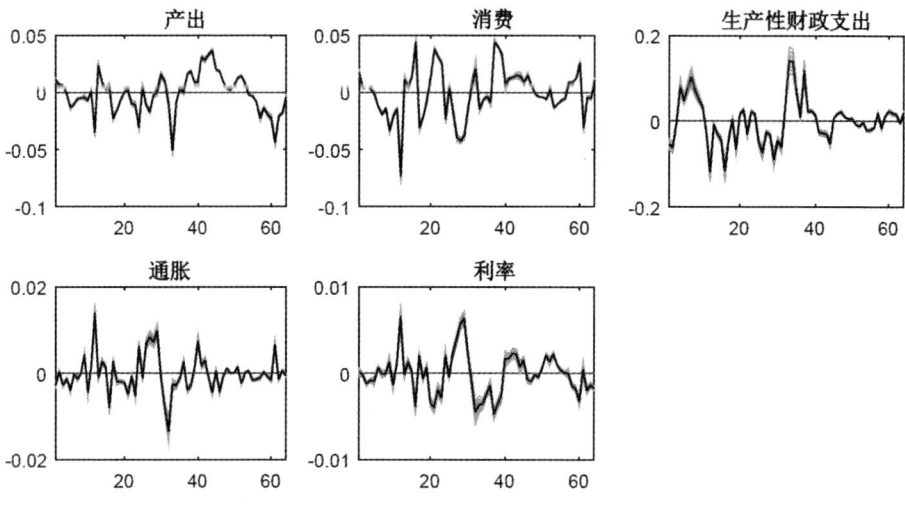

图 4.3 扩展模型模拟数据和观测变量数据的比较

Figure 4.3 comparison between the data of observed variables and the prediction data of the extended model

图注:横轴表示时期(季度),对应的时间跨度为 2001 年第 1 季度到 2016 年第 4 季度,共 64 期。黑色曲线为各观测变量时间序列数据实际值,黑色曲线附近的多条浅色曲线表示各次模拟的预测值。该图由 Matlab R2015a 软件与 Dynare 4.4.3 程序包生成并导出。

4.3 模型的评价、比较与初步应用

如前所述,本章的不平等 NK-DSGE 模型是对第 3 章基本模型的直接扩展。不难看出两个模型使用了相同的样本数据、相同实证计量方法,而且除

了涉及不平等的扩展部分外,模型的其余设定也基本一致。所以,基本 NK-DSGE 模型可以直接作为建模质量的评价基准,来分析本章的不平等 NK-DSGE 模型是否实现了合理拓展。首先,如果后者在对现实经济数据的拟合质量上、在模型总体的稳健程度上强于(或至少不弱于)前者,那么就表明加入不平等形成与演化机制的模型能够更好地拟合、解释中国经济的实际规律,同时也说明不平等因素在 DSGE 模型中并不是多余的,所以本章的扩展提高了模型的现实化、合理化程度。其次,与基本模型相比,如果扩展模型能进一步清晰地体现出各类外生因素影响下的经济不平等变化过程,并能合理地显示出不平等问题在经济波动过程中发挥的内生影响(Dosi et al.,2017;Auclert,2017),那么本书的研究目的才能真正被达到。根据陈利锋(2015a)和 Dosi et al.(2017)等学者的研究经验可知,只有在完成上述评价与比较工作后,不平等 NK-DSGE 模型的后续应用分析才能真正在一个扎实、合理的框架上展开。

4.3.1 基于贝叶斯估计评价准则的模型比较

上述评价、比较方式须用到模型之间的评价准则。本书采用贝叶斯估计法的一个优势恰好在于,除了能够保证参数估计结果的合理稳健,其原理也能够让研究者便捷、直观地进行模型评价(刘斌,2010),实现对不同模型的比较与选择。

最典型的一种贝叶斯估计评价准则是后验优比(posterior odds ratio)。这一操作的基本原理是,若研究者手中有两个通过贝叶斯估计得到的 DSGE 模型,分别简称为模型 A 和模型 B,而这两个模型总体上的先验分布分别为 $p(A)$、$p(B)$,那么利用贝叶斯定理可以得出:

$$p(\mathcal{T} \mid Y_O) = \frac{p(\mathcal{T}) \times p(Y_O \mid \mathcal{T})}{\sum_{\mathcal{T}=A,B} p(\mathcal{T}) \times p(Y_O \mid \mathcal{T})}$$

$p(A \mid Y_O)$ 和 $p(B \mid Y_O)$ 即为模型总体的后验分布,而上式中的 $p(Y_O \mid A)$、$p(Y_O \mid B)$ 分别为两个模型的数据边缘密度,又称边缘似然函数(因为其值来自似然函数中参数的积分)。Dynare 等主流 DSGE 分析软件估算 $p(Y_O \mid$

A)、$p(Y_O \mid B)$的算法通常有两种：拉普拉斯逼近法（laplace approximation）与调和平均估计量（harmonic mean estimator）。利用上述两个后验分布，研究者便可进行模型之间的比较与选择。通常的做法是将上述后验分布代入下面的公式，计算出A、B两个模型间的后验优比：

$$\frac{p(A \mid Y_O)}{p(B \mid Y_O)} = \frac{p(A) \times p(Y_O \mid A)}{p(B) \times p(Y_O \mid B)}$$

上式中$p(A)$、$p(B)$的比值也称作"先验优比"（prior odds ratio），$p(Y_o \mid A)$与$p(Y_o \mid B)$的比值则亦被叫作"贝叶斯因子"（bayes factor），能够体现观测数据与哪个模型相对更匹配。也就是说，后验优比等于先验优比乘以贝叶斯因子。

除了上述后验优比计算方法，目前研究者常用的模型评价准则还包括了边际似然值（marginal likelihood），也就是说，直接用估计过程中得到的模型对数边际似然值$\ln(\mathcal{L}_i)$作为准则，来比较模型的优劣（设模型名称或编号为i），其优点在于主流的DSGE分析软件在估计过程中通常会直接报告边际似然值，使该方法使用起来十分便捷。

另一个较边际似然值准则更具拓展性的方法是贝叶斯信息准则（bayesian information criterion，BIC），如果在模型i中的待估参数数量为N_i^p，估计时使用的观测数据的时间序列长度为N_i^o，而且边际似然值为$\ln(\mathcal{L}_i)$，那么可以通过以下公式计算一个BIC值：

$$\text{BIC} = \ln(\mathcal{L}_i) - \frac{1}{2} N_i^p \ln(N_i^o), \quad i \in (A, B) \tag{4.96}$$

除上述一系列方法外，Kiley（2007）还提供了一种被认为更为有效的模型选择方法，本质是对上述后验优比、边际似然值比较法、BIC方法的结合、拓展，其具体做法是利用上述A、B两个备选模型的BIC值计算一个"拟后验优比"（pseudo posterior odds ratio）：

$$p_i = \frac{\exp(\text{BIC}_i)}{\sum_{j=1}^{2} \exp(\text{BIC}_j)} \tag{4.97}$$

拟后验优比准则在计算结果上与前述的后验优比通常较为相似，但是其受主观因素影响较小，在实际应用中拥有较低的计算难度和较可靠的评价效果。当然，上述各类模型评价、选择方法之间并不存在绝对的优劣之分，不同学者的研究文献中选择的准则也不尽相同，所以一个常见的做法是，将上述若干准则的数值同时进行计算和比较，根据大多数准则的比较结果来选取最为合适的模型。

考虑到避免主观因素干扰、便于计算等需要，选取边际似然值、贝叶斯信息准则以及拟后验优比准则进行本书基本模型与不平等模型的比较。本书所选用的分析软件 Dynare 4.4.3 程序包能够自动地在贝叶斯估计结果中给出模型 i 的边际似然值 $\ln(\mathcal{L}_i)$ 计算结果。而贝叶斯信息准则可以根据各模型的边际似然值 $\ln(\mathcal{L}_i)$、待估参数个数 N_i^p、样本数据序列长度 N_i^o，直接通过公式(4.96)进行计算。拟后验优比准则的计算原理则是利用备选模型 i、j 的贝叶斯信息准则计算出模型间相对优势评价指标，如前文的公式(4.97)所示。依据上述三种方法得出的三类模型评价准则数值如表 4.2 所示：

表 4.2　　基本模型、扩展模型间的跨模型评价结果

Table 4.2　The results of the cross model evaluation between the basic model and the extended model

模型类别	观测数据时间序列长度	待估参数总数	评价准则计算结果		
			边际似然值	贝叶斯信息准则（BIC）	拟后验优比
不平等 NK-DSGE	64	36	−918.4953	−993.3552	62.35%
基本 NK-DSGE	64	29	−933.5559	−993.8597	37.65%

表格说明：原始数据由 Matlab R2015a 软件与 Dynare 4.4.3 程序包生成，以相应准则公式算得表中结果。

从表 4.2 可见，不平等 NK-DSGE 模型的边际似然值、贝叶斯信息准则（BIC）值均优于第 3 章的基本 NK-DSGE 模型。更应注意的是后者，即贝叶斯

信息准则(BIC)的计算结果,从公式(4.96)的计算方法可见,越是结构复杂、参数众多的模型,越是无法获得相对理想的贝叶斯信息准则计算值,但即便如此,不平等 NK-DSGE 模型依然在该项目上取得了明显的优势,这充分说明,经贝叶斯估计方法得出的不平等 NK-DSGE 模型虽然结构更加复杂、在建模质量上面对的挑战更大,但在对实际经济数据的拟合能力评价上取得了优于基本 NK-DSGE 模型的结果,这充分体现出了第 4 章所做的模型扩展的合理性。此外,拟后验优比准则的计算结果说明,研究者应在 62.35% 的水平上接受不平等 NK-DSGE 模型,而基本 NK-DSGE 模型的接受率则仅有 37.65%,说明经过本章扩展而成的不平等 NK-DSGE 模型具有较高的应用价值,与本书研究思路相得益彰、能够有效地实现本书的研究目的。

4.3.2 模型初步应用结果的比较与分析

如前文所述,新凯恩斯主义的 DSGE 分析实现了由微观主体的优化行为到宏观经济波动之间的有效衔接、在较大程度上避免了卢卡斯批判,而且将现实经济中的诸多不完备因素在模型中加以刻画,实现了对现实经济数据的较好拟合,这也使得新凯恩斯主义 DSGE 模型成为主流宏观经济学理论分析的标准范式。而在较近期(尤其是次贷危机)以后的 DSGE 研究中,以 Blanchard & Galí(2010)、Ravenna & Walsh(2011)、Galí et al.(2011,2012)、Christiano et al.(2016)等为代表的新凯恩斯主义研究者通过对劳动力市场的有效刻画,进一步完善了新凯恩斯主义的 DSGE 分析框架,实现了对居民收入、消费变化过程的更准确分析。但是,上述学者的研究普遍存在的局限是假设由不存在任何差异的代表性家庭向企业提供劳动力,并且所有家庭均参与金融市场、不存在流动性约束(事实上,第 3 章中的基本模型就是在类似假设的基础上构建起来的)。上述局限所带来的一个后果是,过分简化、忽视现实社会中不平等问题的模型设计,产生了模型经济中总需求独立于工资和资产收益分配机制的不合理结果,Walsh(2014)甚至在上述模型设计的基础上得出"收入分配对于总需求而言是无关紧要的"这一结论。显然,无论是从经济理论视角，还是纯粹从经济特征事实(抑或是人们的经济直觉)的角度来看，上述观点都是难以令人信服的(钞小静与沈坤荣，2014；陈利锋，2015a；Dosi et al.，2017)。近年国外学界基于 DSGE 模型的不平等问题研究文献日渐增多，也正是上述质疑的另一种体现。家庭、个人间的区别，以及不同家庭、个体间的财富分布不均等、收入来源差异化问题，都是现实经济中绝对难以忽视的现象，而前文中基本模型与扩展模型的对比评价结果也说明，加入了不平等的收入分配机制的模型能够比扩展前的模型取得更好的建模质量，与中国宏观经济实际数据的吻合程度更好。但是，如要充分保证本书实证分析结论的有效性，此处尚有另一至为重要的问题需要明确：扩展模型是否能对经济不平等的动态变化过程及其原理、机制进行合理、准确地反映？

在本小节，将通过脉冲响应分析方法，对技术(全要素生产率)和劳动供给所带来的随机冲击效应进行模拟，实现对本书建立的两类 NK-DSGE 模型的初步应用。这一分析与陈利锋(2015a)和 Dosi et al.(2017)的做法类似，其目的主要是以下三个方面：其一，判断两类 NK-DSGE 模型的模拟分析结果是否与主流的经济学理论观点以及人们的经济常识相一致，即其是否具有最基本的合理性。其二，通过比较基本模型、扩展模型的脉冲响应结果，把握经济系统内生变化过程在有、无不平等收入分配机制的两种情况下存在什么区别，剖析其中的机制和原理(实质上也是一种反事实分析)，并判断扩展模型是否能有效地识别不平等问题对经济系统造成的这种影响；其三，考察扩展模型是否能合理、稳健地呈现出不平等程度的动态变化特征。在实现以上三个目标后，即可最终明确扩展模型是否适合被用于后续的政策作用分析、实现本书的研究目的。

需要进一步强调的是，在本书余下部分的应用分析中，DSGE 模型参数通常以第 3、4 章中获得的贝叶斯估计结果为准。不过，在一些政策作用分析和反事实分析中，本书也会在事先进行说明、解释后，调整部分参数的估计值。

在本节及第 5 章，动态分析与政策效应分析的主要工具是脉冲响应函数，通过在模型中模拟不同类别的外生冲击，来考察冲击发生后模型中主要经济指标随时间变化的动态路径。如前所述，DSGE 是一个多方程、带有理性预期因素和外生结构冲击的模型系统，当系统受到一个外生的、结构性的冲击时，该冲击带来的影响会在系统中以特定的机制传导，进而使整个系统的几乎所有变量都会对其作出响应。而且，在带有差分项和预期项的动态模型中，变量对外生冲击的响应不会是暂时的，而是会有惯性地延续至冲击发生后若干期再逐渐衰减，并呈现出各自特有的动态变化过程，通过分析、比较不同变量在不同外生冲击作用下的动态变化特点，DSGE 模型所蕴含的诸多理论能够得到检验，一些在研究中需要得到解释的内在机制也可以得到有效的剖析。

4.3.2.1 不平等与技术(TFP)冲击下的经济波动

表 4.3 报告了技术(全要素生产率，TFP)冲击下基本模型、扩展模型中主要经济变量的波动性水平，冲击幅度均为 1 个标准差，以波动的标准差衡量变量波动性。显然，表中数据表明，除了基本模型的产出、消费变量波动性更大外，含有不平等问题的扩展模型在其余变量的波动性上均超过了基本模型，尤其是在新凯恩斯主义理论中较为重要的就业数量、投资水平和通胀水平。

表 4.3　技术冲击下两类模型的主要经济变量波动性对比表

Table 4.3　comparison of of volatility of major variables of two kinds of models under the impact of technology

模型类型	变量波动性				
	$\hat{n}_t$	$\hat{y}_t$	$\hat{c}_t$	$\hat{i}_t$	π_t
基本 NK-DSGE 模型	0.0016	0.0046	0.0084	0.0025	4.48×10^{-4}
不平等 NK-DSGE 模型	0.0056	0.0035	0.0041	0.0059	0.0014

表格说明：表中数据由 Matlab R2015a 软件与 Dynare 4.4.3 程序包生成并导出。

积极的技术冲击主要作用于经济的供给侧。图 4.4 显示，技术冲击提高了企业的生产能力并刺激了投资行为，因而推动了投资、产出的增长。同时，技术进步带来的总供给扩张直接导致产品价格下降，引发通货紧缩。在产出增加的同时，技术冲击的财富效应也使得消费者愿意增加消费、改善生活。

在劳动力供给及其报酬方面，积极的技术冲击意味着技术进步，而劳动力的实际报酬与劳动的边际生产率有关，技术进步提高了劳动的边际生产率，不同程度地拉动实际工资上升(与劳动力市场的工资黏性水平有关)，但从图 4.4 可以发现，这种影响在两类模型中是以不同的动态路径来显示的。通过比对图 4.4、图 4.5 中两类模型的脉冲响应结果可以发现，基本 NK-DSGE 模型中技术冲击对整个经济的劳动力供求的影响是完全一致的，而扩展模型需要将相对贫困家庭、相对富裕家庭面对的情况进行区分。

从图 4.5 可见，面对流动性约束的相对贫困家庭在技术冲击到来、企业雇佣意愿相对不足时，不能像富裕家庭成员那样可以通过财富的跨期配置来维持甚至提高自身的收入和消费，而只能靠劳动收入来维持生活，即便企业雇佣意愿下降，此类劳动者依然需要尽可能保证劳动的供给量(哪怕忍受更高水平的非自愿失业)。所以在图 4.5 中可见，相对贫困家庭劳动力的就业水平降幅小于相对富裕家庭。

当然，上述差异又使得贫困家庭劳动力供给变得相对过剩(无论是相对于稳态还是相较于相对富裕家庭)，导致模型中贫困家庭劳动力实际工资的降幅显著大于富裕家庭劳动力的工资降幅(当然，由于相对贫困家庭在收入压力下提供了更大比例的劳动，两类劳动力之间的劳动收入不平等程度反而出现了短暂但大幅度的下降)。

综合上述情况不难发现，技术冲击使得全靠劳动收入来生活的相对贫困家庭面对着就业难度的增加和总收入水平的下降，不得不减少其消费额度，所以在冲击发生后便与相对富裕家庭拉大了生活水平上的差距，呈现出图 4.5 中所示的规律，这与江春等(2018)的发现是一致的。在总收入方面，由

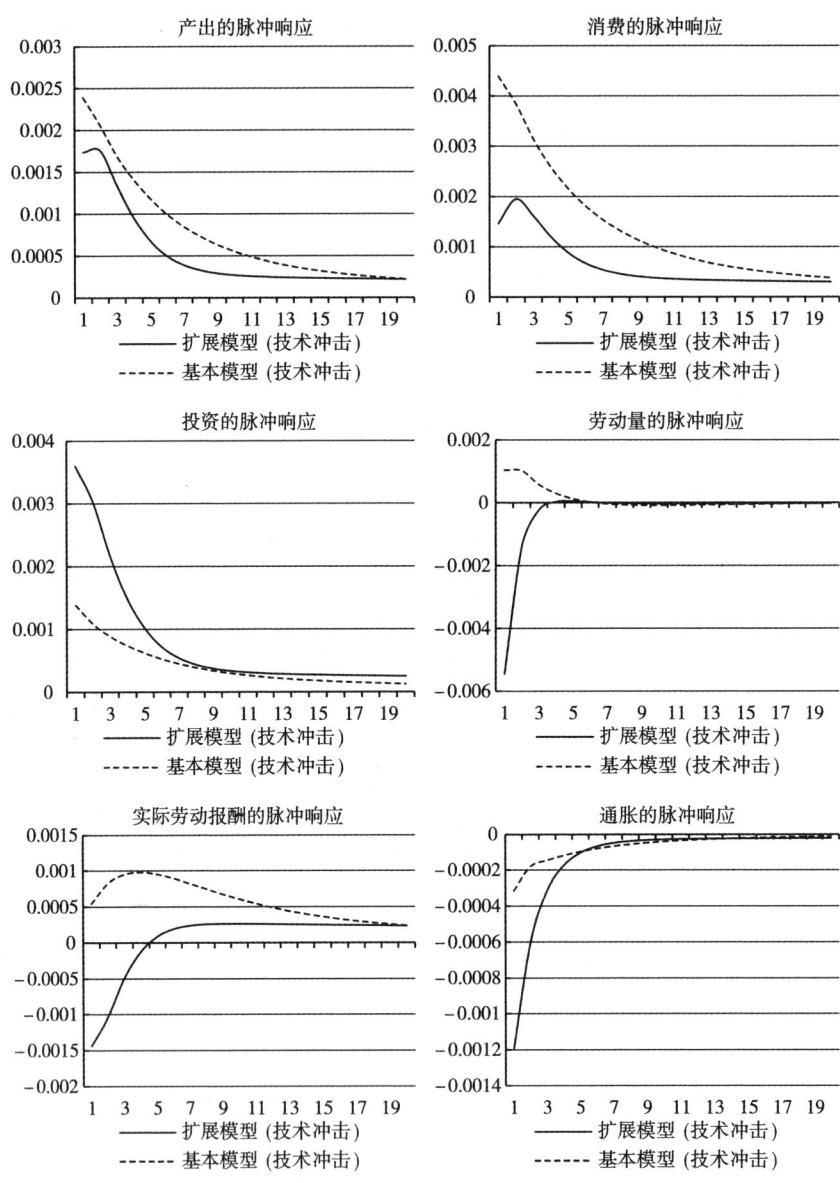

图 4.4 技术冲击下主要经济变量脉冲响应的跨模型对比

Figure 4.4 the cross model comparison of the impulse responses under the impact of technology

图注：图形纵轴为相关变量的响应程度（相对于稳态的对数偏离），横轴表示冲击发生后的时期（季度）。数据由 Matlab R2015a 软件与 Dynare 4.4.3 程序包生成并导出，在 MS Office Excel 2010 软件中绘制。

4.3 模型的评价、比较与初步应用

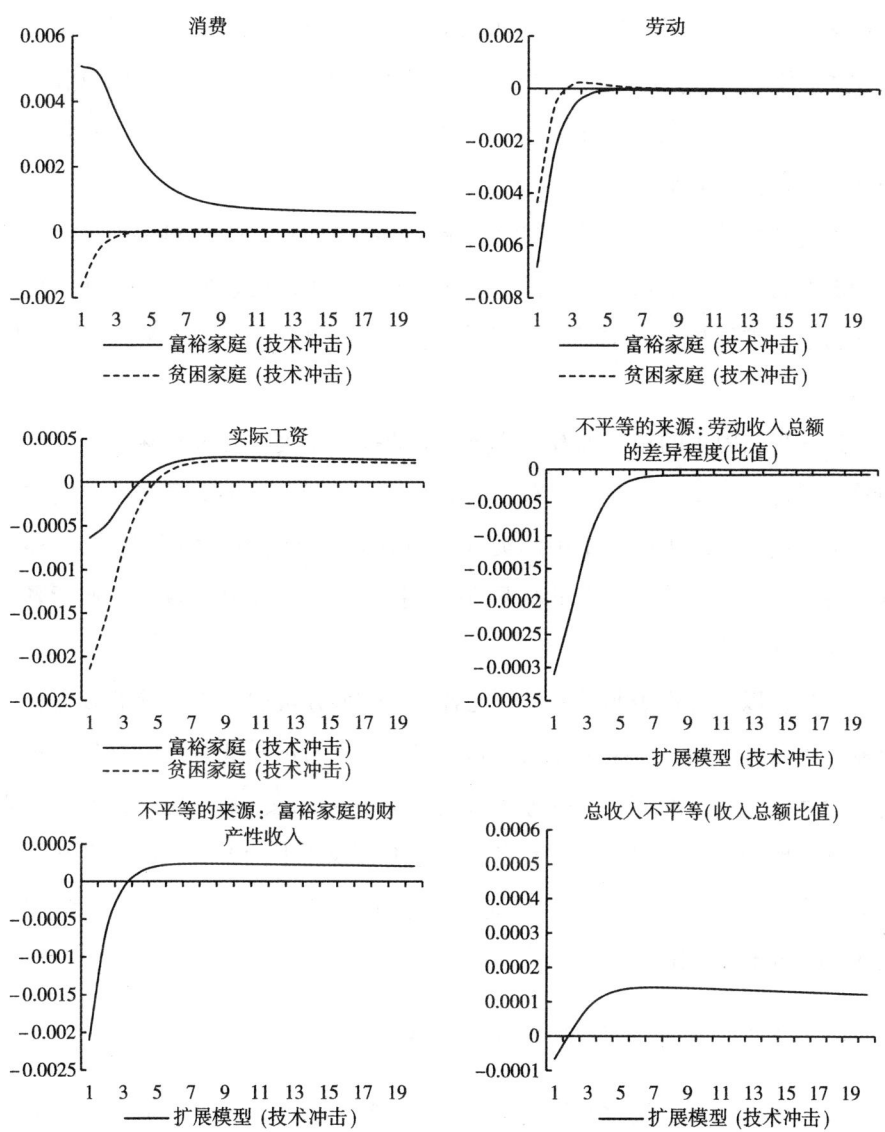

图 4.5 技术冲击下扩展模型中两类家庭的脉冲响应对比

Figure 4.5 impulse responses of two types of families in the extended model under the impact of technology

图注：图形纵轴为相关变量的响应程度(相对于稳态的对数偏离)，横轴表示冲击发生后的时期(季度)。数据由 Matlab R2015a 软件与 Dynare 4.4.3 程序包生成并导出，在 MS Office Excel 2010 软件中绘制。

于技术冲击下的投资行为变得更加活跃、资本积累加快，可为相对富裕家庭持续地提供更多投资收益(虽然在冲击发生初期有短暂下降)，所以总收入不平等虽然在冲击发生当期下降，但随后便转为上升，并且会在一个较长的时期内保持在偏高的水平上。

上述分析说明，不平等、贫困和流动性约束的存在使相对贫困家庭在技术冲击下的劳动供给水平变得相对过剩，随之带来的劳动收入下降和消费需求萎缩也使扩展模型在技术冲击下的消费增长幅度小于基本模型(参见图4.4)。

进一步从内生的角度来看，消费需求的提升幅度不足又意味着扩展模型中总需求扩张程度较低，使技术进步带来的企业劳动力雇佣意愿不足问题更为雪上加霜，所以扩展模型中两类家庭的劳动力供给数量均出现较大下降，这最终让其在正向技术冲击影响下的产出扩张幅度小于基本模型、通货紧缩幅度大于基本模型。

总之，以上分析表明，如果研究者在DSGE分析中对不平等的收入分配机制缺乏足够考察，将很可能高估总产出、总消费的扩张幅度，并低估技术进步给就业数量、通缩、投资等经济变量造成的波动。换而言之，不考虑收入分配问题的模型忽视了不同家庭在经济决策规律上的差异、混淆了技术冲击影响宏观经济的传导路径，进而误判了相应宏观经济效应，这与陈利锋(2015)的结论是相似的。

4.3.2.2 不平等与劳动供给冲击下的经济波动

劳动供给冲击直接改变了消费、劳动之间的边际替代率，而改变了家庭成员在劳动、闲暇选择上的偏好，其实际作用同样体现在模型经济的供给侧。在现实中，不利的劳动力供给冲击可以对应2003年"非典"、2008年冰冻灾害等突发事件对中国劳动者工作意愿的影响，当然也可以进一步被视作某些公共政策所可能导致的非合意效应。本书的基本模型中由于未加入异质性家庭设计，所以仅存在整体的、单一的外生劳动力供给冲击，而在扩展模

4.3 模型的评价、比较与初步应用

型中,此类冲击是分为相对富裕家庭冲击、相对贫困家庭冲击这两类来讨论的。长期以来,我国的二元化社会结构一直未能完全得到融合,而社会中多轨化的就业格局(及相应的制度歧视),也使我们有必要将针对不同人群的劳动力供给冲击进行区分对待(陈钊与陆铭,2008;徐建炜等,2012;陈利锋,2017)。

表4.4显示了劳动力供给冲击下两类模型中主要经济变量的波动。从表中可见,基本模型劳动力供给冲击下的大多数经济变量的波动幅度介于扩展模型中两类劳动力供给冲击带来的波动幅度之间。为了理解上述差异产生的原因,并剖析不平等的社会分配机制在冲击效应的产生过程中发挥的作用,还须进一步结合脉冲响应图形进行分析。图4.6给出了不平等NK-DSGE模型与基本NK-DSGE模型中劳动供给冲击下主要经济变量的动态反应情况。

表4.4 不利的劳动供给冲击下两类模型的主要变量波动性对比表

Table 4.4 comparison of of volatility of major variables of two kinds of models under the impact of unfavorable labor supply

项目	扩展模型变量波动					基本模型变量波动				
冲击类别	$\hat{n}_t$	$\hat{y}_t$	$\hat{c}_t$	$\hat{i}_t$	π_t	$\hat{n}_t$	$\hat{y}_t$	$\hat{c}_t$	$\hat{i}_t$	π_t
劳动供给冲击	—	—	—	—	—	0.0015	3.72×10^{-4}	6.70×10^{-4}	2.06×10^{-4}	2.44×10^{-5}
富裕家庭劳动供给冲击	1.72×10^{-4}	9.24×10^{-5}	1.09×10^{-4}	1.49×10^{-4}	2.88×10^{-5}	—	—	—	—	—
贫困家庭劳动供给冲击	0.0014	7.55×10^{-4}	0.0011	8.90×10^{-4}	1.01×10^{-4}	—	—	—	—	—

表格说明:表中数据由Matlab R2015a软件与Dynare 4.4.3程序包生成并导出。

劳动力供给的不利冲击同样作用于供给侧,但其带来的是对要素供给数

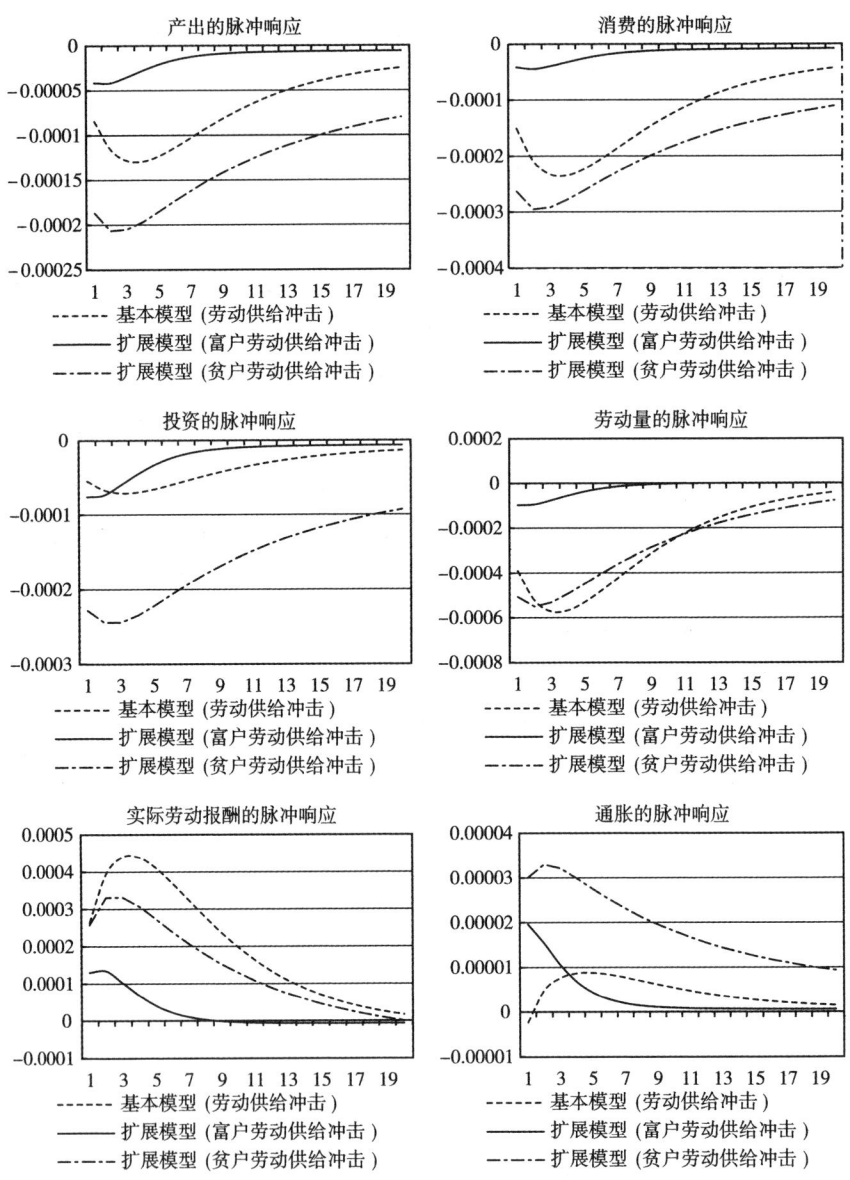

图 4.6 劳动供给冲击下主要经济变量脉冲响应的跨模型对比

Figure 4.6 the cross model comparison of the impulse responses under the impact of labor supply

图注：图形纵轴为相关变量的响应程度（相对于稳态的对数偏离），横轴表示冲击发生后的时期（季度）。数据由 Matlab R2015a 软件与 Dynare 4.4.3 程序包生成并导出，在 MS Office Excel 2010 软件中绘制。

量的直接影响。图 4.6 显示,在劳动力供给受到不利的外生冲击时(即对效用函数中的劳动力供给冲击项施加一个标准差的正向冲击),家庭成员会变得更愿意享受闲暇。实际的劳动报酬水平则因劳动力稀缺程度的加剧而被提升,生产者面对的成本压力自然加大,这种来自供给侧的不利影响使得模型经济中产出、投资等总量指标均出现不同程度的萎缩,模型经济中还因此出现了成本推动型的通胀。

同时,模型的需求侧也会受到一些间接的影响,从图 4.6 可见,由于居民的最优化决策目标意味着劳动、消费的边际效用会趋于相同水平,这使得两类模型中的消费同样出现了下降。

当然,图 4.6 也清晰反映了两类模型脉冲响应结果的差异。通过比对不难发现,产生上述差异的机制主要在于,基本 NK-DSGE 模型中的家庭都是不受流动性约束、拥有资产的,在消费、劳动的偏好特点及行为决策上没有差异,所以不利的劳动力供给冲击使模型中的所有劳动力供给均受到同向、同性质的影响,最终混淆了劳动供给冲击的传导路径和影响力度。所以,综合图 4.6、图 4.7、图 4.8 可见,基本模型中的劳动力供给数量、实际工资水平在响应幅度上大于扩展模型中两类劳动力供给冲击所带来的影响。

而在扩展模型中,我们需要对富裕家庭、贫困家庭劳动力供给项受到相同幅度的冲击时的效应进行有区别的分析。

从图 4.7、图 4.8 可见,富裕家庭、贫困家庭在各自的劳动力供给受到相同幅度的冲击时,响应程度存在显著差距。图 4.7 显示,在富裕家庭劳动供给冲击项的影响下,富裕家庭提供的劳动力数量在波动幅度上远小于图 4.8 中的贫困家庭,且在较短时间内恢复。

同时,富裕家庭劳动力数量的萎缩也使其实际工资被推高,企业在此情况下也不得不使用一部分来自相对贫困家庭劳动力来弥补劳动力缺口,使相对贫困家庭劳动力的就业数量在 5 个季度内出现了短暂的增加。

而且从图 4.7 可见,在消费方面,富裕家庭劳动力供给受到负向冲击后,富裕家庭成员可通过投资渠道获取收入并维持生活需要,所以图 4.7 中

第4章 不平等与稳定化政策：模型扩展

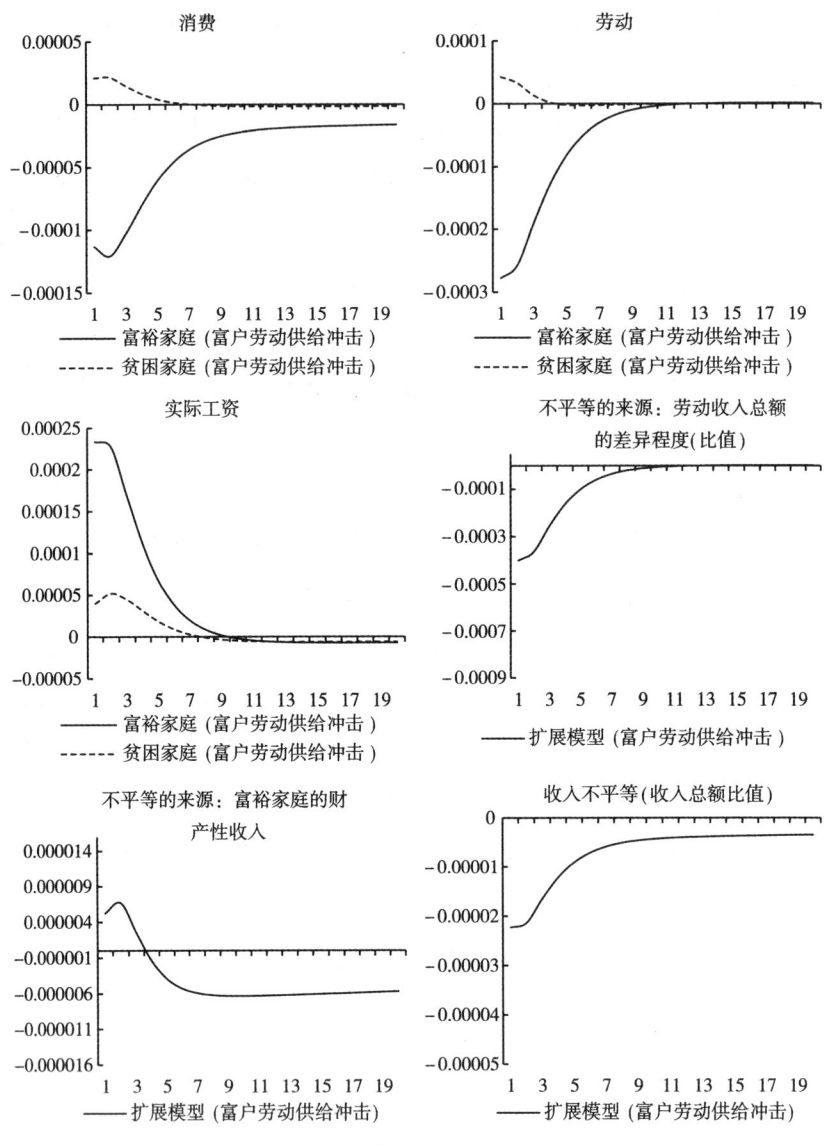

图 4.7 相对富裕家庭劳动供给冲击下两类家庭的脉冲响应对比

Figure 4.7 impulse responses of two types of families under the impact of labor supply in relatively rich families

图注：图形纵轴为相关变量的响应程度（相对于稳态的对数偏离），横轴表示冲击发生后的时期（季度）。数据由 Matlab R2015a 软件与 Dynare 4.4.3 程序包生成并导出，在 MS Office Excel 2010 软件中绘制。

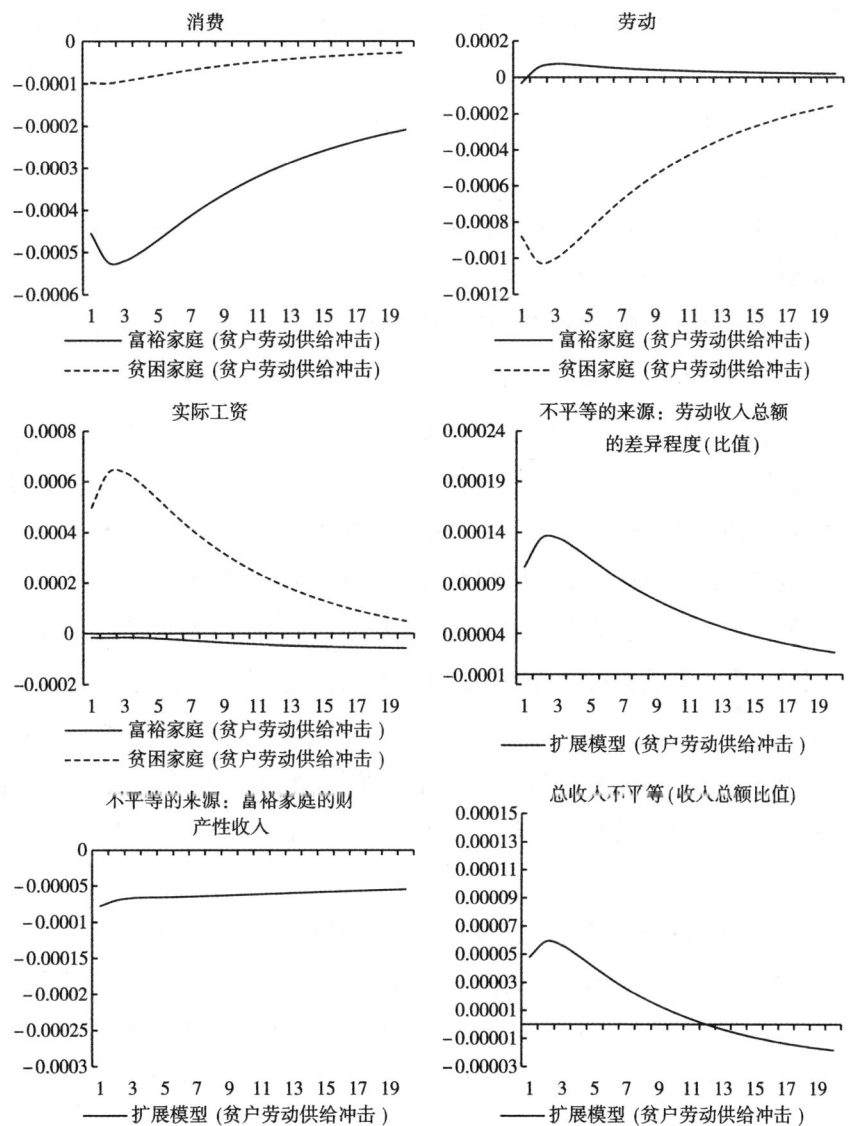

图 4.8 相对贫困家庭劳动供给冲击下两类家庭的脉冲响应对比

Figure 4.8 impulse responses of two types of families under the impact of labor supply in relatively poor families

图注：图形纵轴为相关变量的响应程度(相对于稳态的对数偏离)，横轴表示冲击发生后的时期(季度)。数据由 Matlab R2015a 软件与 Dynare 4.4.3 程序包生成并导出，在 MS Office Excel 2010 软件中绘制。

相对富裕家庭消费量的下降程度虽然与图4.8中贫困家庭受冲击时的情况接近,但其能够以更快的速度恢复,在10期内即收敛到接近于稳态的水平。

最终,由于富裕家庭劳动力供给冲击给富裕家庭成员的消费、劳动、投资等均造成了负面影响,所以也在冲击发生后10个季度内带来了各方面不平等程度的下降,但是从产出、消费的变化幅度来看,这种不平等的缓解是以经济效率的下降为代价的。

相应地,图4.8则反映了相对贫困家庭劳动力供给面对不利冲击时的经济效应。首先,相对贫困家庭劳动力供给冲击的持续性参数ρ_s^h、标准差σ_n^s的贝叶斯估计后验结果均说明,近年此类劳动力所受冲击的强度和持续性均较大。所以可见图4.8中相对贫困家庭劳动者就业数量的下降幅度远超过图4.7中富裕家庭受到的影响,而且,由于相对贫困家庭劳动力在模型经济中所占比例较高,使上述冲击的影响面很大,所以劳动力供给出现的这一大幅萎缩也使模型中产出、消费等主要经济变量受到了相当大幅度的负面影响。

同时,由于劳动力供给的短缺,相对贫困家庭实际工资被提升的幅度也远大于图4.7中富裕家庭的情况,并引发了严重的成本推动型通胀。但在相对贫困家庭劳动力就业萎缩幅度过大且仅依靠工薪收入维持生活的情况下,冲击发生时劳动收入与总收入不平等的水平依然被提高,在冲击发生11季度后才逐步得到缓解。

此外,如果进一步考察某一类劳动力受到自身供给冲击时另一类家庭的劳动供给变化情况,不难对扩展模型、基本模型之间的脉冲响应差异原因做出判断:从图4.7、图4.8可见,当某一类劳动力的供给受到不利冲击,使得其实际工资水平被推升时,成本的压力会使得企业不得不从另一类家庭中雇佣更多的劳动力加以替代(一个近似的经验规律是,近年每当中国的城市管理机构对外来劳动力的流入做出限制时,企业便须提升员工的工资水准以避免招工困难,或是选择雇佣更多城市居民),这种多元结构社会中劳动力间互相替代的机制在一定程度上缓解了劳动力供给冲击在劳动力市场中导致的不利影响,使得扩展模型中的工资、就业在任何一种劳动力供给冲击下的响应幅度均小于基本模型(见图4.6)①。以上分析结果说明,如果在分析中充分考虑家庭、劳动力的异质性以及不平等的分配机制,不同类型的劳动力供给冲击能够通过不同家庭间的影响传导、劳动力间的相互替代来得到一定程度的缓解,使扩展模型中劳动力市场所受的影响相对较小。但从总收入的视角看,相对贫困家庭成员的不利劳动供给冲击至少会在短期内导致不平等的扩张和经济总量的大幅波动——值得注意的是,这类负面冲击在近年我国部分地区的现实环境中恰好是不罕见的。

综上所述,通过基本模型、扩展模型脉冲响应结果的初步比较(反事实分析)可以发现,与王弟海与龚六堂(2006)、钞小静与沈坤荣(2014)的观点类似,不同家庭间在财富和经济决策模式上的差异,以及由此形成的不平等的收入分配机制,确实会在很大的程度上影响到经济系统内生变化过程,而且这种影响在扩展模型中得到了有效的识别,使基本模型、扩展模型在诸多经济变量的脉冲响应结果上存在显著差异;这说明,如果NK-DSGE分析框架忽视了不平等因素、缺少了相应的机制,那么就很容易导致对现实经济规律的遗漏乃至误判。所以,本小节的分析结果进一步证明,相对于基本的新凯恩斯主义DSGE分析框架而言,本章的确做出了一种颇具必要性的拓展。

综观学术史,不难发现陈利锋(2015a)、Dosi et al. (2017)等学者率先分析了不平等在经济波动过程中发挥的内生作用;本小节的分析一方面在结果上和陈利锋(2015a)、Dosi et al. (2017)等人的观点相接近,另一方面也实现了对上述既有研究的延伸和改进,能凭借模型中更全面的理论机制(例如更全面的稳定化政策作用),来充分体现扩展模型中的不平等问题是通过什么途径导致了两类模型在模拟结果上的区别。此外,逆向来看,各类经济不平等指标也的确已在扩展模型变量的变化过程中得到了显著改变,但是对于这一分析结果,本书还须进一步从实证角度确定其是否稳健,以最终确认本书的扩展模型是否能在经济变量与不平等程度的动态变化之间建立合理、可信的逻辑关联。

---

① 上述的分析结果与陈利锋(2015a)是较为接近的。

4.3.2.3 模型中经济不平等的动态变化

在本书中,基本模型和扩展模型的模型设定是高度一致的,其关键区别在于是否纳入不平等问题,这充分保证了两个模型之间的可比性,而这在李玉双(2012)等文献中则是被忽视的一点。通过两个模型的贝叶斯估计评价准则计算结果(4.3.1小节),我们已经知道扩展模型在总体上比基本模型具有更高的合理性与稳健性。但是,在实现本书研究目的的过程中,本书更多依赖的是扩展模型对不平等程度动态变化过程的反应能力,所以从稳妥的角度出发,还应进一利用从扩展模型得出的分析结果,对扩展模型在不平等动态分析上的稳健性加以专门考察。

如前所述,扩展模型在动态分析中主要反映"流量"维度上的不平等,即收入等方面的不平等;而"存量"维度上的不平等(主要体现在财富存量的不平等)则被视作一种外生给定的状态,由模型基本结构来加以体现。上述设定意味着,本书通过 DSGE 模型所进行的不平等问题动态分析最终将以收入不平等作为主要侧重点,同时兼顾与之相关联的消费不平等问题。所以,接下来主要以收入不平等水平作为基准,来考察扩展模型是否能稳健地体现出不平等的动态变化过程。

在前文中关于模型结构设计的阐述中,已经给出了两种关于收入不平等程度的衡量方法,分别是公式(4.65)中的收入不平等指标(贫富家庭收入比)以及公式(4.72)中的近似基尼系数,前文分析结果主要以前者反映收入不平等的变化过程。接下来,本书将通过上述两类不平等衡量指标动态分析结果的对比,来进一步考察本书扩展模型在不平等分析上的合理、稳健程度。如果在更换不平等水平的衡量方法后,动态分析结果并未发生本质的改变,那么就说明从本书 NK-DSGE 模型中得出的不平等程度变化规律是足够稳健的。

从图 4.9 中的对比结果可见,在扩展模型中三类实际因素的冲击下(图 4.9 中从上至下分别为技术即全要素生产率冲击、相对富裕家庭劳动力供给

4.3 模型的评价、比较与初步应用

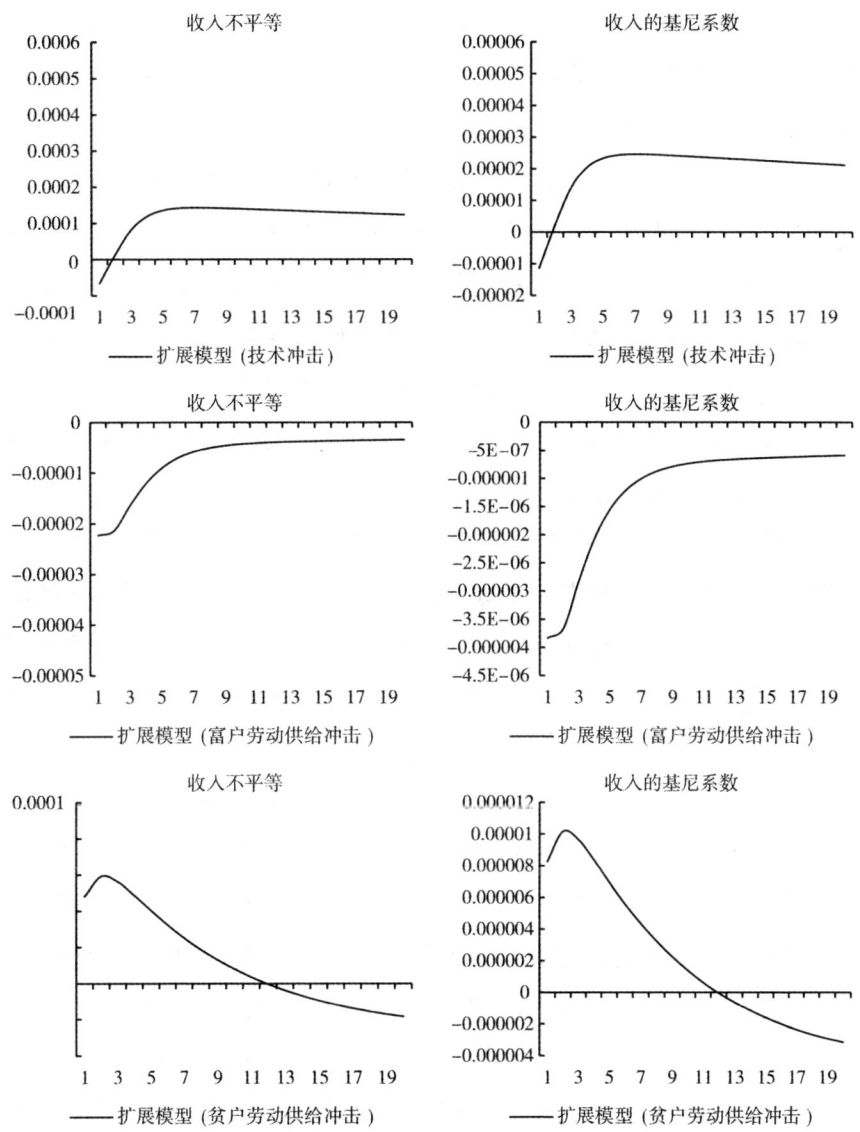

图 4.9　不同类型收入不平等指标在外生冲击下的脉冲响应对比
Figure 4.9　comparison of impulse response of different indexes of income inequality under exogenous shocks

图注：图中"收入不平等"的计算方式参见本书公式(4.65)，"收入的基尼系数"的计算方式参见本书公式(4.72)，外生冲击的类型参见各小图的图例。数据由Matlab R2015a 软件与 Dynare 4.4.3 程序包生成并导出，在 MS Office Excel 2010 软件中绘制。

165

冲击、相对贫困家庭劳动力供给冲击），无论是借助收入不平等指标（贫富家庭收入比）还是通过基尼系数来衡量，收入不平等动态变化的方向、路径在总体上都是始终一致的，仅是在脉冲响应的具体幅度上存在差异。

而且，模型中的基尼系数本身也的确能有效贴近现实经济中的不平等水平。利用 DSGE 模型的基本方程，可以推得模型的稳态表达式、了解稳态下各变量之间的数量关系（模型主要变量的稳态推导结果可参考本书附录 B）。进一步地，运用前文中获得的模型参数（参见附表 4.1 与附表 4.2），就可以推算出模型各主要变量的稳态值；在将这些稳态值代入(4.71)式即基尼系数的近似计算式后，便可得出稳态下模型经济中的基尼系数值为 0.4527。根据国家统计局近年发布的基尼系数官方数字可知，该计算结果的误差较小，可见此处的基尼系数计算方法能够较准确地反映中国社会中的不平等水平。

这说明，在经济变量发生波动的过程中，扩展模型对不平等问题的数值模拟结果在不同的评价指标下均能保持一致，并且能够充分贴近现实经济中的不平等程度，这充分体现出了模型在不平等问题分析上的稳健性、可靠性。

总而言之，本小节的分析结果说明，不平等的收入分配机制确实会在很大的程度上改变经济系统的内生变化过程，使基本模型、扩展模型的动态分析结果存在显著差异，而且纳入不平等问题后的扩展模型在拟合中国宏观经济数据的能力上优于基本模型，表明不平等问题在中国宏观经济的 DSGE 分析框架中确实是一个不应被忽略的因素。而且，扩展模型通过不平等分配机制（主要体现在财富不平等与异质性家庭上）的合理刻画，在收入等方面体现出了不平等指标的动态变化规律，并且分析结果具有较强的稳健性，说明本书的扩展模型已经能够在经济变量与不平等程度的动态变化之间建立合理、可信的逻辑关联。

由于宏观经济的稳定化政策正是以经济变量作为控制目标的，所以通过开展上述比较、掌握上述逻辑关联，本书将可更有效地完成第 5 章中关于稳定化政策影响下不平等水平的动态变化规律的分析，使相应的机制剖析变得更为有理有据，最终在考虑不平等约束的情形下把握稳定化政策的效应、对相应政策的优化选择提出建议。

4.4　本章小结

本章的不平等 NK-DSGE 模型的最主要特点在于通过异质性家庭等结构设计引入了不平等的社会分配机制。也就是说，作为对当前中国社会财富不平等状态的近似体现，本章的扩展模型将基本 NK-DSGE 模型中的单一代表性家庭扩展到两类，模型中设置了相对富裕、拥有资产的李嘉图模型家庭，而另一类相对贫困的非李嘉图模型家庭或经验法则（ROT）居民则没有资产，这形成了一种要素禀赋上的巨大差异，其在不平等的产生与演化机制刻画中起到的作用类似王弟海与龚六堂（2006）在理论模型中设置的"初始不平等"，在模型的动态变化过程中，上述初始的不平等状态又会引致具有动态特征的持续性不平等。在经济决策行为上，相对富裕的李嘉图模型家庭不受流动性约束，可以追求跨期的消费平滑和效用最大化，而非李嘉图模型家庭没有可供跨期平滑的资产存量，面对较严重的流动性约束。在下文开展模型动态分析的过程中，各类外生因素冲击以及各种稳定化政策措施的运用、调节也会因上述异质性家庭的存在而在两类人群中产生不对称的经济效应，而这对厘清不平等程度的变化规律与相关机制是至关重要的。

不平等 NK-DSGE 模型的贝叶斯估计结果及其与基本模型间的跨模型检验结果均说明，加入了不平等的产生、演化机制的扩展模型虽然在复杂程度和估计、分析的难度超过了基本模型，但其对中国实际经济数据的拟合能力却较为理想，在模型间的比较分析中甚至取得了超过基本模型的成绩、体现出了更高的建模质量，说明考虑不平等问题的 NK-DSGE 模型能比未做扩展的基本模型更准确地解释中国经济的实际规律。此后，为了进一步证实上述观点，本章又通过脉冲响应分析方法，对技术（全要素生产率）和劳动供给所带来的随机冲击效应进行模拟，实现了 DSGE 模型的初步应用分析，从分析结果可以发现，扩展模型确实能在基本模型的基础之上，进一步呈现出外生冲击在经济不平等方面带来的效应，扩展模型、基本模型分析结果间的差异也说明，不平等的收入分配机制确实会在很大的程度上影响到经济系统的内生变化过程。

所以，在本书的后续部分中，第 4 章建立的扩展模型（不平等 NK-DSGE 模型）将被作为相关分析的核心模型来运用，用于研究纳入不平等因素时稳定化政策的优化选择问题。

附录4A 相对富裕家庭一阶优化条件的推导及线性化过程

相对富裕家庭资本积累方程(4.3)的 Uhlig 线性化过程为：首先，得出物质资本调整成本函数的一阶泰勒展开式：

$$\phi\left(\frac{I_t^h}{K_t^h}\right) \approx \phi\left(\frac{\bar{I}^h}{\bar{K}^h}\right) + \phi'\left(\frac{\bar{I}^h}{\bar{K}^h}\right)\frac{1}{\bar{K}^h}(I_t^h - \bar{I}^h) - \phi'\left(\frac{\bar{I}^h}{\bar{K}^h}\right)\frac{\bar{I}^h}{(\bar{K}^h)^2}(K_t^h - \bar{K}^h)$$

$$\Rightarrow \phi\left(\frac{I_t^h}{K_t^h}\right) \approx \delta + \frac{I_t^h}{\bar{K}^h} - \frac{\bar{I}^h}{\bar{K}^h} - \frac{\bar{I}^h K_t^h}{(\bar{K}^h)^2} + \frac{\bar{I}^h}{\bar{K}^h}$$

$$\Rightarrow \phi\left(\frac{I_t^h}{K_t^h}\right) \approx \delta + \frac{I_t^h}{\bar{K}^h} - \delta - \delta\frac{K_t^h}{\bar{K}^h} + \delta$$

$$\Rightarrow \phi\left(\frac{I_t^h}{K_t^h}\right) \approx \delta + \frac{I_t^h}{\bar{K}^h} - \delta\frac{K_t^h}{\bar{K}^h}$$

将上面的一阶泰勒展开结果代回资本积累方程，得到：

$$K_{t+1}^r = (1-\delta)K_t^r + K_t^r\left(\delta + \frac{I_t^r}{\bar{K}^r} - \delta\frac{K_t^r}{\bar{K}^r}\right)$$

进而得到：

$$\bar{K}^h e^{\hat{k}_{t+1}^h} = (1-\delta)\bar{K}^h e^{\hat{k}_t^h} + \delta\bar{K}^h e^{\hat{k}_t^h} + \bar{I}^h e^{\hat{i}_t^h + \hat{k}_t^h} - \delta\bar{K}^h e^{2\hat{k}_t^h}$$

$$\Rightarrow \bar{K}^h e^{\hat{k}_{t+1}^h} = \bar{K}^r e^{\hat{k}_t^h} - \delta\bar{K}^r e^{2\hat{k}_t^h} + \bar{I}^r e^{\hat{i}_t^h + \hat{k}_t^h}$$

$$\Rightarrow e^{\hat{k}_{t+1}^h} = e^{\hat{k}_t^h} - \delta e^{2\hat{k}_t^h} + \delta e^{\hat{i}_t^h + \hat{k}_t^h}$$

得出：$1 + \hat{k}_{t+1}^h = 1 + \hat{k}_t^h - \delta(1 + 2\hat{k}_t^h) + \delta(1 + \hat{i}_t^h + \hat{k}_t^h)$

进一步整理得出：

$$\hat{k}_{t+1}^h = \hat{k}_t^h + \delta(\hat{i}_t^h - \hat{k}_t^h)$$

正文(4.15)式的对数线性化(Uhlig)过程为：

$$R_t \Lambda_{t,t+1} \frac{P_t}{P_{t+1}} = 1 \Rightarrow R_t \Lambda_{t,t+1} = \frac{P_{t+1}}{P_t}$$

$$\Rightarrow (\tilde{C}_t^h)^\sigma = \beta^{-1} R_t^{-1} (\tilde{C}_{t+1}^h)^\sigma \frac{(1+\tau_{t+1}^{ch})}{(1+\tau_t^{ch})} \frac{P_{t+1}}{P_t}$$

$$\Rightarrow (\overline{\tilde{C}}^h)^\sigma e^{\sigma \hat{c}_t^h} = \beta^{-1} \overline{R}^{-1} e^{-\hat{r}_t} (\overline{\tilde{C}}^h)^\sigma e^{\sigma \hat{c}_{t+1}^h} e^{\hat{\Xi}_{t+1}^{ch} - \hat{\Xi}_t^{ch}} e^{\hat{p}_{t+1} - \hat{p}_t}$$

$$\Rightarrow \overline{C}^h e^{\hat{c}_t^h} = \beta^{-1} \overline{R}^{-1} e^{-\hat{r}_t} \overline{C}^h e^{\hat{c}_{t+1}^h} e^{\hat{\Xi}_{t+1}^{ch} - \hat{\Xi}_t^{ch}} e^{\ln P_{t+1} - \ln P_t}$$

$$\Rightarrow e^{\hat{c}_t^h} = e^{-\hat{r}_t + \hat{c}_{t+1}^h + \hat{\Xi}_{t+1}^{ch} - \hat{\Xi}_t^{ch} + \pi_{t+1}}$$

整理后的线性化结果即为新凯恩斯主义动态 IS 曲线(DIS)：

$$\hat{\tilde{c}}_t^h = E_t\{\hat{\tilde{c}}_{t+1}^h\} + E_t\{\pi_{t+1}\} + \hat{\Xi}_{t+1}^{ch} - \hat{\Xi}_t^{ch} - \hat{r}_t$$

上式中的希腊字母符号 Ξ 是用于将各类税基折算为税后值的比例系数，同时也是税收负担水平的体现，其与各类税收的税率之间的关系为：

$$\Xi_t^{ci} = (1+\tau_t^{ci}); \quad i \in \{h,s\}$$

$$\Xi_t^{ki} = (1-\tau_t^{ki}); \quad i \in \{h,s\}$$

$$\Xi_t^{wi} = (1-\tau_t^{wi}); \quad i \in \{h,s\}$$

那么，对于相对富裕家庭和相对贫困家庭来说，上述各系数与税率之间关系式的对数线性化推导过程为：

①相对富裕家庭消费税：

$$\Xi_t^{ch} = (1+\tau_t^{ch})$$

$$\Rightarrow \overline{\Xi}^{ch} e^{\hat{\Xi}_t^{ch}} = 1 + \overline{\tau}^{ch} e^{\hat{\tau}_t^{ch}}$$

$$\Rightarrow \overline{\Xi}^{ch}(1+\hat{\Xi}_t^{ch}) = 1 + \overline{\tau}^{ch}(1+\hat{\tau}_t^{ch})$$

$$\Rightarrow \hat{\Xi}_t^{ch} = \frac{\overline{\tau}^{ch}}{\overline{\Xi}^{ch}} \hat{\tau}_t^{ch}$$

$$\Rightarrow \hat{\Xi}_t^{ch} = \frac{\overline{\tau}^{ch}}{(1+\overline{\tau}^{ch})} \hat{\tau}_t^{ch}$$

②相对贫困家庭消费税：

附录 4A 相对富裕家庭一阶优化条件的推导及线性化过程

$$\Xi_t^{cs} = (1 + \bar{\tau}_t^{cs})$$

$$\Rightarrow \overline{\Xi}^{cs} e^{\hat{\Xi}_t^{cs}} = 1 + \bar{\tau}^{cs} e^{\hat{\tau}_t^{cs}}$$

$$\Rightarrow \overline{\Xi}^{cs}(1 + \hat{\Xi}_t^{cs}) = 1 + \bar{\tau}^{cs}(1 + \hat{\tau}_t^{cs})$$

$$\Rightarrow \hat{\Xi}_t^{cs} = \frac{\bar{\tau}^{cs}}{\overline{\Xi}^{cs}} \hat{\tau}_t^{cs}$$

$$\Rightarrow \hat{\Xi}_t^{cs} = \frac{\bar{\tau}^{cs}}{(1 + \bar{\tau}^{cs})} \hat{\tau}_t^{cs}$$

③相对富裕家庭工薪收入税：

$$\Xi_t^{wh} = (1 - \tau_t^{wh})$$

$$\Rightarrow \overline{\Xi}^{wh} e^{\hat{\Xi}_t^{wh}} = 1 - \bar{\tau}^{wh} e^{\hat{\tau}_t^{wh}}$$

$$\Rightarrow \overline{\Xi}^{wh}(1 + \hat{\Xi}_t^{wh}) = 1 - \bar{\tau}^{wh}(1 + \hat{\tau}_t^{wh})$$

$$\Rightarrow \hat{\Xi}_t^{wh} = -\frac{\bar{\tau}^{wh}}{\overline{\Xi}^{wh}} \hat{\tau}_t^{wh}$$

$$\Rightarrow \hat{\Xi}_t^{wh} = -\frac{\bar{\tau}^{wh}}{(1 - \bar{\tau}^{wh})} \hat{\tau}_t^{wh}$$

④相对富裕家庭资产收入税：

$$\Xi_t^{kh} = (1 - \tau_t^{kh})$$

$$\Rightarrow \overline{\Xi}^{kh} e^{\hat{\Xi}_t^{kh}} = 1 - \bar{\tau}^{kh} e^{\hat{\tau}_t^{kh}}$$

$$\Rightarrow \overline{\Xi}^{kh}(1 + \hat{\Xi}_t^{kh}) = 1 - \bar{\tau}^{kh}(1 + \hat{\tau}_t^{kh})$$

$$\Rightarrow \hat{\Xi}_t^{kh} = -\frac{\bar{\tau}^{kh}}{\overline{\Xi}^{kh}} \hat{\tau}_t^{kh}$$

$$\Rightarrow \hat{\Xi}_t^{kh} = -\frac{\bar{\tau}^{kh}}{(1 - \bar{\tau}^{kh})} \hat{\tau}_t^{kh}$$

⑤相对贫困家庭工薪收入税：

$$\Xi_t^{ws} = (1 - \tau_t^{ws})$$

$$\Rightarrow \overline{\Xi}^{ws} e^{\hat{\Xi}_t^{ws}} = 1 - \bar{\tau}^{ws} e^{\hat{\tau}_t^{ws}}$$

$$\Rightarrow \overline{\Xi}^{ws}(1+\hat{\Xi}_t^{ws}) = 1 - \overline{\tau}^{ws}(1+\hat{\tau}_t^{ws})$$

$$\Rightarrow \hat{\Xi}_t^{ws} = -\frac{\overline{\tau}^{ws}}{\overline{\Xi}^{ws}}\hat{\tau}_t^{ws}$$

$$\Rightarrow \hat{\Xi}_t^{ws} = -\frac{\overline{\tau}^{ws}}{(1-\overline{\tau}^{ws})}\hat{\tau}_t^{ws}$$

利用上述方程重新表示税负后,新凯恩斯主义动态 IS 曲线又可整理为:

$$\hat{\tilde{c}}_t^h = E_t\{\hat{\tilde{c}}_{t+1}^h\} + E_t\{\pi_{t+1}\} + \frac{\overline{\tau}^{ch}}{(1+\overline{\tau}^{ch})}(\hat{t}_{t+1}^{ch} - \hat{t}_t^{ch}) - \hat{r}_t$$

(4.16)式的对数线性化推导过程为,首先,计算出物质资本调整函数一阶导数的-1次方的一阶泰勒展开结果:

$$\left[\phi'\left(\frac{I_t^h}{K_t^h}\right)\right]^{-1} \approx \left\{\begin{array}{l}\left[\phi'\left(\frac{\overline{I}^h}{\overline{K}^h}\right)\right]^{-1} - \left[\phi'\left(\frac{\overline{I}^h}{\overline{K}^h}\right)\right]^{-2}\phi''\left(\frac{\overline{I}^h}{\overline{K}^h}\right)\frac{1}{\overline{K}^h}(I_t^h - \overline{I}^h) \\ + \left[\phi'\left(\frac{\overline{I}^h}{\overline{K}^h}\right)\right]^{-2}\phi''\left(\frac{\overline{I}^h}{\overline{K}^h}\right)\frac{\overline{I}^h}{(\overline{K}^h)^2}(K_t^h - \overline{K}^h)\end{array}\right\}$$

前文中,第 3 章曾推得以下关系式(公式 3.10):

$$Q_t = \left[\phi'\left(\frac{I_t}{K_t}\right)\right]^{-1}$$

代入上式后得到:

$$Q_t = \left\{\begin{array}{l}\left[\phi'\left(\frac{\overline{I}^h}{\overline{K}^h}\right)\right]^{-1} - \left[\phi'\left(\frac{\overline{I}^h}{\overline{K}^h}\right)\right]^{-2}\phi''\left(\frac{\overline{I}^h}{\overline{K}^h}\right)\frac{1}{\overline{K}^h}(I_t^h - \overline{I}^h) \\ + \left[\phi'\left(\frac{\overline{I}^h}{\overline{K}^h}\right)\right]^{-2}\phi''\left(\frac{\overline{I}^h}{\overline{K}^h}\right)\frac{\overline{I}^h}{(\overline{K}^h)^2}(K_t^h - \overline{K}^h)\end{array}\right\}$$

$$\Rightarrow Q_t = \left\{\begin{array}{l}1 + \eta^{-1}(\overline{I}^h)^{-1}(I_t^h - \overline{I}^h) \\ -\eta^{-1}(\overline{K}^h)^{-1}(K_t^h - \overline{K}^h)\end{array}\right\} \Rightarrow Q_t = \left\{\begin{array}{l}1 + \eta^{-1}(\overline{I}^h)^{-1}I_t^h \\ -\eta^{-1}(\overline{K}^h)^{-1}K_t^h\end{array}\right\}$$

(4a.1)

上式中的 η 为投资-资本比率弹性系数,其定义为:

$$\eta = [-\phi''(\delta)\delta]^{-1}$$

也即 $\eta = \left[-\phi''\left(\dfrac{\bar{I}^h}{\bar{K}^h}\right)\dfrac{\bar{I}^h}{\bar{K}^h}\right]^{-1}$。

(4a.1)式的 Uhlig 线性化处理过程为：

$$\bar{Q}e^{\hat{q}_t} = 1 + \eta^{-1}e^{\hat{i}_t^h} - \eta^{-1}e^{\hat{k}_t^h}$$
$$\Rightarrow \bar{Q}(1 + \hat{q}_t) = 1 + \eta^{-1}\hat{i}_t^h - \eta^{-1}\hat{k}_t^h$$

整理得出：

$$\hat{q}_t = \eta^{-1}(\hat{i}_t^h - \hat{k}_t^h) \tag{4a.2}$$

(4.17)式的对数线性化推导过程为：首先，得出物质资本调整成本函数的一阶泰勒展开式：

$$\phi\left(\dfrac{I_t^h}{K_t^h}\right) \approx \phi\left(\dfrac{\bar{I}^h}{\bar{K}^h}\right) + \phi'\left(\dfrac{\bar{I}^h}{\bar{K}^h}\right)\dfrac{1}{\bar{K}^h}(I_t^h - \bar{I}^h) - \phi'\left(\dfrac{\bar{I}^h}{\bar{K}^h}\right)\dfrac{\bar{I}^h}{(\bar{K}^h)^2}(K_t^h - \bar{K}^h)$$

$$\Rightarrow \phi\left(\dfrac{I_t^h}{K_t^h}\right) \approx \delta + \dfrac{I_t^h}{\bar{K}^h} - \dfrac{\bar{I}^h}{\bar{K}^h} - \dfrac{\bar{I}^h K_t^h}{(\bar{K}^h)^2} + \dfrac{\bar{I}^h}{\bar{K}^h}$$

$$\Rightarrow \phi\left(\dfrac{I_t^h}{K_t^h}\right) \approx \delta + \dfrac{I_t^h}{\bar{K}^h} - \delta - \delta\dfrac{K_t^h}{\bar{K}^h} + \delta$$

$$\Rightarrow \phi\left(\dfrac{I_t^h}{K_t^h}\right) \approx \delta + \dfrac{I_t^h}{\bar{K}^h} - \delta\dfrac{K_t^h}{\bar{K}^h}$$

将上式代入(4.17)式中，同时也将(4.15)式代入，得到：

$$\Lambda_{t,t+1}^{-1}Q_t = (1-\tau_t^{kh})R_{t+1}^k + Q_{t+1}\left[1 - \delta + \phi\left(\dfrac{I_{t+1}^h}{K_{t+1}^h}\right) - \phi'\left(\dfrac{I_{t+1}^h}{K_{t+1}^h}\right)\dfrac{I_{t+1}^h}{K_{t+1}^h}\right]$$

$$\Rightarrow R_t\left(\dfrac{P_t}{P_{t+1}}\right)Q_t$$

$$= (1-\tau_t^{kh})R_{t+1}^k + (1-\delta)Q_{t+1} + \left[\delta + \dfrac{I_{t+1}^h}{\bar{K}^h} - \delta\dfrac{K_{t+1}^h}{\bar{K}^h}\right]Q_t - \dfrac{I_{t+1}^h}{K_{t+1}^h}$$

$$\Rightarrow R_t\left(\dfrac{P_t}{P_{t+1}}\right)Q_t = (1-\tau_t^{kh})R_{t+1}^k + Q_{t+1} + \left[\dfrac{I_{t+1}^h}{\bar{K}^h}Q_{t+1} - \delta\dfrac{K_{t+1}^h}{\bar{K}^h}Q_{t+1}\right] - \dfrac{I_{t+1}^h}{K_{t+1}^h}$$

尝试对上式进行 Uhlig 线性化，可得出：

$$\overline{R}e^{\hat{r}_t}e^{-(\hat{p}_{t+1}-\hat{p}_t)}\overline{Q}e^{\hat{q}_t} = \overline{\Xi}^{kh}e^{\hat{\Xi}^{kh}_{t+1}}\overline{R}^k e^{\hat{r}^k_{t+1}} + \overline{Q}e^{\hat{q}_{t+1}} + \frac{\overline{I}^h}{\overline{K}^h}\overline{Q}e^{\hat{i}^h_{t+1}+\hat{q}_{t+1}} - \delta\frac{\overline{K}^h}{\overline{K}^h}\overline{Q}e^{\hat{k}^h_{t+1}+\hat{q}_{t+1}} - \frac{\overline{I}^h}{\overline{K}^h}e^{\hat{i}^h_{t+1}-\hat{k}^h_{t+1}}$$

(4a.3)

通过模型稳态可知，稳态下 Q_t 的值为：

$$\overline{Q} = \left[\phi'\left(\frac{\overline{I}^h}{\overline{K}^h}\right)\right]^{-1} = 1$$

稳态下的资本收益率 R^k_t 等于：

$$\overline{Q} = \overline{\Lambda}\left\{(1-\overline{\tau}^{kh})\overline{R}^k + \overline{Q}\left[1-\delta+\phi\left(\frac{\overline{I}^h}{\overline{K}^h}\right) - \phi'\left(\frac{\overline{I}^h}{\overline{K}^h}\right)\frac{\overline{I}^h}{\overline{K}^h}\right]\right\}$$

$$\Rightarrow 1 = \beta[\overline{\Xi}^{kh}\overline{R}^k + (1-\delta)]$$

$$\Rightarrow \overline{R}^k = (\overline{\Xi}^{kh})^{-1}[\beta^{-1} - (1-\delta)]$$

将 Q_t 和 R^k_t 的稳态计算结果代入到线性化计算式(4a.3)中，并作进一步变换后可得：

$$\beta^{-1}(1+\hat{r}_t - E_t\{\pi_{t+1}\} + \hat{q}_t) = \begin{Bmatrix} [\beta^{-1}-(1-\delta)](1+\hat{\overline{\Xi}}^{kh}_{t+1}+E_t\{\hat{r}^k_{t+1}\}) \\ +(1+E_t\{\hat{q}_{t+1}\}) - \delta(1+E_t\{\hat{k}^h_{t+1}\}+E_t\{\hat{q}_{t+1}\}) \\ -\delta(1+E_t\{\hat{i}^h_{t+1}\}-E_t\{\hat{k}^h_{t+1}\}) + \delta(1+E_t\{\hat{i}^h_{t+1}\}+E_t\{\hat{q}_{t+1}\}) \end{Bmatrix}$$

$$\Rightarrow \beta^{-1}(1+\hat{r}_t - E_t\{\pi_{t+1}\} + \hat{q}_t)$$

$$= \begin{Bmatrix} [\beta^{-1}-(1-\delta)](1+\hat{\overline{\Xi}}^{kh}_{t+1}+E_t\{\hat{r}^k_{t+1}\}) \\ +(1-\delta)+E_t\{\hat{q}_{t+1}\} \end{Bmatrix}$$

$$\Rightarrow 1+\hat{r}_t - E_t\{\pi_{t+1}\} + \hat{q}_t$$

$$= [1-\beta(1-\delta)](1+\hat{\overline{\Xi}}^{kh}_{t+1}+E_t\{\hat{r}^k_{t+1}\}) + \beta(1-\delta) + \beta E_t\{\hat{q}_{t+1}\}$$

$$\Rightarrow 1+\hat{r}_t - E_t\{\pi_{t+1}\} + \hat{q}_t$$

附录4A 相对富裕家庭一阶优化条件的推导及线性化过程

$$= \begin{cases} [1-\beta(1-\delta)]+[1-\beta(1-\delta)](\hat{\Xi}_{t+1}^{kh}+E_t\{\hat{r}_{t+1}^{k}\}) \\ +\beta(1-\delta)+\beta E_t\{\hat{q}_{t+1}\} \end{cases}$$

$$\Rightarrow \hat{r}_t - E_t\{\pi_{t+1}\} + \hat{q}_t$$

$$= [1-\beta(1-\delta)]\left(-\frac{\overline{\tau}^{kh}}{(1-\overline{\tau}^{kh})}\hat{\tau}_{t+1}^{kh}+E_t\{\hat{r}_{t+1}^{k}\}\right)+\beta(1-\delta)+$$

$$\beta E_t\{\hat{q}_{t+1}\}$$

最终，整理得出：

$$\hat{q}_t = [1-\beta(1-\delta)]\left(-\frac{\overline{\tau}^{kh}}{(1-\overline{\tau}^{kh})}\hat{\tau}_{t+1}^{kh}+E_t\{\hat{r}_{t+1}^{k}\}\right)+\beta E_t\{\hat{q}_{t+1}\}-\hat{r}_t+E_t\{\pi_{t+1}\}。$$

附录 4B 从最优工资决定条件到 NKWPC 曲线的推导过程

设服从第 i 类劳动者利益最大化诉求的最优工资设定一阶条件为：

$$\sum_{k=0}^{\infty}(\beta\theta_w^i)^k E_t\left\{\left(\frac{N_{t+k|t}^i}{C_{t+k}^i}\right)\left[\begin{array}{c}(1-\tau_{t+k}^{wi})\left(\dfrac{W_t^{i*}}{P_{t+k}}\right)\\-\mu_w^i(1+\tau_{t+k}^{ci})MRS_{t+k|t}^i\end{array}\right]\right\}=0,\ \mu_w^i=\frac{\varepsilon_w^i}{(\varepsilon_w^i-1)};$$

$i\in\{h,s\}$

首先将上式分拆至等号两侧：

$$\sum_{k=0}^{\infty}(\beta\theta_w^i)^k E_t\left\{\left(\frac{N_{t+k|t}^i}{C_{t+k}^i}\right)\left[(1-\tau_{t+k}^{wi})\left(\frac{W_t^{i*}}{P_{t+k}}\right)-\mu_w^i(1+\tau_{t+k}^{ci})MRS_{t+k|t}^i\right]\right\}=0$$

$$\Rightarrow\sum_{k=0}^{\infty}(\beta\theta_w^i)^k E_t\left\{\Xi_t^{wi}\left(\frac{N_{t+k|t}^i}{C_{t+k}^i}\right)\left(\frac{W_t^{i*}}{P_{t+k}}\right)\right\}=\sum_{k=0}^{\infty}(\beta\theta_w^i)^k E_t\left\{\left(\frac{N_{t+k|t}^i}{C_{t+k}^i}\right)\mu_w^i\Xi_t^{ci}MRS_{t+k|t}^i\right\}$$

再对上式等号两侧分别按 Uhlig 方法进行对数线性化：

$$\sum_{k=0}^{\infty}(\beta\theta_w^i)^k \overline{\Xi}^{wi}\left(\frac{\overline{N^i}}{\overline{C^i}}\right)\left(\frac{\overline{W^i}}{\overline{P}}\right)e^{\hat{\Xi}_{t+k}^{wi}+\hat{n}_{t+k|t}^i+\hat{w}_t^{i*}-\hat{c}_{t+k}^i-\hat{p}_{t+k}}$$

$$=\sum_{k=0}^{\infty}(\beta\theta_w^i)^k \overline{\Xi}^{ci}\left(\frac{\overline{N^i}}{\overline{C^i}}\right)\mu_w^i\overline{MRS}^i e^{\Xi_{t+k}^{ci}+\hat{n}_{t+k|t}^i+\hat{c}_{t+k}^i+mrs_{t+k|t}^i}$$

从上面的步骤中可见，在稳态下有：

$$\sum_{k=0}^{\infty}(\beta\theta_w^i)^k \overline{\Xi}^{wi}\left(\frac{\overline{N^i}}{\overline{C^i}}\right)\left(\frac{\overline{W^i}}{\overline{P}}\right)=\sum_{k=0}^{\infty}(\beta\theta_w^i)^k \overline{\Xi}^{ci}\left(\frac{\overline{N^i}}{\overline{C^i}}\right)\mu_w^i\overline{MRS}^i$$

$$\Rightarrow\sum_{k=0}^{\infty}(\beta\theta_w^i)^k \overline{\Xi}^{wi}\left(\frac{\overline{W^i}}{\overline{P}}\right)$$

$$=\sum_{k=0}^{\infty}(\beta\theta_w^i)^k \overline{\Xi}^{ci}\mu_w^i\overline{MRS}^i$$

$$\Rightarrow\overline{\Xi}^{ci}\overline{MRS}^i$$

附录 4B 从最优工资决定条件到 NKWPC 曲线的推导过程

$$= \overline{\Xi}^{wi} \frac{1}{\mu_w^i} \left(\frac{\overline{W^i}}{\overline{P}} \right)$$

将上述稳态推导结果代入前面的方程中，可得：

$$\sum_{k=0}^{\infty} (\beta\theta_w^i)^k e^{\hat{\overline{\Xi}}_{t+k}^{wi} + \hat{n}_{t+k|t}^i + \hat{w}_t^{i*} - \hat{c}_{t+k}^i - \hat{p}_{t+k}} = \sum_{k=0}^{\infty} (\beta\theta_w^i)^k e^{\hat{\overline{\Xi}}_{t+k}^{ci} + \hat{n}_{t+k|t}^i - \hat{c}_{t+k}^i + mrs_{t+k|t}^i}$$

$$\Rightarrow \sum_{k=0}^{\infty} (\beta\theta_w^i)^k (1 + \hat{\overline{\Xi}}_{t+k}^{wi} + \hat{n}_{t+k|t}^i + \hat{w}_t^{i*} - \hat{c}_{t+k}^i - \hat{p}_{t+k})$$

$$= \sum_{k=0}^{\infty} (\beta\theta_w^i)^k (1 + \hat{\overline{\Xi}}_{t+k}^{ci} + \hat{n}_{t+k|t}^i - \hat{c}_{t+k}^i + mrs_{t+k|t}^i)$$

$$\Rightarrow \sum_{k=0}^{\infty} (\beta\theta_w^i)^k (\hat{\overline{\Xi}}_{t+k}^{wi} + \hat{w}_t^{i*} - \hat{p}_{t+k}) = \sum_{k=0}^{\infty} (\beta\theta_w^i)^k (\hat{\overline{\Xi}}_{t+k}^{ci} + mrs_{t+k|t}^i)$$

不难看出，此时上式等号左侧累加式中的 $\hat{w}_t^{i*}$ 在每阶都是同一个值，所以上式又可变为：

$$(1 - \beta\theta_w^i)^{-1} \hat{w}_t^{i*} = \sum_{k=0}^{\infty} (\beta\theta_w^i)^k (mrs_{t+k|t}^i + \hat{p}_{t+k} - \hat{\overline{\Xi}}_{t+k}^{wi} + \hat{\overline{\Xi}}_{t+k}^{ci})$$

$$\Rightarrow \hat{w}_t^{i*}$$

$$= (1 - \beta\theta_w^i) \sum_{k=0}^{\infty} (\beta\theta_w^i)^k (mrs_{t+k|t}^i + \hat{p}_{t+k} - \hat{\overline{\Xi}}_{t+k}^{wi} + \hat{\overline{\Xi}}_{t+k}^{ci})$$

(4b.1)

同时，对前述的工资调整 Calvo 规则，可以从其线性化推导中得出：

$$W_t^{pi} = [\theta_w^i (W_{t-1}^{pi})^{(1-\varepsilon_w^i)} + (1 - \theta_w^i)(W_t^{i*})^{(1-\varepsilon_w^i)}]^{1/(1-\varepsilon_w^i)}$$

$$\Rightarrow (W_t^{pi})^{(1-\varepsilon_w^i)}$$

$$= \theta_w^i (W_{t-1}^{pi})^{(1-\varepsilon_w^i)} + (1 - \theta_w^i)(W_t^{i*})^{(1-\varepsilon_w^i)}$$

$$\Rightarrow (\overline{W}^{pi})^{(1-\varepsilon_w^i)} e^{(1-\varepsilon_w^i)\hat{w}_t^{pi}}$$

$$= \theta_w^i (\overline{W}^{pi})^{(1-\varepsilon_w^i)} e^{(1-\varepsilon_w^i)\hat{w}_{t-1}^{pi}} + (1 - \theta_w^i)(\overline{W}^i)^{(1-\varepsilon_w^i)} e^{(1-\varepsilon_w^i)\hat{w}_t^i}$$

$$\Rightarrow e^{(1-\varepsilon_w^i)\hat{w}_t^{pi}} = \theta_w^i e^{(1-\varepsilon_w^i)\hat{w}_{t-1}^{pi}} + (1 - \theta_w^i) e^{(1-\varepsilon_w^i)\hat{w}_t^i}$$

$$\Rightarrow 1 + (1 - \varepsilon_w^i) \hat{w}_t^{pi}$$

$$= \theta_w^i [1 + (1 - \varepsilon_w^i) \hat{w}_{t-1}^{pi}] + (1 - \theta_w^i)[1 + (1 - \varepsilon_w^i) \hat{w}_t^{i*}]$$

$$\Rightarrow (1 - \varepsilon_w^i) \hat{w}_t^{pi} = \theta_w^i (1 - \varepsilon_w^i) \hat{w}_{t-1}^{pi} + (1 - \theta_w^i)(1 - \varepsilon_w^i) \hat{w}_t^{i*}$$

上式可进一步整理为：

$$\hat{w}_t^{pi} = (1-\theta_w^i)\hat{w}_t^{i*} - (1-\theta_w^i)\hat{w}_{t-1}^{pi} + \hat{w}_{t-1}^{pi}$$

$$\Rightarrow \hat{w}_t^{pi} - \hat{w}_{t-1}^{pi} = (1-\theta_w^i)(\hat{w}_t^{i*} - \hat{w}_{t-1}^{pi}) \tag{4b.2}$$

$$\Rightarrow \pi_t^{wi} = (1-\theta_w^i)(\hat{w}_t^{i*} - \hat{w}_{t-1}^{pi})$$

上面的 π_t^{wi} 为各类劳动力的名义工资膨胀率。

此外，根据劳动力使用者的成本最小化条件可知（Galí，2011），如果第 i 类劳动力工资水平在第 t 期调整为最优水平并保持至 $t+k$ 期，那么第 $t+k$ 期的第 i 类劳动力需求也随之调整为：

$$N_{t+k|t}^i = \left(\frac{W_t^{i*}}{W_{t+k}^{pi}}\right)^{-\varepsilon_w^i} \int_0^1 N_{t+k}^i(j)\,dj \tag{4b.3}$$

(4b.3)式的对数线性化过程为：

$$N_{t+k|t}^i = \left(\frac{W_t^{i*}}{W_{t+k}^{pi}}\right)^{-\varepsilon_w^i} \int_0^1 N_{t+k}^i(j)\,dj$$

$$\Rightarrow N_{t+k|t}^i = \left(\frac{W_t^{i*}}{W_{t+k}^{pi}}\right)^{-\varepsilon_w^i} N_{t+k}^i$$

$$\Rightarrow \overline{N^i} e^{\hat{n}_{t+k|t}^i} = \left(\frac{\overline{W^{i*}}}{\overline{W^{pi}}}\right)^{-\varepsilon_w^i} N_{t+k}^i e^{-\varepsilon_w^i(\hat{x}_t^{i*} - \hat{w}_{t+k}^{pi}) + \hat{n}_{t+k}^i}$$

$$\Rightarrow e^{\hat{n}_{t+k|t}^i} = e^{-\varepsilon_w^i(\hat{x}_t^{i*} - \hat{w}_{t+k}^{pi}) + \hat{n}_{t+k}^i}$$

最终得出如下关系式

$$\hat{n}_{t+k|t}^i - \hat{n}_{t+k}^i = -\varepsilon_w^i(\hat{w}_t^{i*} - \hat{w}_{t+k}^{pi}) \tag{4b.4}$$

而第 i 类劳动者的边际替代率为：

$$MRS_t^i = S_t^{ni}(\widetilde{C}_t^i)^\sigma (N_t^i)^\varphi$$

那么如果第 i 类劳动力工资水平在第 t 期调整为最优水平并保持至 $t+k$ 期，其边际替代率也相应地得到如下调整：

$$MRS_{t+k|t}^i = MRS_{t+k}^i \left(\frac{N_{t+k|t}^i}{N_{t+k}^i}\right)^\varphi$$

上式的 Uhlig 对数线性化过程为：

$$MRS_{t+k|t}^i = MRS_{t+k}^i \left(\frac{N_{t+k|t}^i}{N_{t+k}^i}\right)^\varphi$$

$$\Rightarrow \overline{MRS^i} e^{mrs_{t+k|t}^i} = \overline{MRS^i} \frac{\overline{N^\varphi}}{\overline{N^\varphi}} e^{\overline{mrs}_{t+k}^i + \varphi(\hat{n}_{t+k|t}^i - \hat{n}_{t+k}^i)}$$

$$\Rightarrow e^{mrs_{t+k|t}^i} = e^{mrs_{t+k}^i + \varphi(\hat{n}_{t+k|t}^i - \hat{n}_{t+k}^i)}$$

最终得到下面的关系式：

$$mrs_{t+k|t}^i = mrs_{t+k}^i + \varphi(\hat{n}_{t+k|t}^i - \hat{n}_{t+k}^i)$$

而根据前面得出的(4b.4)式，上式又可变为：

$$mrs_{t+k|t}^i = mrs_{t+k}^i - \varphi \varepsilon_w^i (\hat{w}_t^{i*} - \hat{w}_{t+k}^{pi}) \tag{4b.5}$$

接下来，将(4b.5)式代回(4b.1)式

$$\hat{w}_t^{i*} = (1 - \beta\theta_w^i) \sum_{k=0}^\infty (\beta\theta_w^i)^k (mrs_{t+k|t}^i + \hat{p}_{t+k} - \hat{\Xi}_{t+k}^{wi} + \hat{\Xi}_{t+k}^{ci})$$

$$\Rightarrow \hat{w}_t^{i*}$$

$$= (1 - \beta\theta_w^i) \sum_{k=0}^\infty (\beta\theta_w^i)^k [mrs_{t+k}^i - \varphi\varepsilon_w^i(\hat{w}_t^{i*} - \hat{w}_{t+k}^{pi}) + \hat{p}_{t+k} - \hat{\Xi}_{t+k}^{wi} + \hat{\Xi}_{t+k}^{ci}]$$

$$\Rightarrow \hat{w}_t^{i*}$$

$$= \begin{cases} (1 - \beta\theta_w^i)[mrs_t^i - \varphi\varepsilon_w^i(\hat{w}_t^{i*} - \hat{w}_t^{pi}) + \hat{p}_t - \hat{\Xi}_t^{wi} + \hat{\Xi}_t^{ci}] \\ + (1 - \beta\theta_w^i) \sum_{k=0}^\infty (\beta\theta_w^i)^{k+1} \begin{bmatrix} mrs_{t+k+1}^i - \varphi\varepsilon_w^i(\hat{w}_{t+1}^{i*} - \hat{w}_{t+k+1}^{pi}) + \hat{p}_{t+k+1} \\ + \varphi\varepsilon_w^i(\hat{w}_{t+1}^{i*} - \hat{w}_t^{i*}) - \hat{\Xi}_{t+k+1}^{wi} + \hat{\Xi}_{t+k+1}^{ci} \end{bmatrix} \end{cases}$$

根据(4b.1)所表达的含义，可以对上式做如下变换：

$$\hat{w}_t^{i*} = \begin{cases} (1 - \beta\theta_w^i)[mrs_t^i - \varphi\varepsilon_w^i(\hat{w}_t^{i*} - \hat{w}_t^{pi}) + \hat{p}_t - \hat{\Xi}_t^{wi} + \hat{\Xi}_t^{ci}] \\ + (1 - \beta\theta_w^i) \sum_{k=0}^\infty (\beta\theta_w^i)^{k+1} \begin{bmatrix} mrs_{t+k+1}^i - \varphi\varepsilon_w^i(\hat{w}_{t+1}^{i*} - \hat{w}_{t+k+1}^{pi}) + \hat{p}_{t+k+1} \\ + \varphi\varepsilon_w^i(\hat{w}_{t+1}^{i*} - \hat{w}_t^{i*}) - \hat{\Xi}_{t+k+1}^{wi} + \hat{\Xi}_{t+k+1}^{ci} \end{bmatrix} \end{cases}$$

$$\Rightarrow \hat{w}_t^{i*} = \begin{cases} (1-\beta\theta_w^i)[mrs_t^i - \varphi\varepsilon_w^i(\hat{w}_t^{i*} - \hat{w}_t^{pi}) + \hat{p}_t - \hat{\Xi}_t^{wi} + \hat{\Xi}_t^{ci}] \\ + \beta\theta_w^i \hat{w}_{t+1}^{i*} + (1-\beta\theta_w^i)\sum_{k=0}^{\infty}(\beta\theta_w^i)^{k+1}\varphi\varepsilon_w^i(\hat{w}_{t+1}^{i*} - \hat{w}_t^{i*}) \end{cases}$$

$$\Rightarrow \hat{w}_t^{i*} = \begin{cases} (1-\beta\theta_w^i)[\overline{mrs_t^i - \varphi\varepsilon_w^i}(\hat{w}_t^{i*} - \hat{w}_t^{pi}) + \hat{p}_t - \hat{\Xi}_t^{wi} + \hat{\Xi}_t^{ci}] \\ + \beta\theta_w^i \hat{w}_{t+1}^{i*} + (1-\beta\theta_w^i)(1-\beta\theta_w^i)^{-1}\varphi\varepsilon_w^i\beta\theta_w^i(\hat{w}_{t+1}^{i*} - \hat{w}_t^{i*}) \end{cases}$$

$$\Rightarrow \hat{w}_t^{i*} + (1-\beta\theta_w^i)\varphi\varepsilon_w^i\hat{w}_t^{i*} = \begin{cases} (1-\beta\theta_w^i)[\overline{mrs_t^i + \varphi\varepsilon_w^i\hat{w}_t^{pi}} + \hat{p}_t - \hat{\Xi}_t^{wi} + \hat{\Xi}_t^{ci}] \\ + \beta\theta_w^i \hat{w}_{t+1}^{i*} + \varphi\varepsilon_w^i\beta\theta_w^i(\hat{w}_{t+1}^{i*} - \hat{w}_t^{i*}) \end{cases}$$

对以上推导结果进行进一步整理、化简：

$$\hat{w}_t^{i*} + (1-\beta\theta_w^i)\varphi\varepsilon_w^i\hat{w}_t^{i*} = \begin{cases} (1-\beta\theta_w^i)[mrs_t^i + \varphi\varepsilon_w^i\hat{w}_t^{pi} + \hat{p}_t - \hat{\Xi}_t^{wi} + \hat{\Xi}_t^{ci}] \\ + \beta\theta_w^i \hat{w}_{t+1}^{i*} + \varphi\varepsilon_w^i\beta\theta_w^i(\hat{w}_{t+1}^{i*} - \hat{w}_t^{i*}) \end{cases}$$

$$\Rightarrow \hat{w}_t^{i*} + (1-\beta\theta_w^i)\varphi\varepsilon_w^i\hat{w}_t^{i*}$$

$$= \begin{cases} (1-\beta\theta_w^i)[mrs_t^i + \hat{p}_t - \hat{\Xi}_t^{wi} + \hat{\Xi}_t^{ci}] + (1-\beta\theta_w^i)\varphi\varepsilon_w^i\hat{w}_t^{pi} \\ + \beta\theta_w^i(1+\varphi\varepsilon_w^i)\hat{w}_{t+1}^{i*} - \beta\theta_w^i\varphi\varepsilon_w^i\hat{w}_t^{i*} \end{cases}$$

$$\Rightarrow \hat{w}_t^{i*} + \varphi\varepsilon_w^i\hat{w}_t^{i*}$$

$$= \begin{cases} (1-\beta\theta_w^i)[\overline{mrs_t^i + \hat{p}_t} - \hat{\Xi}_t^{wi} + \hat{\Xi}_t^{ci}] + (1-\beta\theta_w^i)\varphi\varepsilon_w^i\hat{w}_t^{pi} \\ + \beta\theta_w^i(1+\varphi\varepsilon_w^i)\hat{w}_{t+1}^{i*} \end{cases}$$

$$\Rightarrow \hat{w}_t^{i*} + \varphi\varepsilon_w^i\hat{w}_t^{i*}$$

$$= \begin{cases} (1-\beta\theta_w^i)[\overline{mrs_t^i - \hat{w}_t^{pi}} + \hat{p}_t - \hat{\Xi}_t^{wi} + \hat{\Xi}_t^{ci}] + (1-\beta\theta_w^i)\varphi\varepsilon_w^i\hat{w}_t^{pi} \\ + (1-\beta\theta_w^i)\hat{w}_t^{pi} + \beta\theta_w^i(1+\varphi\varepsilon_w^i)\hat{w}_{t+1}^{i*} \end{cases}$$

$$\Rightarrow \hat{w}_t^{i*} + \varphi\varepsilon_w^i\hat{w}_t^{i*}$$

附录4B 从最优工资决定条件到NKWPC曲线的推导过程

$$= \left\{ \begin{array}{l} (1-\beta\theta_w^i)[\widetilde{mrs_t^i - \hat{w}_t^{pi}} + \hat{p}_t - \hat{\Xi}_t^{wi} + \hat{\Xi}_t^{ci}] + (1+\varphi\varepsilon_w^i)\hat{w}_t^{pi} \\ -\beta\theta_w^i(1+\varphi\varepsilon_w^i)\hat{w}_t^{pi} + \beta\theta_w^i(1+\varphi\varepsilon_w^i)\hat{w}_{t+1}^{i*} \end{array} \right\}$$

将(4b.2)式代入上面的推导结果中，可以得到：

$$\hat{w}_t^{i*} + (1-\beta\theta_w^i)\varphi\varepsilon_w^i \hat{w}_t^{i*} = \left\{ \begin{array}{l} (1-\beta\theta_w^i)[mrs_t^i + \varphi\varepsilon_w^i \hat{w}_t^{pi} + \hat{p}_t - \hat{\Xi}_t^{wi} + \hat{\Xi}_t^{ci}] \\ + \beta\theta_w^i \hat{w}_{t+1}^{i*} + \varphi\varepsilon_w^i \beta\theta_w^i (\hat{w}_{t+1}^{i*} - \hat{w}_t^{i*}) \end{array} \right\}$$

$$\hat{w}_t^{i*} + \varphi\varepsilon_w^i \hat{w}_t^{i*} = \left\{ \begin{array}{l} (1-\beta\theta_w^i)[mrs_t^i - \hat{w}_t^{pi} + \hat{p}_t - \hat{\Xi}_t^{wi} + \hat{\Xi}_t^{ci}] + (1+\varphi\varepsilon_w^i)\hat{w}_t^{pi} \\ + \beta\theta_w^i(1-\theta_w^i)^{-1}(1+\varphi\varepsilon_w^i)\pi_t^{wi} \end{array} \right\}$$

进一步运用(4b.2)式进行如下的化简：

$$(1+\varphi\varepsilon_w^i)\hat{w}_t^{i*} = \left\{ \begin{array}{l} (1-\beta\theta_w^i)[mrs_t^i - \hat{w}_t^{pi} + \hat{p}_t - \hat{\Xi}_t^{wi} + \hat{\Xi}_t^{ci}] + (1+\varphi\varepsilon_w^i)\hat{w}_t^{pi} \\ + \beta\theta_w^i(1-\theta_w^i)^{-1}(1+\varphi\varepsilon_w^i)\pi_{t+1}^{wi} \end{array} \right\}$$

$$\Rightarrow (1+\varphi\varepsilon_w^i)(\hat{w}_t^{i*} - \hat{w}_{t-1}^{pi})$$

$$= \left\{ \begin{array}{l} (1-\beta\theta_w^i)[mrs_t^i - \hat{w}_t^{pi} + \hat{p}_t - \hat{\Xi}_t^{wi} + \hat{\Xi}_t^{ci}] \\ + (1+\varphi\varepsilon_w^i)(\hat{w}_t^{pi} - \hat{w}_{t-1}^{pi}) + \beta\theta_w^i(1-\theta_w^i)^{-1}(1+\varphi\varepsilon_w^i)\pi_{t+1}^{wi} \end{array} \right\}$$

$$\Rightarrow (1+\varphi\varepsilon_w^i)(1-\theta_w^i)^{-1}\pi_t^{wi}$$

$$= \left\{ \begin{array}{l} (1-\beta\theta_w^i)[\widetilde{mrs_t^i - \hat{w}_t^{pi}} + \hat{p}_t - \hat{\Xi}_t^{wi} + \hat{\Xi}_t^{ci}] + (1+\varphi\varepsilon_w^i)\pi_t^{wi} \\ + \beta\theta_w^i(1-\theta_w^i)^{-1}(1+\varphi\varepsilon_w^i)\pi_{t+1}^{wi} \end{array} \right\}$$

$$\Rightarrow (1+\varphi\varepsilon_w^i)\pi_t^{wi} - (1-\theta_w^i)(1+\varphi\varepsilon_w^i)\pi_t^{wi}$$

$$= \left\{ \begin{array}{l} (1-\beta\theta_w^i)(1-\theta_w^i)[\widetilde{mrs_t^i - \hat{w}_t^{pi}} \\ + \hat{p}_t - \hat{\Xi}_t^{wi} + \hat{\Xi}_t^{ci}] + \beta\theta_w^i(1+\varphi\varepsilon_w^i)\pi_{t+1}^{wvi} \end{array} \right\}$$

$$\Rightarrow \theta_w^i(1+\varphi\varepsilon_w^i)\pi_t^{wi}$$

$$= \left\{ \begin{array}{l} (1-\beta\theta_w^i)(1-\theta_w^i)[\widehat{mrs_t^i - \hat{w}_t^{pi}} + \hat{p}_t - \hat{\Xi}_t^{wi} + \hat{\Xi}_t^{ci}] \\ + \beta\theta_w^i(1+\varphi\varepsilon_w^i)\pi_{t+1}^{wi} \end{array} \right\}$$

$$\Rightarrow \pi_t^{wi}$$

$$= \frac{(1-\beta\theta_w^i)(1-\theta_w^i)}{\theta_w^i(1+\varphi\varepsilon_w^i)}[\widehat{mrs_t^i - \hat{w}_t^{pi}} + \hat{p}_t - \hat{\Xi}_t^{wi} + \hat{\Xi}_t^{ci}] + \beta\pi_{t+1}^{wi}$$

按照前文定义，上式中的变量 $\hat{w}_t^{pi}$ 表示对数线性化后的第 i 类劳动力名义工资，根据前文的定义，其与实际工资的对数线性化形式的关系是 $\hat{w}_t^i = \hat{w}_t^{pi} - \hat{p}_t$，为了分析方便，将上式中的名义工资全部替换为实际工资，得到：

$$\pi_t^{wi} = \frac{(1-\beta\theta_w^i)(1-\theta_w^i)}{\theta_w^i(1+\varphi\varepsilon_w^i)}[mrs_t^i - \hat{w}_t^i - \hat{\Xi}_t^{wi} + \hat{\Xi}_t^{ci}] + \beta\pi_{t+1}^{wi}; \quad i \in \{h, s\}$$

将税负的相关项重新以税率来表示，即得两类劳动力的新凯恩斯主义工资菲利普斯曲线(new Keynesian wage Phillips' curve, NKWPC)表达式：

$$\pi_t^{wi} = \frac{(1-\beta\theta_w^i)(1-\theta_w^i)}{\theta_w^i(1+\varphi\varepsilon_w^i)}[mrs_t^i - \hat{w}_t^i + \frac{\bar{\tau}^{wi}}{(1-\bar{\tau}^{wi})}\hat{\tau}_t^{wi} + \frac{\bar{\tau}^{ci}}{(1+\bar{\tau}^{ci})}\hat{\tau}_t^{ci}] +$$

$$\beta\pi_{t+1}^{wi}; \quad i \in \{h, s\}$$

附录 4C 从生产者最优价格选择条件推导 NKWPC 曲线的过程

按照利润最大化原则，中间产品生产商最优定价 P_t^* 时追求的目标为：

$$\max_{P_t^*} \sum_{k=0}^{\infty} \theta^k E_t \left\{ \Lambda_{t,t+k} \frac{P_t}{P_{t+k}} [P_t^* Y_{t+k|t}(j) - \Psi_{t+k}(Y_{t+k|t}(j))] \right\} \quad (4c.1)$$

上式中，$\Psi_{t+k}(Y_{t+k|t}(j))$ 为名义总成本函数。

中间产品生产商面对的市场需求为：

$$Y_{t+k|t}(j) = X_{t+k|t}(j) = \left(\frac{P_t^*}{P_{t+k}}\right)^{-\varepsilon} Y_{t+k}$$

对上述关系式中的 P_t^* 求一阶偏导数，得到：

$$\frac{\partial Y_{t+k|t}(j)}{\partial P_t^*} = -\varepsilon \frac{Y_{t+k}}{P_{t+k}} \left(\frac{P_t^*}{P_{t+k}}\right)^{-\varepsilon-1} = -\varepsilon \frac{Y_{t+k}}{P_t^*} \frac{P_t^*}{P_{t+k}} \left(\frac{P_t^*}{P_{t+k}}\right)^{-\varepsilon-1} = -\varepsilon \frac{Y_{t+k|t}(j)}{P_t^*};$$

所以 (4c.1) 式对 P_t^* 求一阶偏导数后的结果可表示为：

$$\sum_{k=0}^{\infty} \theta^k E_t \left\{ \Lambda_{t,t+k} \frac{P_t}{P_{t+k}} \left[Y_{t+k|t}(j) - \varepsilon Y_{t+k|t}(j) + \varepsilon \frac{Y_{t+k|t}(j)}{P_t^*} \Psi'_{t+k}(Y_{t+k|t}(j)) \right] \right\} = 0$$

$$\Rightarrow \sum_{k=0}^{\infty} \theta^k E_t \left\{ \Lambda_{t,t+k} Y_{t+k|t}(j) \frac{P_t}{P_{t+k}} \left[1 - \varepsilon + \frac{\varepsilon}{P_t^*} \Psi'_{t+k}(Y_{t+k|t}(j)) \right] \right\} = 0$$

由于上式中的 P_t、P_t^*、ε 均不随阶数 k 变化，所以可展开如下等价变换：

$$\sum_{k=0}^{\infty} \theta^k E_t \left\{ \Lambda_{t,t+k} Y_{t+k|t}(j) \frac{P_t^*}{P_{t+k}} \left[1 + \frac{\varepsilon}{P_t^*(1-\varepsilon)} \Psi'_{t+k}(Y_{t+k|t}(j)) \right] \right\} = 0$$

$$\Rightarrow \sum_{k=0}^{\infty} \theta^k E_t \left\{ \Lambda_{t,t+k} Y_{t+k|t}(j) \left[\frac{P_t^*}{P_{t+k}} + \frac{\varepsilon}{(1-\varepsilon)} \frac{\Psi'_{t+k}(Y_{t+k|t}(j))}{P_{t+k}} \right] \right\} = 0$$

上式中 $\Psi'_{t+k}(Y_{t+k|t}(j))$ 为名义边际成本函数，除以 P_{t+k} 后即得当期实际边际成本函数 MC_{t+k}：

$$\sum_{k=0}^{\infty} \theta^k E_t \{ \Lambda_{t, t+k} Y_{t+k|t}(j) [(P_t^* / P_{t+k}) - \mu M C_{t+k|t}] \} = 0, \quad \mu = \frac{\varepsilon}{(\varepsilon - 1)}$$

(4c.2)

上式中的 μ 也可理解为稳态下的价格加成。接下来对上述方程进行线性化推导。

首先把(4c.2)中的累加式分拆至等号两侧：

$$\sum_{k=0}^{\infty} \theta^k E_t \{ \Lambda_{t, t+k} Y_{t+k|t}(j) (P_t^* / P_{t+k}) \} = \sum_{k=0}^{\infty} \theta^k E_t \{ \Lambda_{t, t+k} Y_{t+k|t}(j) \mu M C_{t+k|t} \}$$

$$\Rightarrow \sum_{k=0}^{\infty} \theta^k \beta^k E_t \{ \Upsilon_{t, t+k} Y_{t+k|t}(j) (P_t^* / P_{t+k}) \}$$

$$= \sum_{k=0}^{\infty} \theta^k \beta^k E_t \{ \Upsilon_{t, t+k} Y_{t+k|t}(j) \mu M C_{t+k|t} \}$$

上式中：$\Upsilon_{t, t+k} = \beta^{-k} \Lambda_{t, t+k}$

对上式等号两端进行 Uhlig 线性化：

$$\sum_{k=0}^{\infty} \theta^k \beta^k E_t \{ e^{\hat{\Upsilon}_{t, t+k}} e^{\hat{p}_t^* - \hat{p}_{t+k}} \overline{Y}(j) e^{\hat{y}(j)_{t+k|t}} \} = \sum_{k=0}^{\infty} \theta^k \beta^k E_t \{ e^{\hat{\Upsilon}_{t, t+k}} \overline{Y}(j) e^{\hat{y}(j)_{t+k}} \mu \overline{MC} e^{mc_{t+k|t}} \}$$

(4c.3)

另外，稳态下的最优价格选择条件为：

$$\sum_{k=0}^{\infty} \theta^k E_t \{ \overline{\Lambda Y}(j) [(\overline{P} / \overline{P}) - \mu \overline{MC}] \} = 0$$

可以推出：

$$\overline{MC} = 1/\mu$$

代入(4c.3)式，且令等号两侧同类项相互抵消，得到：

$$\sum_{k=0}^{\infty} \theta^k \beta^k E_t \{ e^{\hat{\Upsilon}_{t, t+k} + \hat{p}_t^* - \hat{p}_{t+k} + \hat{y}(j)_{t+k|t}} \} = \sum_{k=0}^{\infty} \theta^k \beta^k E_t \{ e^{\hat{\Upsilon}_{t, t+k} + y(j)_{t+k} + mc_{t+k|t}} \}$$

$$\Rightarrow \sum_{k=0}^{\infty} \theta^k \beta^k E_t \{ 1 + \hat{p}_t^* - \hat{p}_{t+k} \}$$

$$= \sum_{k=0}^{\infty} \theta^k \beta^k E_t \{ mc_{t+k|t} + 1 \}$$

$$\Rightarrow \hat{p}_t^* \sum_{k=0}^{\infty} \theta^k \beta^k$$

$$= \sum_{k=0}^{\infty} \theta^k \beta^k E_t \{mc_{t+k|t} + \hat{p}_{t+k}\}$$

$$\Rightarrow (1-\theta\beta)^{-1} \hat{p}_t^*$$

$$= \sum_{k=0}^{\infty} \theta^k \beta^k E_t \{mc_{t+k|t} + \hat{p}_{t+k}\}$$

整理得到：

$$\hat{p}_t^* = (1-\theta\beta) \sum_{k=0}^{\infty} \theta^k \beta^k E_t \{mc_{t+k|t} + \hat{p}_{t+k}\} \tag{4c.4}$$

而若将(4c.4)式右侧累加式中的第一期($k=0$)单独分拆，可得：

$$\hat{p}_t^* = (1-\theta\beta) \sum_{k=0}^{\infty} \theta^k \beta^k E_t \{mc_{t+k|t} + \hat{p}_{t+k}\}$$

$$\Rightarrow \hat{p}_t^* = (1-\theta\beta)(mc_t + \hat{p}_t) + (1-\theta\beta) \sum_{k=0}^{\infty} \theta^{k+1} \beta^{k+1} E_t \{mc_{t+k+1|t} + \hat{p}_{t+k+1}\}$$

利用方程(4c.4)的定义，可以将上式变换为：

$$\hat{p}_t^* - \theta\beta E_t \{\hat{p}_{t+1}^*\} = (1-\theta\beta)(mc_t + \hat{p}_t)$$

也就是说，此处得到了一个由最优价 $\hat{p}_t^*$ 的一阶差分所表示的动态化最优定价条件。

进一步地，根据 Calvo 定价规则可得：

$$P_t^{1-\varepsilon} = \theta P_{t-1}^{1-\varepsilon} + (1-\theta)(P_t^*)^{1-\varepsilon}$$

$$\Rightarrow \left(\frac{P_t}{P_{t-1}}\right)^{1-\varepsilon} = \theta + (1-\theta)\left(\frac{P_t^*}{P_{t-1}}\right)^{1-\varepsilon}$$

对上式进行 Uhlig 线性化：

$$\left(\frac{\overline{P}}{\overline{P}}\right)^{1-\varepsilon} e^{(1-\varepsilon)(\hat{p}_t - \hat{p}_{t-1})} = \theta + (1-\theta) \left(\frac{\overline{P}}{\overline{P}}\right)^{1-\varepsilon} e^{(1-\varepsilon)(\hat{p}_t^* - \hat{p}_{t-1})}$$

$$\Rightarrow e^{(1-\varepsilon)(\hat{p}_t - \hat{p}_{t-1})}$$

$$= \theta + (1-\theta) e^{(1-\varepsilon)(\hat{p}_t^* - \hat{p}_{t-1})}$$

$$\Rightarrow 1 + (1-\varepsilon)(\hat{p}_t - \hat{p}_{t-1})$$

第4章　不平等与稳定化政策：模型扩展

$$= \theta + (1-\theta)[1+(1-\varepsilon)(\hat{p}_t^* - \hat{p}_{t-1})]$$

$$\Rightarrow \frac{1}{(1-\varepsilon)} + (\ln P_t - \ln P_{t-1})$$

$$= \frac{1}{(1-\varepsilon)} + (1-\theta)(\hat{p}_t^* - \hat{p}_{t-1})$$

整理得到：

$$\pi_t = (1-\theta)(\hat{p}_t^* - \hat{p}_{t-1})$$

将上式代入(4c.4)式，并继续前述推导过程：

$$(1-\theta)^{-1}\pi_t = \theta\beta(1-\theta)^{-1}E_t\{\pi_{t+1}\} + (1-\theta\beta)mc_t + \pi_t$$

$$\Rightarrow \pi_t = \theta\beta E_t\{\pi_{t+1}\} + (1-\theta)(1-\theta\beta)mc_t + (1-\theta)\pi_t$$

$$\Rightarrow \theta\pi_t = \theta\beta E_t\{\pi_{t+1}\} + (1-\theta)(1-\theta\beta)mc_t$$

整理得到的结果即为新凯恩斯主义菲利普斯曲线(new Keynesian Phillips' curve, NKPC)的方程：

$$\pi_t = \beta E_t\{\pi_{t+1}\} + (1-\theta)(1-\theta\beta)\theta^{-1}mc_t$$

附录 4D 扩展模型其余方程的线性化变换过程[①]

在此处给出的各方程线性化推导过程中，一律用变量字母的小写格式（顶部加尖形符号）表示变量相对其稳态的对数偏离程度，用上方加横线的变量符号表示经济系统达到稳态时变量的值，i.e. $\hat{x}_t \equiv \log X_t / \overline{X}$。

(1) 带消费习惯因素的消费动态变化方程(对应公式 4.25)

$$\widetilde{C}_t^i = C_t^i - h C_{t-1}^i$$

$$\Rightarrow \overline{\widetilde{C}^i} e^{\hat{\tilde{c}}_t^i} = \overline{C^i} e^{\hat{c}_t^i} - h \overline{C^i} e^{\hat{c}_{t-1}^i}$$

$$\Rightarrow \overline{\widetilde{C}^i} e^{\hat{\tilde{c}}_t^i} = \overline{C^i} (e^{\hat{c}_t^i} - h e^{\hat{c}_{t-1}^i})$$

$$\Rightarrow \overline{\widetilde{C}^i} (1 + \hat{\tilde{c}}_t^i) = \overline{C^i} (1 + \hat{c}_t^i - h - h \hat{c}_{t-1}^i)$$

$$\Rightarrow \overline{\widetilde{C}^i} \hat{\tilde{c}}_t^i = \overline{C^i} (\hat{c}_t^i - h \hat{c}_{t-1}^i)$$

稳态下有：

$$\overline{\widetilde{C}^i} = (1-h) \overline{C^i}$$

所以线性化结果可整理为：

$$\hat{\tilde{c}}_t^i = \frac{1}{(1-h)} \hat{c}_t^i - \frac{h}{(1-h)} \hat{c}_{t-1}^i; \quad i \in \{h, s\}$$

(2) 相对贫困家庭的预算约束条件(对应公式 4.30)

$$P_t (1 + \tau_t^{cs}) C_t^s = P_t (1 - \tau_t^{ws}) W_t^s N_t^s$$

[①] 模型的一些关键方程，如家庭效用一阶最大化条件、最优工资决定条件、生产者最优价格选择条件等，已经在本章前三个附录中给出了具体的线性化推导过程，所以此处仅列出第 4 章 DSGE 模型其他主要方程的 Uhlig 对数线性化处理过程。而且，为节约篇幅，对一些与第 3 章 DSGE 模型完全一致或推算过程极为简单的方程，此处同样将其线性化过程略去。

上式可变换为以下形式：

$$\overline{\Xi}^{cs}e^{\hat{\Xi}^{cs}_t}\overline{C}^s e^{\hat{c}^s_t} = \overline{\Xi}^{ws}e^{\hat{\Xi}^{ws}_t}\overline{W}^s\overline{N}^s e^{\hat{w}^s_t+\hat{n}^s_t}$$

$$\Rightarrow \overline{\Xi}^{cs}\overline{C}^s(1+\hat{\Xi}^{cs}_t+\hat{c}^s_t) = \overline{\Xi}^{ws}\overline{W}^p\overline{N}^p(1+\hat{\Xi}^{ws}_t+\hat{w}^s_t+\hat{n}^s_t)$$

$$\Rightarrow \overline{\Xi}^{cs}\overline{C}^s(\hat{\Xi}^{cs}_t+\hat{c}^s_t) = \overline{\Xi}^{ws}\overline{W}^s\overline{N}^s(\hat{\Xi}^{ws}_t+\hat{w}^s_t+\hat{n}^s_t)$$

上面的过程中使用了税负水平的简化符号 Ξ，其含义为

$$\Xi^{ci}_t = (1+\tau^{ci}_t); \quad i \in \{h, s\}$$

$$\Xi^{ki}_t = (1-\tau^{ki}_t); \quad i \in \{h, s\}$$

$$\Xi^{wi}_t = (1-\tau^{vi}_t); \quad i \in \{h, s\}$$

所以进一步整理后可得到：

$$\frac{\overline{\tau}^{cs}}{(1+\overline{\tau}^{cs})}\hat{\tau}^{cs}_t + \hat{c}^s_t = -\frac{\overline{\tau}^{ws}}{(1-\overline{\tau}^{ws})}\hat{\tau}^{ws}_t + \hat{w}^s_t + \hat{n}^s_t$$

(3) 劳动力市场中介的劳动力 CES 加总（对应公式 4.49)

$$N_t = \left[(\gamma^h_n)^{1/\varepsilon_w}(N^h_t)^{(\varepsilon_w-1)/\varepsilon_w} + (1-\gamma^h_n)^{1/\varepsilon_w}(N^s_t)^{(\varepsilon_w-1)/\varepsilon_w}\right]^{\varepsilon_w/(\varepsilon_w-1)}$$

上式可变换为：

$$\overline{N}^{[(\varepsilon_w-1)/\varepsilon_w]}e^{[(\varepsilon_w-1)/\varepsilon_w]n_t} = \begin{bmatrix} (\gamma^h_n)^{1/\varepsilon_w}(\overline{N}^h)^{(\varepsilon_v-1)/\varepsilon_w}e^{[(\varepsilon_w-1)/\varepsilon_w]\hat{n}^h_t} \\ + (1-\gamma^h_n)^{1/\varepsilon_w}(\overline{N}^s)^{(\varepsilon_w-1)/\varepsilon_w}e^{[(\varepsilon_w-1)/\varepsilon_w]\hat{n}^s_t} \end{bmatrix}$$

$$\Rightarrow \overline{N}^{[(\varepsilon_w-1)/\varepsilon_w]}(1+[(\varepsilon_w-1)/\varepsilon_w]\hat{n}_t)$$

$$= \begin{cases} (\gamma^h_n)^{1/\varepsilon_w}(\overline{N}^h)^{(\varepsilon_w-1)/\varepsilon_w}[1+(\varepsilon_w-1)\hat{n}^h_t/\varepsilon_w] \\ + (1-\gamma^h_n)^{1/\varepsilon_w}(\overline{N}^s)^{(\varepsilon_w-1)/\varepsilon_w}[1+(\varepsilon_w-1)\hat{n}^s_t/\varepsilon_w] \end{cases}$$

最后，整理的出的线性化结果为：

$$\hat{n}_t = (\gamma^h_n)^{1/\varepsilon_w}\left(\frac{\overline{N}^h}{\overline{N}}\right)^{(\varepsilon_v-1)/\varepsilon_v}\hat{n}^h_t + (1-\gamma^h_n)^{1/\varepsilon_w}\left(\frac{\overline{N}^s}{\overline{N}}\right)^{(\varepsilon_w-1)/\varepsilon_w}\hat{n}^s_t$$

(4) 中介部门对两类劳动力的需求（对应公式 4.51)

根据劳动力中介部门的成本最小化一阶条件，可推知其对两类劳动力的需求分别为：

附录4D 扩展模型其余方程的线性化变换过程

$$N_t^h = (\gamma_n^h) \left(\frac{W_t^h}{W_t}\right)^{-\varepsilon_w} N_t$$

$$N_t^s = (1 - \gamma_n^h) \left(\frac{W_t^s}{W_t}\right)^{-\varepsilon_w} N_t$$

以上两类需求表达式的 Uhlig 线性化过程分别为:

$$\overline{N}^h e^{\hat{n}_t^h} = (\gamma_n^h) \left(\frac{\overline{W}^h}{\overline{W}}\right)^{-\varepsilon_w} e^{-\varepsilon_w(\hat{w}_t^h - \hat{w}_t)} N_t e^{\hat{n}_t}$$

$$\Rightarrow e^{\hat{n}_t^h} = e^{-\varepsilon_w(\hat{w}_t^h - \hat{w}_t) + \hat{n}_t}$$

$$\overline{N}^s e^{\hat{n}_t^s} = (1 - \gamma_n^h) \left(\frac{\overline{W}^s}{\overline{W}}\right)^{-\varepsilon_w} e^{-\varepsilon_w(\hat{w}_t^s - \hat{w}_t)} N_t e^{\hat{n}_t}$$

$$\Rightarrow e^{\hat{n}_t^s} = e^{-\varepsilon_w(\hat{w}_t^s - \hat{w}_t) + \hat{n}_t}$$

整理后,即可得到两式的线性化结果:

$$\hat{n}_t^h = -\varepsilon_w(\hat{w}_t^h - \hat{w}_t^s) + \hat{n}_t$$

$$\hat{n}_t^s = -\varepsilon_w(\hat{w}_t^s - \hat{w}_t) + \hat{n}_t$$

(5) 中间产品商劳动要素报酬与实际工资间的关系(对应公式4.54)

$$W_t = [\gamma_n^h (W_t^h)^{(1-\varepsilon_w)} + (1 - \gamma_n^h)(W_t^s)^{(1-\varepsilon_w)}]^{1/(1-\varepsilon_w)}$$

上式可初步变换为:

$$\overline{W}^{(1-\varepsilon_w)} e^{(1-\varepsilon_w)\hat{w}_t} = [\gamma_n^h (\overline{W}^h)^{(1-\varepsilon_w)} e^{(1-\varepsilon_w)\hat{w}_t^h} + (1 - \gamma_n^h)(\overline{W}^s)^{(1-\varepsilon_w)} e^{(1-\varepsilon_w)\hat{w}_t^s}]$$

$$\Rightarrow \overline{W}^{(1-\varepsilon_w)}[1 + (1-\varepsilon_w)\hat{w}_t]$$

$$= \begin{cases} \gamma_n^h (\overline{W}^h)^{(1-\varepsilon_w)}[1 + (1-\varepsilon_w)\hat{w}_t^h] \\ + (1 - \gamma_n^h)(\overline{W}^s)^{(1-\varepsilon_w)}[1 + (1-\varepsilon_w)\hat{w}_t^s] \end{cases}$$

上式整理后的结果为:

$$\hat{w}_t = \gamma_n^h \left(\frac{\overline{W}^h}{\overline{W}}\right)^{(1-\varepsilon_w)} \hat{w}_t^h + (1 - \gamma_n^h) \left(\frac{\overline{W}^s}{\overline{W}}\right)^{(1-\varepsilon_w)} \hat{w}_t^s$$

(6) 劳动收入不平等(对应公式4.60)

$$GAP_t^w = \frac{(1 - \tau_t^{wh}) W_t^h N_t^h}{(1 - \tau_t^{ws}) W_t^s N_t^s}$$

从上式不难通过 Uhlig 方法变换得出：

$$\overline{GAP}e_t^{gap^w} = \frac{\Xi_t^{wh}\overline{W}^h\overline{N}^h}{\Xi_t^{ws}\overline{W}^s\overline{N}^s}e^{\hat{w}_t^h+\hat{n}_t^h+\hat{\Xi}_t^{wh}-\hat{w}_t^s-\hat{n}_t^s-\hat{\Xi}_t^{ws}}$$

最终的线性形式为：

$$\overline{gap}_t^w = \hat{w}_t^h + \hat{n}_t^h - \frac{\overline{\tau}^{wh}}{(1-\overline{\tau}^{wh})}\hat{\tau}_t^{wh} - \hat{w}_t^s - \hat{n}_t^s + \frac{\overline{\tau}^{ws}}{(1-\overline{\tau}^{ws})}\hat{\tau}_t^{ws}$$

(7) 相对富裕家庭总收入(对应公式4.62)

$$INC_t^h = (1-\tau_t^{wh})W_t^h N_t^h + (1-\tau_t^{kh})R_t^k K_t^h$$

上式的对数线性化过程为：

$$\overline{INC}^h e^{inc_t^h} = \Xi_t^{wh}\overline{W}^h\overline{N}^h e^{\hat{\Xi}_t^{wh}+\hat{w}_t^h+\hat{n}_t^h} + \Xi_t^{kh}\overline{R}^k\overline{K}^h e^{\hat{\Xi}_t^{kh}+\hat{r}_t^k+\hat{k}_t^h}$$

$$\overline{INC}^h(1+inc_t^h) = \overline{\Xi}^{wh}\overline{W}^h\overline{N}^h(1+\hat{\Xi}_t^{wh}+\hat{w}_t^h+\hat{n}_t^h) + \overline{\Xi}^{kh}\overline{R}^k\overline{K}^h(1+\hat{\Xi}_t^{kh}+\hat{r}_t^k+\hat{k}_t^h)$$

相对富裕家庭总收入计算式的线性化结果为：

$$\overline{INC}^h inc_t^h = \overline{\Xi}^{wh}\overline{W}^h\overline{N}^h(\hat{\Xi}_t^{wh}+\hat{w}_t^h+\hat{n}_t^h) + \overline{\Xi}^{kh}\overline{R}^k\overline{K}^h(\hat{\Xi}_t^{kh}+\hat{r}_t^k+\hat{k}_t^h)$$

将简化符号 Ξ 重新替换为(1-税率)的形式后，得到：

$$INC^h inc_t^h = \begin{bmatrix} (1-\overline{\tau}^{wh})\overline{W}^h\overline{N}^h\left(-\frac{\overline{\tau}^{wh}}{(1-\overline{\tau}^{wh})}\hat{\tau}_t^{wh} + \hat{w}_t^h + \hat{n}_t^h\right) \\ + (1-\overline{\tau}^{kh})\overline{R}^k\overline{K}^h\left(-\frac{\overline{\tau}^{kh}}{(1-\overline{\tau}^{kh})}\hat{\tau}_t^{kh} + \hat{r}_t^k + \hat{k}_t^h\right) \end{bmatrix}$$

(8) 相对贫困家庭总收入(对应公式4.64)

$$INC_t^s = (1-\tau_t^{ws})W_t^s N_t^s$$

上式的对数线性化过程及结果为：

$$\overline{INC}^s e^{inc_t^s} = \overline{\Xi}^{ws}\overline{W}^s\overline{N}^s e^{\hat{w}_t^s+\hat{n}_t^s+\hat{\Xi}_t^{wz}}$$

最终得出的结果是：

$$inc_t^s = -\frac{\overline{\tau}^{ws}}{(1-\overline{\tau}^{ws})}\hat{\tau}_t^{ws} + \hat{w}_t^s + \hat{n}_t^s$$

(9) 全社会的居民收入总量(对应公式4.66)

$$INC_t = \gamma_n^h INC_t^h + (1-\gamma_n^h)INC_t^s$$

上式的对数线性化过程为：

$$\overline{INC}e^{inc_t} = \gamma_n^h \overline{INC^h} e^{inc_t^h} + (1 - \gamma_n^h) \overline{INC^s} e^{inc_t^s}$$

$$\overline{INC}(1 + inc_t) = \gamma_n^h \overline{INC^h}(1 + inc_t^h) + (1 - \gamma_n^h) \overline{INC^s}(1 + inc_t^s)$$

最终得出：

$$\overline{INC}\, inc_t = \gamma_n^h \overline{INC^h} inc_t^h + (1 - \gamma_n^h) \overline{INC^s} inc_t^s$$

(10) 总收入不平等（对应公式 4.68）

$$GAP_t = \frac{INC_t^h}{INC_t^s}$$

上式的对数线性化过程为：

$$\overline{GAP}e^{gap_t} = \frac{\overline{INC^h}}{\overline{INC^s}} e^{inc_t^h - inc_t^s}$$

$$\Rightarrow \overline{GAP}(1 + gap_t) = \frac{\overline{INC^h}}{\overline{INC^s}}(1 + inc_t^h - inc_t^s)$$

最终得到总收入不平等指标（贫富家庭税后收入比）的线性表达式：

$$gap_t = inc_t^h - inc_t^s$$

(11) 总收入不平等（近似的基尼系数）（对应公式 4.70）

$$GINI_t = 1 - \left(1 + \frac{1 - \gamma_n^h}{\gamma_n^h}\right)^{-1} \left[\frac{2(1 - \gamma_n^h)INC_t^s}{INC_t} + 1\right] GINI$$

$$= 1 - \frac{1}{n}\left(2\sum_{i=1}^{n-1} INCR_i + 1\right)$$

上式的对数线性化过程为：

$$GINI_t = 1 - \left(1 + \frac{1 - \gamma_n^h}{\gamma_n^h}\right)^{-1} \left[\frac{2(1 - \gamma_n^h)INC_t^s}{INC_t} + 1\right]$$

$$\Rightarrow \overline{GINI}e^{gini_t}$$

$$= 1 - \left(1 + \frac{1 - \gamma_n^h}{\gamma_n^h}\right)^{-1} \left[\frac{2(1 - \gamma_n^h)\overline{INC^s}}{\overline{INC}} e^{inc_t^s - inc_t} + 1\right]$$

$$\Rightarrow \overline{GINI}(1 + gini_t)$$

$$= 1 - \left(1 + \frac{1-\gamma_n^h}{\gamma_n^h}\right)^{-1} \left[\frac{2(1-\gamma_n^h)}{\overline{INC}} \overline{INC^s}(1 + inc_t^s - inc_t) + 1\right]$$

最终得到线性化的近似基尼系数表达式：

$$\overline{GINI} gini_t = -\left(1 + \frac{1-\gamma_n^h}{\gamma_n^h}\right)^{-1} \left(\frac{2(1-\gamma_n^h)}{\overline{INC}} \overline{INC^s}\right)(inc_t^s - inc_t)$$

(12) 资产收入税的累进税率动态表达式（对应第137页的相应公式）

$$\tau_t^{kh} = 1 - (1-\overline{\tau}^k) \left(\frac{\overline{R}^k \overline{K}^h}{R_t^k K_t^h}\right)^{\omega_k}$$

上式的线性化过程为：

$$\overline{\tau}^{kh} e^{\hat{\tau}^{kh}} = 1 - (1-\overline{\tau}^k) \left(\frac{\overline{R}^k \overline{K}^h}{\overline{R}^k \overline{K}^h}\right)^{\omega_k} e^{-\omega_k (\hat{r}_t^k + \hat{k}_t^h)}$$

$$\Rightarrow \overline{\tau}^k (1 + \hat{\tau}_t^{kh}) = 1 - (1-\overline{\tau}^k)[1 - \omega_k(\hat{r}_t^k + \hat{k}_t^h)]$$

最终得出的线性表达式为：

$$\overline{\tau}^k \hat{\tau}_t^{kh} = \omega_k (1-\overline{\tau}^k)(\hat{r}_t^k + \hat{k}_t^h)$$

(13) 两类劳动力工薪收入税累进税率动态表达式（对应第137页的相应公式）

①富裕家庭劳动力工薪收入税

$$\tau_t^{wh} = 1 - (1-\overline{\tau}^w) \left(\frac{\overline{W}^h \overline{N}^h}{W_t^h N_t^h}\right)^{\omega_w}$$

$$\overline{\tau}^{wh} e^{\hat{\tau}^{wh}} = 1 - (1-\overline{\tau}^w) \left(\frac{\overline{W}^h \overline{N}^h}{\overline{W}^h \overline{N}^h}\right)^{\omega_w} e^{-\omega_w(\hat{w}_t^h + \hat{n}_t^h)}$$

$$\Rightarrow \overline{\tau}^{wh}(1 + \hat{\tau}_t^{wh})$$
$$= 1 - (1-\overline{\tau}^w)[1 - \omega_w(\hat{w}_t^h + \hat{n}_t^h)]$$

最终整理得出：

$$\overline{\tau}^w \hat{\tau}_t^{wh} = (1-\overline{\tau}^w)\omega_w(\hat{w}_t^h + \hat{n}_t^h)$$

②贫困家庭劳动力工薪收入税

$$\tau_t^{ws} = 1 - (1-\overline{\tau}^w) \left(\frac{\overline{W}^s \overline{N}^s}{W_t^s N_t^s}\right)^{\omega_w}$$

附录 4D 扩展模型其余方程的线性化变换过程

$$\bar{\tau}^{ws}e^{\hat{\tau}^{ws}} = 1 - (1-\bar{\tau}^w)\left(\frac{\overline{W^h}\overline{N^h}}{\overline{W^h}\overline{N^h}}\right)^{\omega_w}e^{-\omega_w(\hat{w}_t^s+\hat{n}_t^s)}$$

$$\Rightarrow \bar{\tau}^w(1+\hat{\tau}_t^{ws})$$
$$= 1 - (1-\bar{\tau}^w)[1-\omega_w(\hat{w}_t^s+\hat{n}_t^s)]$$

最终整理得出：

$$\bar{\tau}^w\hat{\tau}_t^{ws} = (1-\bar{\tau}^w)\omega_w(\hat{w}_t^s+\hat{n}_t^s)$$

(14) 两类家庭消费税的累进税率动态表达式(对应第 137 页的相应公式)

① 富裕家庭消费税

$$\tau_t^{ch} = 1 - (1-\bar{\tau}^c)\left(\frac{\overline{C^h}}{C_t^h}\right)^{\omega_c}$$

$$\bar{\tau}^{ch}e^{\hat{\tau}^{ch}} = 1 - (1-\bar{\tau}^c)\left(\frac{\overline{C^h}}{\overline{C^h}}\right)^{\omega_c}e^{-\omega_c(\hat{c}_t^h)}$$

$$\Rightarrow \bar{\tau}^c(1+\hat{\tau}_t^{ch}) = 1 - (1-\bar{\tau}^c)[1-\omega_c(\hat{c}_t^h)]$$

最终整理得出：

$$\bar{\tau}^c\hat{\tau}_t^{ch} = (1-\bar{\tau}^c)\omega_c(\hat{c}_t^h)$$

② 贫困家庭消费税

$$\tau_t^{cs} = 1 - (1-\bar{\tau}^c)\left(\frac{\overline{C^s}}{C_t^s}\right)^{\omega_c}$$

$$\bar{\tau}^{cs}e^{\hat{\tau}^{cs}} = 1 - (1-\bar{\tau}^c)\left(\frac{\overline{C^s}}{\overline{C^s}}\right)^{\omega_c}e^{-\omega_c(\hat{c}_t^s)}$$

$$\Rightarrow \bar{\tau}^c(1+\hat{\tau}_t^{cs}) = 1 - (1-\bar{\tau}^c)[1-\omega_c(\hat{c}_t^s)]$$

最终整理得出：

$$\bar{\tau}^c\hat{\tau}_t^{cs} = (1-\bar{\tau}^c)\omega_c(\hat{c}_t^s)$$

(15) 政府的预算平衡条件(对应公式 4.88)

$$T_t^c + T_t^w + T_t^k + R_t^{-1}\frac{B_{t+1}}{P_{t+1}}\frac{P_{t+1}}{P_t} = \frac{B_t}{P_t} + G_t^P + G_t^l$$

上式中，T_t^c、T_t^w、T_t^k 分别为消费税、资产收入税、工薪收入税的总征税额，具体算法为：

$$T_t^k = \tau_t^k R_t^k K_t$$

$$T_t^c = \gamma_n^h \tau_t^{ch} C_t^h + (1 - \gamma_n^h) \tau_t^{cs} C_t^s$$

$$T_t^w = \gamma_n^h \tau_t^{wh} W_t^h N_t^h + (1 - \gamma_n^h) \tau_t^{ws} W_t^s N_t^s$$

上式的 Uhlig 线性化处理过程为：

$$\overline{T^c} e^{\hat{t}_t^c} + \overline{T^w} e^{\hat{t}_t^w} + \overline{T^k} e^{\hat{t}_t^k} + \overline{R}^{-1} \frac{\overline{B}}{\overline{P}} e^{\hat{b}_{t+1}+\pi_{t+1}-\hat{r}_t} = \frac{\overline{B}}{\overline{P}} e^{\hat{b}_t} + \overline{G^p} e^{\hat{g}_t^p} + \overline{G^l} e^{\hat{g}_t^l}$$

化简后得到：

$$\overline{T^c} \hat{t}_t^c + \overline{T^w} \hat{t}_t^w + \overline{T^k} \hat{t}_t^k + \beta \frac{\overline{B}}{\overline{P}} (\hat{b}_{t+1} + \pi_{t+1} - \hat{r}_t) = \frac{\overline{B}}{\overline{P}} \hat{b}_t + \overline{G^p} \hat{g}_t^P + \overline{G^l} \hat{g}_t^l$$

若将三类税收总额的线性化形式代入，上式又可表示为：

$$\frac{\overline{B}}{\overline{P}} \hat{b}_t + \overline{G^p} \hat{g}_t^P + \overline{G^l} \hat{g}_t^l = \begin{Bmatrix} \gamma_n^h \overline{\tau}^{ch} \overline{C}^h (\hat{\tau}_t^{ch} + \hat{c}_t^h) + (1 - \gamma_n^h) \overline{\tau}^{cs} \overline{C}^s (\hat{\tau}_t^{cs} + \hat{c}_t^s) \\ + \gamma_n^h \overline{\tau}^{wh} \overline{W}^h \overline{N}^h (\hat{\tau}_t^{wh} + \hat{w}_t^h + \hat{n}_t^h) \\ + (1 - \gamma_n^h) \overline{\tau}^{ws} \overline{W}^s \overline{N}^s (\hat{\tau}_t^{ws} + \hat{w}_t^s + \hat{n}_t^s) \\ + \gamma_n^h \overline{\tau}^{kh} \overline{R}^k \overline{K}^h (\hat{\tau}_t^{kh} + \hat{r}_t^k + \hat{k}_t^h) \\ + \beta \frac{\overline{B}}{\overline{P}} (\hat{b}_{t+1} + \pi_{t+1} - \hat{r}_t) \end{Bmatrix}$$

附录 4E　扩展模型方程汇总(一阶优化推导结果)

按照基本理论设定和前述的推导结果，可以将本章中 DSGE 分析框架的基本理论模型(非线性)最终整理如下①：

(1) 相对富裕家庭效用最大化一阶条件

$$R_t \Lambda_{t,t+1} \frac{P_t}{P_{t+1}} = 1$$

$$Q_t = E_t \left\{ \Lambda_{t,t+1}(1-\tau_{t+1}^{kh})R_{t+1}^k + \Lambda_{t,t+1}Q_{t+1}\left[1-\delta+\phi\left(\frac{I_{t+1}^h}{K_{t+1}^h}\right) - \phi'\left(\frac{I_{t+1}^h}{K_{t+1}^h}\right)\frac{I_{t+1}^h}{K_{t+1}^h}\right] \right\}$$

$$Q_t = \left[\phi'\left(\frac{I_t^h}{K_t^h}\right)\right]^{-1}$$

(2) 相对富裕家庭资本的动态积累过程

$$K_{t+1}^h = (1-\delta)K_t^h + K_t^h\left[\phi\left(\frac{I_t^h}{K_t^h}\right)\right]$$

(3) 随机贴现因子

$$\Lambda_{t,t+k} = \beta^k \left(\frac{\tilde{C}_t^h}{\tilde{C}_{t+k}^h}\right)^\sigma \frac{(1+\tau_t^{ch})}{(1+\tau_{t+k}^{ch})}$$

(4) 相对贫困家庭的消费决定条件

$$P_t(1+\tau_t^{cs})C_t^s = P_t(1-\tau_t^{ws})W_t^s N_t^s$$

(5) 带有习惯因素的两类家庭成员消费动态

$$\tilde{C}_t^h = C_t^h - hC_{t-1}^h$$

$$\tilde{C}_t^s = C_t^s - hC_{t-1}^s$$

---

① 此处省略了外生冲击的动态方程，这主要是因为上述方程在正文中通常直接以对数线性化形式来表示。

(6) 两类家庭成员的边际替代率

$$MRS_t^h = S_t^{nh}(\tilde{C}_t^h)^\sigma (N_t^h)^\varphi$$

$$MRS_t^s = S_t^{ns}(\tilde{C}_t^s)^\sigma (N_t^s)^\varphi$$

(7) 两类家庭的劳动力加权总和、消费加总、投资加总与资本加总

$$N_t \equiv \gamma_n^h N_t^h + (1-\gamma_n^h) N_t^s$$

$$C_t \equiv \gamma_n^h C_t^h + (1-\gamma_n^h) C_t^s$$

$$K_t \equiv \gamma_n^h K_t^h$$

$$I_t \equiv \gamma_n^h I_t^h$$

(8) 最终产品生产商的 Dixit-Stigliz 生产函数

$$Y_t = \left(\int_0^1 X_t(j)^{\frac{\varepsilon-1}{\varepsilon}} dj\right)^{\frac{\varepsilon}{\varepsilon-1}}$$

(9) 最终产品生产商的定价机制

$$P_t = \left(\int_0^1 P_t(j)^{1-\varepsilon} dj\right)^{\frac{1}{1-\varepsilon}}$$

(10) 最终产品生产商对第 j 类中间产品的需求

$$X_t(j) = \left(\frac{P_t(j)}{P_t}\right)^{-\varepsilon} Y_t$$

(11) 中间产品生产商生产函数

$$Y_t(j) = K_{t-1}(j)^{(1-\alpha)} [S_t^a N_t(j)]^\alpha (K_t^g)^{\alpha_g}$$

(12) 中间产品生产商的要素报酬决定条件

$$R_t^k = (1-\alpha) MC_t \frac{Y_t(j)}{K_{t-1}(j)}$$

$$W_t = \alpha MC_t \frac{Y_t(j)}{N_t(j)}$$

(13) 产品最优价格设定一阶条件

$$\sum_{k=0}^\infty \theta^k E_t\{\Lambda_{t,t+k} Y_{t+k|t}(j)[(P_t^*/P_{t+k}) - \mu MC_{t+k|t}]\} = 0, \mu = \frac{\varepsilon}{(\varepsilon-1)}$$

(14) 两类劳动力的最优名义工资决定条件

$$\sum_{k=0}^{\infty} (\beta\theta_w^h)^k E_t \left\{ \left(\frac{N_{t+k|t}^h}{C_{t+k}^h}\right) \left[(1-\tau_{t+k}^{wh}) \left(\frac{W_t^{h*}}{P_{t+k}}\right) - \mu_w^h (1+\tau_{t+k}^{ch}) MRS_{t+k|t}^h \right] \right\} = 0,$$

$$\mu_w^h = \frac{\varepsilon_w^h}{(\varepsilon_w^h - 1)}$$

$$\sum_{k=0}^{\infty} (\beta\theta_w^s)^k E_t \left\{ \left(\frac{N_{t+k|t}^s}{C_{t+k}^s}\right) \left[(1-\tau_{t+k}^{ws}) \left(\frac{W_t^{s*}}{P_{t+k}}\right) - \mu_w^s (1+\tau_{t+k}^{cs}) MRS_{t+k|t}^s \right] \right\} = 0,$$

$$\mu_w^s = \frac{\varepsilon_w^s}{(\varepsilon_w^s - 1)}$$

(15) 劳动力的 CES 加总与两类劳动力需求量的决定条件

$$N_t = \left[(\gamma_n^h)^{1/\varepsilon_w} (N_t^h)^{(\varepsilon_w-1)/\varepsilon_w} + (1-\gamma_n^h)^{1/\varepsilon_w} (N_t^s)^{(\varepsilon_w-1)/\varepsilon_w} \right]^{\varepsilon_w/(\varepsilon_w-1)}$$

$$N_t^h = (\gamma_n^h) \left(\frac{W_t^h}{W_t}\right)^{-\varepsilon_w} N_t$$

$$N_t^s = (1-\gamma_n^h) \left(\frac{W_t^s}{W_t}\right)^{-\varepsilon_w} N_t$$

(16) 中间产品商劳动要素报酬与两类劳动力实际工资的关系

$$W_t = \left[\gamma_n^h (W_t^h)^{(1-\varepsilon_w)} + (1-\gamma_n^h) (W_t^s)^{(1-\varepsilon_w)} \right]^{1/(1-\varepsilon_w)}$$

(17) 相对富裕家庭总收入

$$INC_t^h = (1-\tau_t^{wh}) W_t^h N_t^h + (1-\tau_t^{kh}) R_t^k K_t^h$$

(18) 相对贫困家庭总收入

$$INC_t^s = (1-\tau_t^{ws}) W_t^s N_t^s$$

(19) 全社会的居民收入总量为

$$INC_t = \gamma_n^h INC_t^h + (1-\gamma_n^h) INC_t^s$$

(20) 不平等的衡量

①劳动收入不平等

$$GAP_t^w = \frac{(1-\tau_t^{wh}) W_t^h N_t^h}{(1-\tau_t^{ws}) W_t^s N_t^s}$$

②总收入不平等

$$GAP_t = \frac{INC_t^h}{INC_t^s}$$

③近似的基尼系数

$$GINI_t = 1 - \left(1 + \frac{1-\gamma_n^h}{\gamma_n^h}\right)^{-1}\left[\frac{2(1-\gamma_n^h)INC_t^s}{INC_t} + 1\right]$$

④消费不平等

$$GAP_t^c = \frac{C_t^h}{C_t^s}$$

(21) 货币政策规则

$$\frac{R_t}{\overline{R}} = \left(\frac{R_{t-1}}{\overline{R}}\right)^{\rho_m}\left[\left(\frac{Y_t}{\overline{Y}}\right)^{\psi_y} e^{(\psi_p \pi_t)}\right]^{(1-\rho_m)} e^{\varepsilon_t^r}$$

(22) 名义利率与实际利率的换算

$$R_t^r = R_t/\pi_t$$

(23) 财政政策规则

①两类财政支出规则

a. 生产性财政支出规则

$$\frac{G_t^I}{\overline{G}^I} = \left(\frac{G_{t-1}^I}{\overline{G}^I}\right)^{\rho_g^I}\left[\left(\frac{B_{t-1}}{\overline{B}}\right)^{\psi_{gb}^I}\left(\frac{Y_{t-1}}{\overline{Y}}\right)^{-\psi_{gy}^I}\right]^{(\rho_g^I - 1)} e^{e_t^{gi}}$$

b. 非生产性财政支出规则

$$\frac{G_t^P}{\overline{G}^P} = \left(\frac{G_{t-1}^P}{\overline{G}^P}\right)^{\rho_g^P}\left[\left(\frac{B_{t-1}}{\overline{B}}\right)^{\psi_{gb}^P}\left(\frac{Y_{t-1}}{\overline{Y}}\right)^{-\psi_{gy}^P}\right]^{(\rho_g^P - 1)} e^{e_t^{gp}}$$

c. 政府生产性资产的积累过程

$$K_t^g = (1-\delta)K_{t-1}^g + G_t^I$$

②税收政策表达式

a. 资产收入税的累进税率动态表达式

$$\tau_t^{kh} = 1 - (1-\overline{\tau}^k)\left(\frac{\overline{R}^k \overline{K}^h}{R_t^k K_t^h}\right)^{\omega_k}$$

b. 两类劳动力工薪收入税的累进税率动态表达式

$$\tau_t^{wh} = 1 - (1-\bar{\tau}^w)\left(\frac{\overline{W^h}\overline{N^h}}{W_t^h N_t^h}\right)^{\omega_w}$$

$$\tau_t^{ws} = 1 - (1-\bar{\tau}^w)\left(\frac{\overline{W^s}\overline{N^s}}{W_t^s N_t^s}\right)^{\omega_w}$$

c. 两类劳动力消费税的累进税率动态表达式

$$\tau_t^{ch} = 1 - (1-\bar{\tau}^c)\left(\frac{\overline{C^h}}{C_t^h}\right)^{\omega_c}$$

$$\tau_t^{cs} = 1 - (1-\bar{\tau}^c)\left(\frac{\overline{C^s}}{C_t^s}\right)^{\omega_c}$$

(24) 两类财政支出的加总关系

$$G_t = G_t^p + G_t^I$$

(25) 三类税收的加总关系

$$T_t^k = \gamma_n^h \tau_t^{kh} R_t^k K_t^h$$

$$T_t^c = \gamma_n^h \tau_t^{ch} C_t^h + (1-\gamma_n^h)\tau_t^{cs} C_t^s$$

$$T_t^w = \gamma_n^h \tau_t^{wh} W_t^h N_t^h + (1-\gamma_n^h)\tau_t^{ws} W_t^s N_t^s$$

(26) 政府预算平衡条件

$$P_t T_t^c + P_t T_t^w + P_t T_t^k + R_t^{-1} B_{t+1} = B_t + P_t G_t^P + P_t G_t^I$$

(27) 市场平衡条件

①中间产品商 j 产量加总与平衡条件

$$N_t = \int_0^1 N_t(j)\,dj$$

$$K_t = \int_0^1 K_t(j)\,dj$$

②中间产品商 j 的产出与最终产品商采购量的平衡关系

$$Y_t(j) = X_t(j)$$

③模型经济的总供求平衡条件

$$Y_t = C_t + I_t + G_t^P + G_t^I$$

附录4F 对数线性化后的扩展模型方程

将本章中DSGE理论模型的Uhlig对数线性化形式,包括对数线性化转换后的理论模型方程、政策规则、外生冲击动态过程表达式等整理如下:

(1)相对富裕家庭效用最大化一阶条件

$$\hat{\tilde{c}}_t^h = E_t\{\hat{\tilde{c}}_{t+1}^h\} + E_t\{\pi_{t+1}\} + \frac{\bar{\tau}^{ch}}{(1+\bar{\tau}^{ch})}(\hat{t}_{t+1}^{ch} - \hat{t}_t^{ch}) - \hat{r}_t$$

$$\hat{q}_t = \eta^{-1}(\hat{i}_t^h - \hat{k}_t^h)$$

$$\hat{q}_t = [1 - \beta(1-\delta)]\left(-\frac{\bar{\tau}^{kh}}{(1-\bar{\tau}^{kh})}\hat{\tau}_{t+1}^{kh} + E_t\{\hat{r}_{t+1}^k\}\right) + \beta E_t\{\hat{q}_{t+1}\} - \hat{r}_t + E_t\{\pi_{t+1}\}$$

(2)资本的动态积累过程

$$\hat{k}_{t+1}^h = \hat{k}_t^h + \delta(\hat{i}_t^h - \hat{k}_t^h)$$

(3)相对贫困家庭消费决定条件

$$\frac{\bar{\tau}^{cs}}{(1+\bar{\tau}^{cs})}\hat{\tau}_t^{cs} + \hat{c}_t^s = -\frac{\bar{\tau}^{ws}}{(1-\bar{\tau}^{ws})}\hat{\tau}_t^{ws} + \hat{w}_t^s + \hat{n}_t^s$$

(4)带消费习惯系数的消费动态方程

$$\hat{\tilde{c}}_t^h = \frac{1}{(1-h)}\hat{c}_t^h - \frac{h}{(1-h)}\hat{c}_{t-1}^h$$

$$\hat{\tilde{c}}_t^s = \frac{1}{(1-h)}\hat{c}_t^s - \frac{h}{(1-h)}\hat{c}_{t-1}^s$$

(5)两类家庭成员的边际替代率

$$mrs_t^h = \varphi\hat{n}_t^h + \sigma\hat{\tilde{c}}_t^h$$

$$mrs_t^s = \varphi\hat{n}_t^s + \sigma\hat{\tilde{c}}_t^s$$

(6) 两类家庭的劳动供给加总、消费加总、投资加总与资本加总

$$\overline{N}\hat{n}_t^a = (\gamma_n^h)(\overline{N}^h)\hat{n}_t^h + (1-\gamma_n^h)(\overline{N}^s)\hat{n}_t^s$$

$$\overline{C}\hat{c}_t \equiv \gamma_n^h \overline{C}^h \hat{c}_t^h + (1-\gamma_n^h)\overline{C}^s \hat{c}_t^s$$

$$\hat{i}_t \equiv \hat{i}_t^h$$

$$\hat{k}_t \equiv \hat{k}_t^h$$

(7) 中间产品生产商生产函数

$$\hat{y}_t = (1-\alpha)\hat{k}_t + \alpha\hat{n}_t + \alpha_g\hat{k}_t^g + \alpha\varepsilon_t^a$$

(8) 中间产品生产商的要素报酬决定条件

$$r_t^k = mc_t + \hat{y}_t - \hat{k}_t$$

$$\hat{w}_t = mc_t + \hat{y}_t - \hat{n}_t$$

(9) 新凯恩斯主义菲利普斯曲线

$$\pi_t = \beta E_t\{\pi_{t+1}\} + (1-\theta)(1-\theta\beta)\theta^{-1}mc_t$$

(10) 劳动力的实际工资膨胀率

$$\pi_t^{rwh} = w_t^h - w_{t-1}^h$$

$$\pi_t^{rws} = w_t^s - w_{t-1}^s$$

$$\pi_t^{rw} = w_t - w_{t-1}$$

(11) 劳动力实际工资膨胀率与名义工资膨胀率的换算

$$\pi_t^{wh} = \pi_t^{rwh} + \pi_t$$

$$\pi_t^{ws} = \pi_t^{rws} + \pi_t$$

$$\pi_t^{w} = \pi_t^{rw} + \pi_t$$

(12) 两类劳动者的新凯恩斯主义工资菲利普斯曲线(NKWPC)

$$\pi_t^{wh} = \frac{(1-\beta\theta_w^h)(1-\theta_w^h)}{\theta_w^h(1+\varphi\varepsilon_w^h)}\left[mrs_t^h - \hat{w}_t^h + \frac{\overline{\tau}^{wh}}{(1-\overline{\tau}^{wh})}\hat{\tau}_t^{wh} + \frac{\overline{\tau}^{ch}}{(1+\overline{\tau}^{ch})}\hat{\tau}_t^{ch}\right] + \beta\pi_{t+1}^{wh}$$

$$\pi_t^{ws} = \frac{(1-\beta\theta_w^s)(1-\theta_w^s)}{\theta_w^s(1+\varphi\varepsilon_w^s)}\left[mrs_t^s - \hat{w}_t^s + \frac{\overline{\tau}^{ws}}{(1-\overline{\tau}^{ws})}\hat{\tau}_t^{ws} + \frac{\overline{\tau}^{cs}}{(1+\overline{\tau}^{cs})}\hat{\tau}_t^{cs}\right] + \beta\pi_{t+1}^{ws}$$

(13) 两类劳动力失业水平表达式

$$\hat{u}_t^h = \varphi^{-1}\left(-\frac{\overline{\tau}^{wh}}{(1-\overline{\tau}^{wh})}\hat{\tau}_t^{wh} - \frac{\overline{\tau}^{ch}}{(1+\overline{\tau}^{ch})}\hat{\tau}_t^{ch} + \hat{w}_t^h - mrs_t^h\right)$$

$$\hat{u}_t^s = \varphi^{-1}\left(-\frac{\overline{\tau}^{ws}}{(1-\overline{\tau}^{ws})}\hat{\tau}_t^{ws} - \frac{\overline{\tau}^{cs}}{(1+\overline{\tau}^{cs})}\hat{\tau}_t^{cs} + \hat{w}_t^s - mrs_t^s\right)$$

(14) 劳动力的 CES 加总与两类劳动力需求量的决定条件

$$\hat{n}_t = (\gamma_n^h)^{1/\varepsilon_w}\left(\frac{\overline{N}^h}{\overline{N}}\right)^{(\varepsilon_w-1)/\varepsilon_w}\hat{n}_t^h + (1-\gamma_n^h)^{1/\varepsilon_w}\left(\frac{\overline{N}^s}{\overline{N}}\right)^{(\varepsilon_w-1)/\varepsilon_w}\hat{n}_t^s$$

$$\hat{n}_t^h = -\varepsilon_w(\hat{w}_t^h - \hat{w}_t) + \hat{n}_t$$

$$\hat{n}_t^s = -\varepsilon_w(\hat{w}_t^s - \hat{w}_t) + \hat{n}_t$$

(15) 相对富裕家庭税后收入

$$\overline{INC}^h inc_t^h = \left[\begin{array}{l}(1-\overline{\tau}^{wh})\overline{W}^h\overline{N}^h\left(-\frac{\overline{\tau}^{wh}}{(1-\overline{\tau}^{wh})}\hat{\tau}_t^{wh} + \hat{w}_t^h + \hat{n}_t^h\right) \\ + (1-\overline{\tau}^{kh})\overline{R}^k\overline{K}^h\left(-\frac{\overline{\tau}^{kh}}{(1-\overline{\tau}^{kh})}\hat{\tau}_t^{kh} + \hat{r}_t^k + \hat{k}_t^h\right)\end{array}\right]$$

(16) 相对贫困家庭税后收入

$$inc_t^s = -\frac{\overline{\tau}^{ws}}{(1-\overline{\tau}^{ws})}\hat{\tau}_t^{ws} + \hat{w}_t^s + \hat{n}_t^s$$

(17) 全社会的居民收入总量

$$\overline{INC}inc_t = \gamma_n^h \overline{INC}^h inc_t^h + (1-\gamma_n^h) \overline{INC}^s inc_t^s$$

(18) 不平等的衡量

① 劳动收入不平等

$$gap_t^w = \hat{w}_t^h + \hat{n}_t^h - \frac{\overline{\tau}^{wh}}{(1-\overline{\tau}^{wh})}\hat{\tau}_t^{wh} - \hat{w}_t^s - \hat{n}_t^s + \frac{\overline{\tau}^{ws}}{(1-\overline{\tau}^{ws})}\hat{\tau}_t^{ws}$$

② 总收入不平等

$$gap_t = inc_t^h - inc_t^s$$

③近似的居民收入基尼系数

$$\overline{GINI}gini_t = -\left(1 + \frac{1-\gamma_n^h}{\gamma_n^h}\right)^{-1}\left(\frac{2(1-\gamma_n^h)}{\overline{INC}}\overline{INC^s}\right)(inc_t^s - inc_t)$$

④消费不平等

$$gap_t^c = \hat{c}_t^h - \hat{c}_t^s$$

(19) 货币政策规则

$$\hat{r}_t = \rho_m \hat{r}_{t-1} + (1-\rho_m)(\psi_y \hat{y}_t + \psi_p \pi_t) + \varepsilon_t^r$$

(20) 名义利率与实际利率的换算

$$\hat{r}_t^r = \hat{r}_t - \pi_t$$

(21) 财政政策规则

①两类财政支出规则

$$\hat{g}_t^I = \rho_g^I \hat{g}_{t-1}^I - (1-\rho_g^I)(\psi_{gb}^I \hat{b}_{t-1} - \psi_{gy}^I \hat{y}_{t-1}) + e_t^{gi}; \quad e_t^{gi} \sim i.i.d. N(0, \sigma_{gi}^2)$$

$$\hat{g}_t^P = \rho_g^p \hat{g}_{t-1}^P - (1-\rho_g^p)(\psi_{gb}^P \hat{b}_{t-1} - \psi_{gy}^P \hat{y}_{t-1}) + e_t^{gp}; \quad e_t^{gp} \sim i.i.d. N(0, \sigma_{gp}^2)$$

②政府生产性资产的积累方程

$$\hat{k}_t^g = (1-\delta)\hat{k}_{t-1}^g + \delta \hat{g}_t^I$$

③各类税收的累进税率动态表达式

a. 资产收入税的累进税率动态表达式

$$\bar{\tau}^k \hat{\tau}_t^{kh} = \omega_k (1-\bar{\tau}^k)(\hat{r}_t^k + \hat{k}_t^h)$$

b. 两类劳动力工薪收入税的累进税率动态表达式

$$\bar{\tau}^w \hat{\tau}_t^{wh} = \omega_w (1-\bar{\tau}^w)(\hat{w}_t^h + \hat{n}_t^h)$$

$$\bar{\tau}^w \hat{\tau}_t^{ws} = \omega_w (1-\bar{\tau}^w)(\hat{w}_t^s + \hat{n}_t^s)$$

c. 两类劳动力消费税的累进税率动态表达式

$$\bar{\tau}^c \hat{\tau}_t^{ch} = \omega_c (1-\bar{\tau}^c)\hat{c}_t^h$$

$$\bar{\tau}^c \hat{\tau}_t^{cs} = \omega_c (1-\bar{\tau}^c)\hat{c}_t^s$$

(22) 两类财政支出的加总

$$\hat{g}_t = \frac{\overline{G^P}}{\overline{G}}\hat{g}_t^P + \frac{\overline{G^I}}{\overline{G}}\hat{g}_t^I$$

(23) 政府预算平衡条件

$$\frac{\overline{B}}{\overline{P}}\hat{b}_t + \overline{G}^p \hat{g}_t^P + \overline{G}^I \hat{g}_t^I = \begin{cases} \gamma_n^h \overline{\tau}^{ch} \overline{C}^h (\hat{\tau}_t^{ch} + \hat{c}_t^h) + (1-\gamma_n^h) \overline{\tau}^{cs} \overline{C}^s (\hat{\tau}_t^{cs} + \hat{c}_t^s) \\ + \gamma_n^h \overline{\tau}^{wh} \overline{W}^h \overline{N}^h (\hat{\tau}_t^{wh} + \hat{w}_t^h + \hat{n}_t^h) \\ + (1-\gamma_n^h) \overline{\tau}^{ws} \overline{W}^s \overline{N}^s (\hat{\tau}_t^{ws} + \hat{w}_t^s + \hat{n}_t^s) \\ + \gamma_n^h \overline{\tau}^{kh} \overline{R}^k \overline{K}^h (\hat{\tau}_t^{kh} + \hat{r}_t^k + \hat{k}_t^h) \\ + \beta \frac{\overline{B}}{\overline{P}} (\hat{b}_{t+1} + \pi_{t+1} - \hat{r}_t) \end{cases}$$

(24) 模型经济的总供求平衡条件

$$\hat{y}_t = \frac{\overline{C}}{\overline{Y}}\hat{c}_t + \frac{\overline{I}}{\overline{Y}}\hat{i}_t + \frac{\overline{G}}{\overline{Y}}\hat{g}_t$$

(25) 其他外生冲击

① 技术（全要素生产率）冲击

$$\varepsilon_t^a = \rho_a \varepsilon_{t-1}^a + e_t^a, \quad e_t^a \sim i.i.d. N(0, \sigma_a^2)$$

② 两类劳动力的供给冲击

$$\varepsilon_t^{nh} = \rho_{nh} \varepsilon_{t-1}^{nh} + e_t^{nh}, \quad e_t^{nh} \sim i.i.d. N(0, \sigma_{nh}^2)$$

$$\varepsilon_t^{ns} = \rho_{ns} \varepsilon_{t-1}^{ns} + e_t^{ns}, \quad e_t^{ns} \sim i.i.d. N(0, \sigma_{ns}^2)$$

③ 货币政策冲击

$$\varepsilon_t^r = \rho_r \varepsilon_{t-1}^r + e_t^r, \quad e_t^r \sim i.i.d. N(0, \sigma_r^2)$$

附表 4.1　扩展模型部分参数校准表

Enclosetable 4.1: calibration of some parameters in the extended model.

参数	校准值	校 准 依 据
β	0.990	参考仝冰(2010)、贾俊雪与郭庆旺(2012)、肖尧与牛永青(2014)、王曦等(2017)根据市场利率水平折算的结果,从本书市场利率样本数据中得出的推算值也与其相符
δ	0.040	参考薛鹤翔(2010)、张伟进(2015)、陈利锋(2016)等学者的经验
$\bar{C}/\bar{Y}$	0.450	根据中国国家统计局网站提供的统计数据,以社会商品零售总额占GDP(不含净出口)的比值估算
$\bar{G}/\bar{Y}$	0.250	根据中经网统计数据,以国家财政支出(不含债务还本)与GDP(不含净出口)的比值估算
$\bar{G}^p/\bar{G}$	0.820	根据中经网统计数据,以来源为国家预算内资金的固定资产投资额占国家财政支出总额的比值推算
$\bar{\tau}^k$	0.250	根据李玉双(2012)、黄赜琳与朱保华(2015)等人的研究经验,以及崔治文等(2011)、王蓓与崔治文(2012)、梁红梅与张卫峰(2014)等人的有效税率测算结果确定
$\bar{\tau}^w$	0.060	根据李玉双(2012)、黄赜琳与朱保华(2015)等人的研究经验,以及崔治文等(2011)、王蓓与崔治文(2012)、梁红梅与张卫峰(2014)等人的有效税率测算结果确定
$\bar{\tau}^c$	0.090	根据李玉双(2012)、黄赜琳与朱保华(2015)等人的研究经验,以及崔治文等(2011)、王蓓与崔治文(2012)、梁红梅与张卫峰(2014)等人的有效税率测算结果确定

附表4.2 扩展模型参数贝叶斯估计的先验分布设定

Enclosetable 4.2: prior distribution of Bayesian estimation for the extended model

参数	先验均值	分布类型	标准差	确 定 依 据
α	0.400	beta	0.150	参考薛鹤翔(2010)的设定
α_g	0.100	beta	0.050	参考朱军(2013a)、陈利锋(2016)的设定
h	0.500	beta	0.180	参考张伟进等(2015)的设定
θ	0.700	beta	0.150	参考陈利锋(2017b)的设定
σ	1.000	gamma	0.250	参考薛鹤翔(2010)的设定
φ	6.160	gamma	0.500	参考刘斌(2008)、薛鹤翔(2010)的设定
ψ_y	0.125	gamma	0.050	参考 Zhang(2009)的设定
ψ_p	2.000	gamma	0.150	参考贾俊雪与郭庆旺(2012)的设定
ψ_{gy}^P	0.060	gamma	0.030	参考李玉双(2012)、朱军(2013a)的取值范围，并参考陈利锋(2016)的做法，令债务的反应系数大于产出缺口的反应系数
ψ_{gb}^P	0.100	gamma	0.050	同上
ψ_{gy}^I	0.120	gamma	0.060	同上。参考陈利锋(2016)的做法，令生产性支出的反应系数大于非生产性支出
ψ_{gb}^I	0.240	gamma	0.100	同上
ρ_a	0.500	beta	0.120	参考王曦等(2017)的设定
ρ_r	0.500	beta	0.120	参考陈利锋(2016)、王曦等(2017)等的设定
ρ_g^I	0.400	beta	0.120	参考王曦等(2017)的设定
ρ_g^P	0.400	beta	0.120	同上
ρ_n^h	0.500	beta	0.150	参考陈利锋(2016)、王曦等(2017)等的设定

附表 4.2　扩展模型参数贝叶斯估计的先验分布设定

续表

参数	先验均值	分布类型	标准差	确　定　依　据
ρ_n^s	0.500	beta	0.150	同上
θ_{hw}	0.600	beta	0.150	参考刘斌(2008)的设定
θ_{sw}	0.300	beta	0.150	参考陈利锋(2016)等人的处理,设为低于 θ_w^h 的值
ε_h^w	1.600	normal	0.160	参考陈利锋(2013)设定其合理范围
ε_s^w	2.800	normal	0.160	参考薛鹤翔(2010)、陈利锋(2014)的设定
ε_w	1.600	gamma	0.120	根据张月友与刘志彪(2012)、潘文卿等(2017)等的实证结果设定其合理范围,并根据贝叶斯估计的识别结果进行了调整
ε	1.600	gamma	0.160	许志伟等(2011)设为 1.7,陈利锋(2014)设为 1.553;取一个居中的值
ρ_m	0.400	beta	0.150	参考王曦等(2017)的设定
ω_c	0.350	beta	0.150	参考 Mattesini &Rossi(2012)设定其合理范围
ω_w	0.350	beta	0.150	同上
ω_k	0.350	beta	0.150	同上
γ_n^h	0.316	beta	0.080	根据 CLDS2016 数据进行估算
γ_c^h	0.375	beta	0.150	同上
σ_a	0.100	inv_gamma	Inf	参考刘斌(2008)的估计结果
σ_r	0.100	inv_gamma	Inf	参考刘斌(2008)的设定
σ_{gp}	0.100	inv_gamma	Inf	参考刘斌(2008)、李玉双(2012)、陈利锋(2016)的设置
σ_{gi}	0.100	inv_gamma	Inf	同上
σ_n^h	1.000	inv_gamma	Inf	参考刘斌(2008)、张伟进等(2015)的设置
σ_n^s	1.000	inv_gamma	Inf	同上

附表 4.3 扩展模型参数的贝叶斯估计结果
Enclosetable 4.3: the Bayesian estimation results of the extended model

参数	先验分布设置			后验分布估计结果	
	先验均值	分布类型	标准差	后验均值	95%后验置信区间
α	0.400	beta	0.150	0.387	[0.265, 0.516]
α_g	0.100	beta	0.050	0.100	[0.027, 0.194]
h	0.500	beta	0.180	0.183	[0.041, 0.324]
θ	0.700	beta	0.150	0.773	[0.695, 0.837]
σ	1.000	gamma	0.250	0.494	[0.224, 0.791]
φ	6.160	gamma	0.500	6.495	[5.510, 7.548]
ψ_y	0.125	gamma	0.050	0.107	[0.038, 0.190]
ψ_p	2.000	gamma	0.150	2.357	[2.103, 2.605]
ψ_{gy}^P	0.060	gamma	0.030	0.042	[0.011, 0.082]
ψ_{gb}^P	0.100	gamma	0.050	0.103	[0.026, 0.190]
ψ_{gy}^I	0.120	gamma	0.060	0.074	[0.018, 0.136]
ψ_{gb}^I	0.240	gamma	0.100	0.211	[0.077, 0.361]
ρ_a	0.500	beta	0.120	0.575	[0.335, 0.847]
ρ_r	0.500	beta	0.120	0.432	[0.242, 0.647]
ρ_g^I	0.400	beta	0.120	0.524	[0.367, 0.690]
ρ_g^P	0.400	beta	0.120	0.805	[0.691, 0.914]
ρ_n^h	0.500	beta	0.150	0.391	[0.130, 0.708]
ρ_s^h	0.500	beta	0.150	0.891	[0.823, 0.948]
θ_{hw}	0.600	beta	0.150	0.556	[0.355, 0.780]
θ_{sw}	0.300	beta	0.150	0.269	[0.041, 0.496]

附表4.3 扩展模型参数的贝叶斯估计结果

续表

参数	先验分布设置			后验分布估计结果	
	先验均值	分布类型	标准差	后验均值	95%后验置信区间
ε_h^w	1.600	normal	0.160	1.622	[1.382, 1.862]
ε_s^w	2.800	normal	0.160	2.789	[2.511, 3.133]
ε_w	1.600	gamma	0.120	1.653	[1.425, 1.878]
ε	1.600	gamma	0.160	1.673	[1.372, 2.013]
ρ_m	0.400	beta	0.150	0.482	[0.326, 0.618]
ω_c	0.350	beta	0.150	0.286	[0.067, 0.519]
ω_w	0.350	beta	0.150	0.684	[0.458, 0.883]
ω_k	0.350	beta	0.150	0.308	[0.098, 0.530]
γ_n^h	0.316	beta	0.080	0.460	[0.273, 0.623]
γ_c^h	0.375	beta	0.150	0.504	[0.190, 0.739]
σ_a	0.100	inv_gamma	Inf	0.029	[0.018, 0.042]
σ_r	0.100	inv_gamma	Inf	0.013	[0.012, 0.015]
σ_{gp}	0.100	inv_gamma	Inf	0.071	[0.059, 0.085]
σ_{gi}	0.100	inv_gamma	Inf	0.084	[0.070, 0.099]
σ_n^h	1.000	inv_gamma	Inf	0.571	[0.227, 1.086]
σ_n^s	1.000	inv_gamma	Inf	0.910	[0.488, 1.422]

第5章 稳定化政策、不平等与福利损失：实证分析

目前，本书已完成了基本 NK-DSGE 模型(简称基本模型)和从其扩展得来的不平等 NK-DSGE 模型(简称扩展模型)的构建工作。其中，基本 NK-DSGE 模型以新凯恩斯主义学说作为理论基础，模型中加入了新凯恩斯主义经济理论中价格黏性、工资黏性等涉及市场运行、价格与工资动态变化的关键假设。上述基本模型的构建、推导、参数估计和稳健性检验结果均较为理想，为针对不平等问题的后续研究预先搭建了一个可扩展的新凯恩斯主义一般均衡框架。而不平等 NK-DSGE 模型在基本模型的基础上引入了异质性的家庭部门，不同的家庭在资产存量、经济行为模式等初始条件上存在显著差异，所以具备初始的不平等条件，并会在模型动态过程导致持续性的不平等、决定不平等的变化规律。在本书 4.3.1 小节中，两个模型间的评价与比较结果表明，相对复杂的不平等 NK-DSGE 模型反而能够更好地拟合观测数据、解释中国经济主要指标的变化规律，说明不平等是研究中国当前宏观经济实际规律时不能忽略的一个问题。

本章的主要研究工作是开展模型的应用分析。在本书 4.3.2 小节，已经运用基本 NK-DSGE 模型分析的结果与扩展模型分析结果进行综合比较，考察了在有、无不平等形成机制的两种情况下，经济系统的内生变化过程存在何种差异，判断了相应的规律和机制。本章的分析可以看作是第 4 章 4.3.2 小节研究内容的延续，但是其侧重点放在了对稳定化政策与不平等间关系的

分析上，并且以稳定化政策的优化选择作为最终研究目的。本章的分析与阐述则主要分成两大部分，第一部分是沿用本书4.3.2小节的分析思路，通过对基本模型、扩展模型的分析结果进行比较，研究不平等的收入分配机制会如何决定模型经济中稳定化政策的效应，而稳定化政策又会如何给各类经济不平等问题带来动态的影响，在此基础上进一步判断经济政策在社会公平方面的代价。第二部分则将前述分析作为依据与基础，研究纳入不平等因素时稳定化政策的优化选择问题，选择的依据主要有两个方面，其一，既然前述研究结果说明，不平等问题在稳定化政策作用的分析中是不可忽略的因素，而稳定化政策的影响又会导致不平等的动态变化、改变社会的公平程度，那么就应将不平等纳入政策优化选择的评价尺度，判断什么类型的政策能在发挥作用的过程中带来更积极的分配效应。其二，新凯恩斯主义将社会福利损失视作政策优化选择的评价尺度，所以可进一步在包含不平等的DSGE模型的基础上，测算各类稳定化政策带来的福利损失代价，并将其作为依据来支持相关政策的优化选择。

5.1 稳定化政策对不平等的动态影响

通过本书4.3.2小节中的分析，本书在DSGE分析框架内厘清了经济变量的变化规律与不平等收入分配机制之间的关系。从分析结果中可以发现，在不平等的收入分配机制下，贫、富家庭的收入来源与经济决策模式差异在很大程度上影响乃至决定了经济波动的具体过程。接下来，既然宏观经济的稳定化政策是以经济变量作为控制目标的，那么对上述规律的掌握，就可以进一步帮助我们分析稳定化政策影响下不平等水平的动态变化特点、把握存在不平等约束的稳定化政策效应。

5.1.1 货币政策冲击

货币政策冲击来源于政府制定并实施的稳定化政策。图5.1、图5.2给出了1个单位标准差的逆向货币政策冲击(相当于宽松的货币政策)对于两类NK-DSGE模型中主要经济变量的影响。

显然，与已有研究得到的结论类似，扩张性货币政策的实施意味着银根放松、降低市场利率水平，同时也使图5.1中的通胀水平加大。市场利率的下降意味着企业的融资成本降低，带动了投资与企业的生产活动，使经济中的产出、投资、消费等均进入扩张状态，而劳动力市场也因此获益，总需求的扩张使得对劳动力的需求也进一步提升，实际工资水平自然也受到了同向影响。但是，通过考察图5.1中脉冲响应结果的跨模型对比情况可发现，包含不平等问题的扩展模型在货币政策的冲击下体现出了比基本模型更显著的响应，所以，厘清这种差异的产生机制，对于准确把握货币政策的效果、开展相应政策的优化选择分析是非常有必要的。

基于图5.1、图5.2的比较分析可以表明，由于扩展模型中的资本存量主要集中在相对富裕家庭成员手中，所以货币政策带来的利益更直接地被此类家庭的成员通过资产收益的增长而获得。而相对贫困家庭则仅有相对单一的收入来源，只能从总需求扩张与工资的上涨中获益，所以模型经济中的消费不平等、收入不平等程度均在5个季度之内被迅速推升，这说明货币政策在实践中会带来社会分配公平程度下降、不同人群生活水平差距加大的代价。

此外，由于劳动力市场所受的影响常被作为货币政策的决策依据之一，所以也应重点关注图5.1、图5.2所体现的相应规律。在基本模型中，由于所有家庭成员均隶属于可参与金融市场的李嘉图模型家庭，所以货币政策带来的总需求扩张使得所有家庭成员均能从投资收益的增长中直接获利，其提高劳动力供给量的意愿相对较弱，这使得图5.1中基本模型的劳动力供给数量以更快的速度回落，实际劳动报酬的响应幅度也很小，这是导致货币政策刺激下基本模型总产出提升幅度相对不足的主因之一。也即是说，忽视不平等的分配机制容易使货币政策带来的经济波动程度被低估。

5.1 稳定化政策对不平等的动态影响

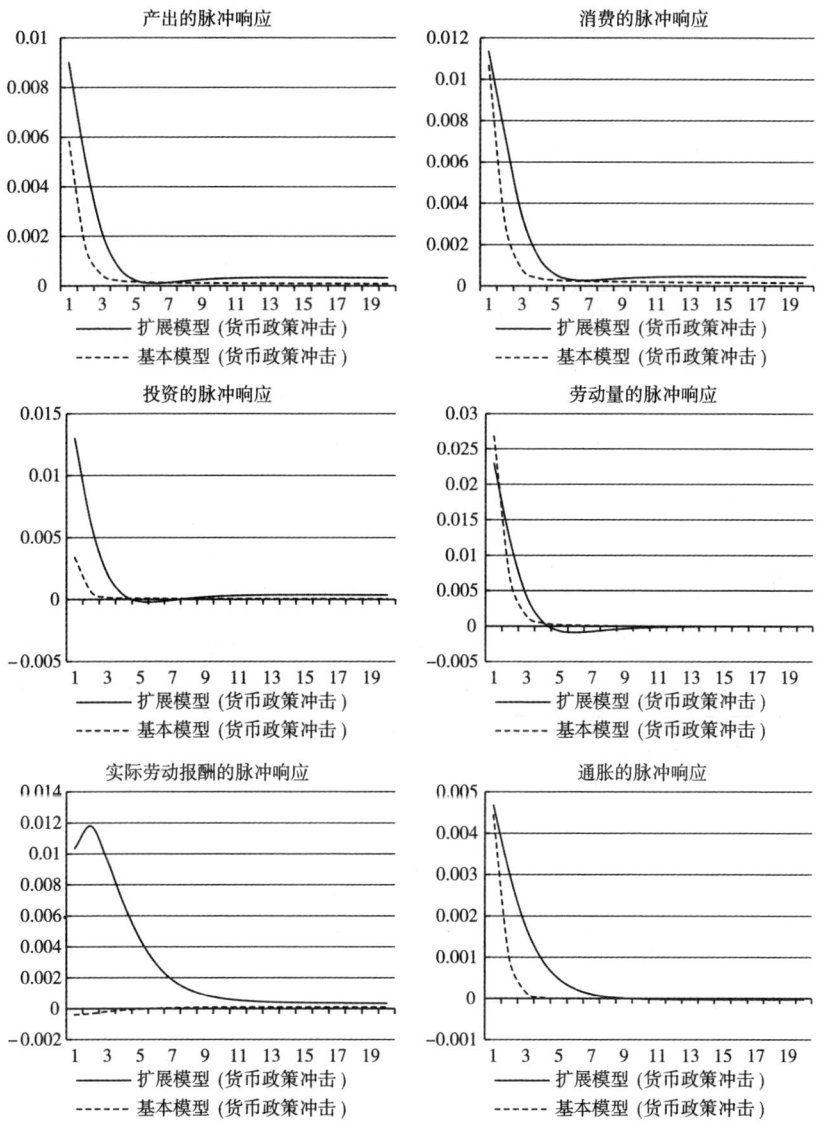

图 5.1 宽松货币政策冲击下主要经济变量脉冲响应的跨模型对比

Figure 5.1 the cross model comparison of the impulse responses under the impact of expansionary monetary policy

图注：图形纵轴为相关变量的响应程度(相对于稳态的对数偏离)，横轴表示冲击发生后的时期(季度)。数据由 Matlab R2015a 软件与 Dynare 4.4.3 程序包生成并导出，在 MS Office Excel 2010 软件中绘制。

213

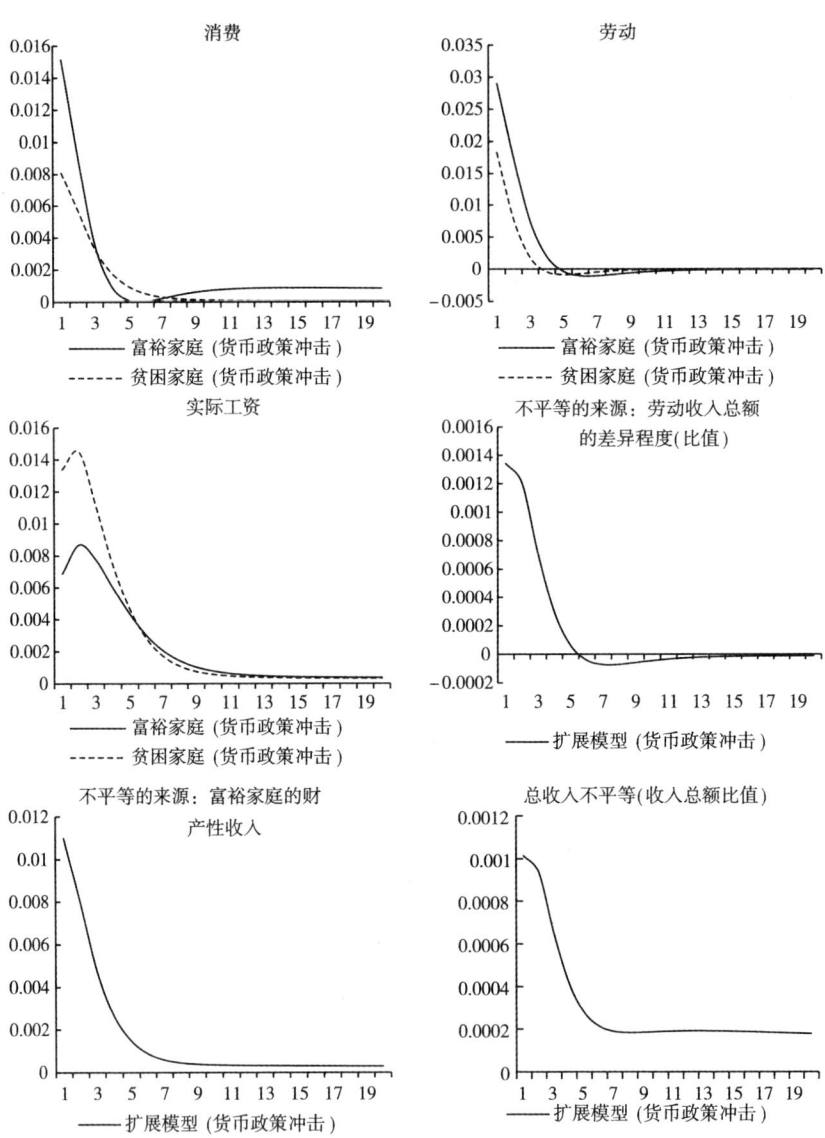

图 5.2 宽松货币政策冲击下扩展模型中两类家庭的脉冲响应对比

Figure 5.2 impulse responses of two types of families in the extended model under the impact of expansionary monetary policy

图注：图形纵轴为相关变量的响应程度（相对于稳态的对数偏离），横轴表示冲击发生后的时期（季度）。数据由 Matlab R2015a 软件与 Dynare 4.4.3 程序包生成并导出，在 MS Office Excel 2010 软件中绘制。

5.1.2 财政政策冲击

5.1.2.1 非生产性财政支出冲击

不平等在财政支出政策的分析中同样是难以忽略的。Galí et al. (2007)曾通过 DSGE 的校准与模拟指出，只有充分考虑不同家庭间财富不平等、跨期决策模式差异等因素，才能真正准确地把握财政支出产生经济效应的渠道和机制。图 5.3、图 5.4 报告了两类 NK-DSGE 模型在面对非生产性财政支出正向冲击时的脉冲响应情况。

需要说明的是，图 5.3 中主要经济变量的响应情况与 Smets & Wouters (2003)得出的分析结论稍有差异，这主要是因为本书的财政规则考虑了对债务总量的负反应机制，所以在某期出现的支出扩张都会在此后若干期带来更大的政府债务压力，财政政策的决策者只能通过增税或削减支出来应对债务，而这些行为又都会经济产生抑制作用。所以从图 5.3 可见，非生产性财政支出虽然在冲击当期能推高产出水平，但是过一段时间后却会变成负向影响。

从图 5.3 可见，在两类 NK-DSGE 模型中，非生产性财政支出均对私人的消费、投资产生了较大的挤出效应(负财富效应)①，但扩展模型所受到的负面影响显然大于基本模型。为了剖析其中原因，在图 5.4 中对扩展模型中两类家庭成员的响应规律做出了对比，从中可以发现，非生产性财政支出对两类家庭成员的影响存在鲜明的非对称性。

首先，由于非生产性财政支出带来的总需求扩张，劳动力的相对稀缺使得两类劳动力的实际工资均被推高，而两类家庭提供的劳动力数量在冲击影响下也都出现了历时 7 个季度左右的短暂上升。但是，在挤出效应的作用

---

① 当然，目前国内学术界对我国财政支出给私人消费、投资带来的影响仍未得出一致性结论，不同学者在不同情境下、联系不同因素时得出的结论也存在较大分歧，如帅雯君等(2013)、杨翱与李长洪(2016)、王青与孟祥敏(2017)等。当然，包括简志宏等(2011)、孙力军等(2011)、逄淑梅等(2015)在内的研究也得出了与本书相近的结论。

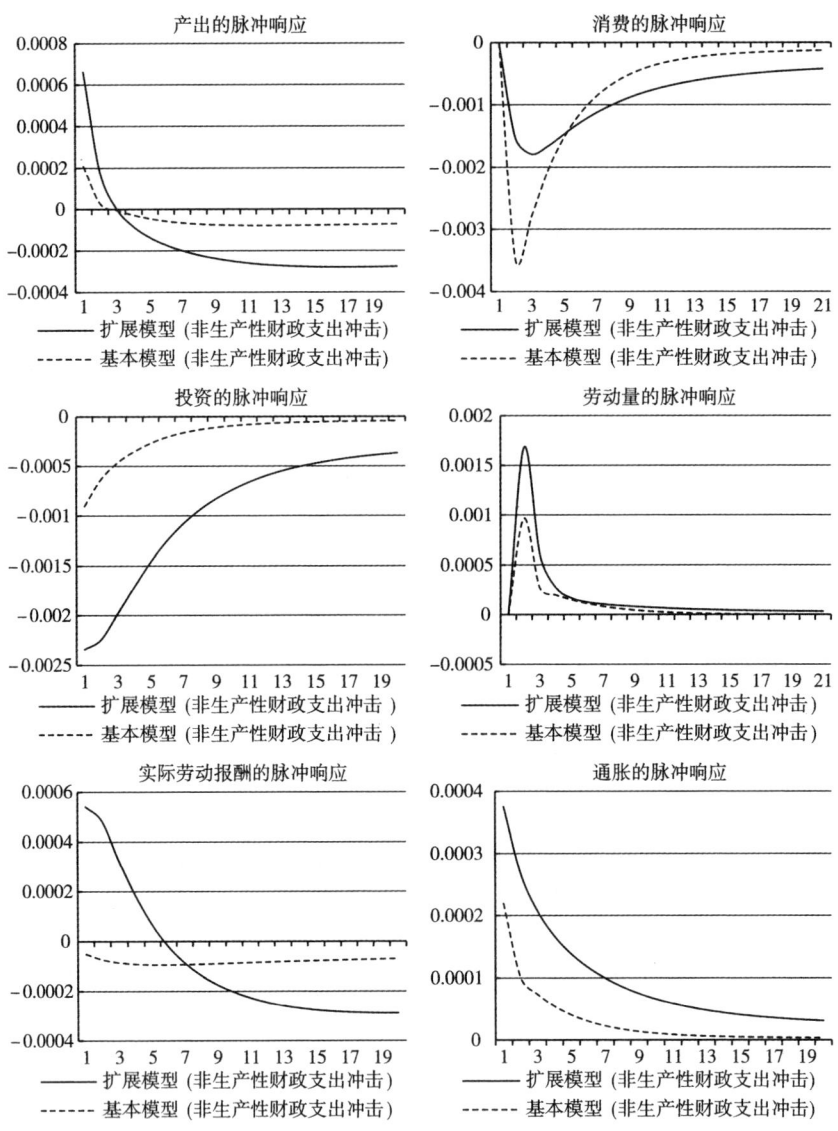

图 5.3 非生产性财政支出冲击下主要经济变量脉冲响应的跨模型对比

Figure 5.3 the cross model comparison of the impulse responses under the impact of non-productive fiscal expenditure

图注：图形纵轴为相关变量的响应程度(相对于稳态的对数偏离)，横轴表示冲击发生后的时期(季度)。数据由 Matlab R2015a 软件与 Dynare 4.4.3 程序包生成并导出，在 MS Office Excel 2010 软件中绘制。

5.1 稳定化政策对不平等的动态影响

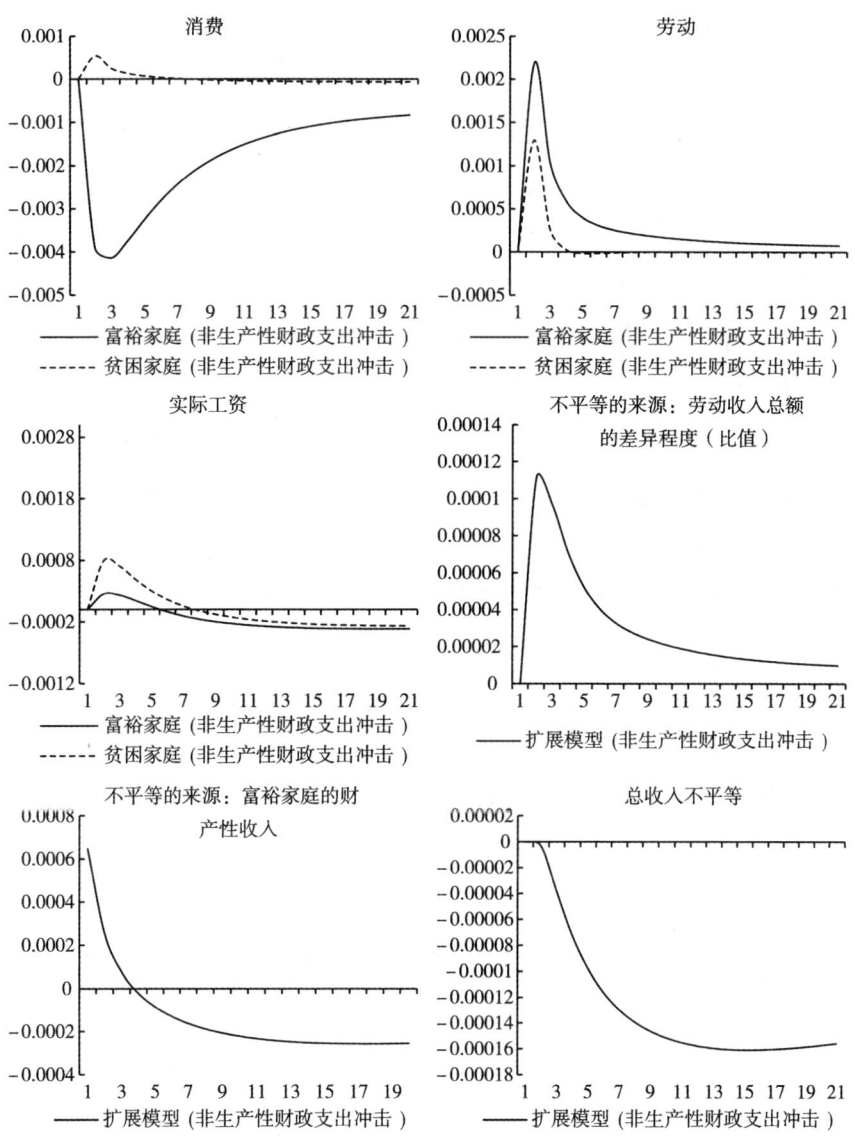

图 5.4 非生产性财政支出冲击下扩展模型中两类家庭的脉冲响应对比

Figure 5.4 impulse responses of two types of families in the extended model under the impact of non-productive fiscal expenditure

图注：图形纵轴为相关变量的响应程度（相对于稳态的对数偏离），横轴表示冲击发生后的时期（季度）。数据由 Matlab R2015a 软件与 Dynare 4.4.3 程序包生成并导出，在 MS Office Excel 2010 软件中绘制。

217

下，富裕家庭成员不得不为了维持生活水平而进行更多的劳动，以弥补财产性收入下降带来的损失，但相对贫困家庭在流动性约束下却并未因此受到太大的直接影响，所以正如图5.4所反映的，其提高劳动供给量的意愿远不如相对富裕家庭，这也在一定程度上扩大了因劳动收入方面的不平等。

同时，另一不可忽视的差别在于消费，流动性约束下的相对贫困家庭成员并不能实行跨期最优消费，所以劳动收入的提升直接导致了其消费水平的增加。而拥有资产的相对富裕家庭成员则在非生产性财政支出冲击下受到了较大的负面影响，这是由于非生产性财政支出的挤出效应较为显著，私人投资的下降使得资产收益减少，使其总收入下降、消费减少。在上述机制的作用下，模型经济中的总收入不平等、消费不平等均得到一定程度的缓解，并在较长的时间内保持在偏低的水平上，而且两类家庭在收入、消费上的一消一涨、相互抵消，也使扩展模型中的消费在冲击发生之初(5个季度至6个季度内)的下降幅度小于基本模型，这与郭凯明等(2011)的分析结论类似。

不过此后，随着政府债务的增加、政府财政支出规模的重新下调、总产出的下降，劳动力需求的萎缩也使劳动者就业数量快速下降、实际工资由高于稳态变为低于稳态。在扩展模型中，相对贫困家庭劳动者只能依靠工薪收入来生存，受工资下滑的影响更大，所以从图5.3可见扩展模型在此阶段出现的消费萎缩程度开始大于基本模型，并具有较强的持续性。由此造成的总需求不足，也使图5.3中扩展模型总产出的下降程度大于基本模型，这种负面影响与郭凯明等(2011)的发言同样是一致的。综上，在联系现实中的不平等问题的情况下，对不同类型社会个体面对政策影响时的不同行为决策机制进行有区别的分析，将有利于更准确地把握非生产性财政支出带来的效应。

5.1.2.2 生产性财政支出冲击

生产性财政支出的特殊性在于，它关系到政府的生产性资产 K_t^g 的积累过程，并能直接进入模型经济的生产部门，直接从供给侧促进总产出的扩张，使经济中的就业数量增加、实际工资水平提高。而且，生产性财政支出同样会推高模型经济中的通胀水平。

然而,在现有研究中,生产性财政支出通常被认为同时具有负的财富效应和正的财富效应(李玉双,2012;朱军,2016b),图 5.5 中的脉冲响应分析结果也体现了这一点,虽然产出、消费在冲击到来时均出现下降,体现了负的财富效应,但在若干期后均回弹到略高于稳态的水平,体现出正的财富效应。而且,与上一小节的分析类似,生产性财政支出冲击的效应在两类 NK-DSGE 模型中也存在差异。

扩展模型中不同家庭脉冲响应规律的对比结果显示,在生产性财政支出影响下,经济变量的变化规律与非生产性财政支出带来的影响总体是类似的,但也存在一些值得注意的差别。例如,虽然生产性财政支出也带来了一定的挤出效应,但由于生产性财政支出促进了生产性资产的形成,直接从供给侧提高了生产部门的产出水平,且对居民消费的、投资的挤出效应较小,相关的税收不至萎缩过快、造成政府债务缺口过度扩张,所以生产性财政支出也并未像非生产性支出那样在冲击若干期后对经济带来抑制作用。

当然,也正是因为前述的挤出效应较小,相对富裕家庭成员投资收益的下降幅度较小,使其总收入、消费、劳动供给产生的波动幅度均很小。综上原因,结合图 5.6 进行考察后不难发现,相对于非生产性支出带来的效应,生产性财政支出的冲击并未使相对富裕家庭成员的消费出现大幅、持续的下降,所以对消费不平等的缓解作用较为有限,而且总收入不平等的下降幅度同样远小于非生产性财政支出冲击所带来的效果,甚至会在短期(3 个季度)内导致不平等加剧。

同时,图 5.5 中的跨模型比较结果也说明,在忽视不平等的基本 NK-DSGE 模型中,虽然在财政政策的产出效应、就业促进作用分析上会得到与不平等 NK-DSGE 模型相近的结果,但忽视贫、富两类经济主体的行为模式差异,也会使政策冲击下消费变量面对的挤出效应被高估、产出的波动被低估,对劳动要素实际报酬的变化也会得出偏低的脉冲响应分析结果。

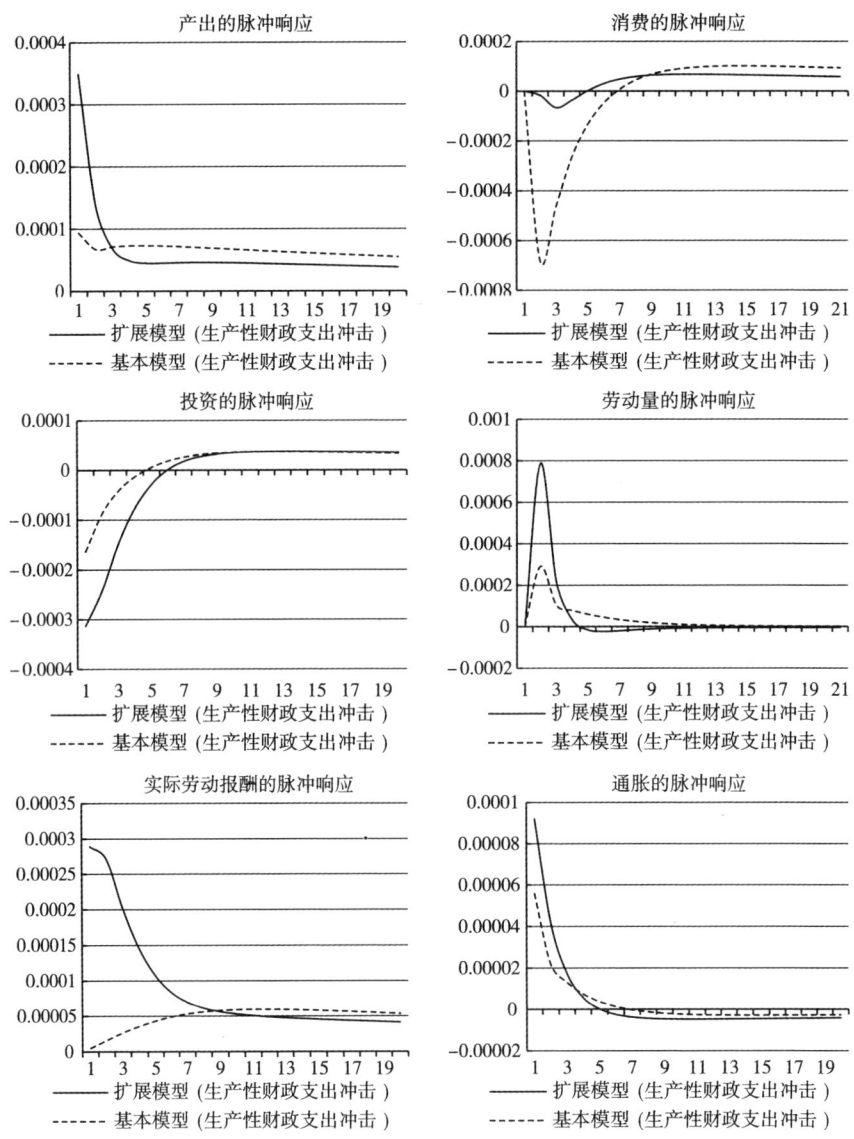

图 5.5　生产性财政支出冲击下主要经济变量脉冲响应的跨模型对比

Figure 5.5　the cross model comparison of the impulse responses under the impact of productive fiscal expenditure

图注：图形纵轴为相关变量的响应程度（相对于稳态的对数偏离），横轴表示冲击发生后的时期（季度）。数据由 Matlab R2015a 软件与 Dynare 4.4.3 程序包生成并导出，在 MS Office Excel 2010 软件中绘制。

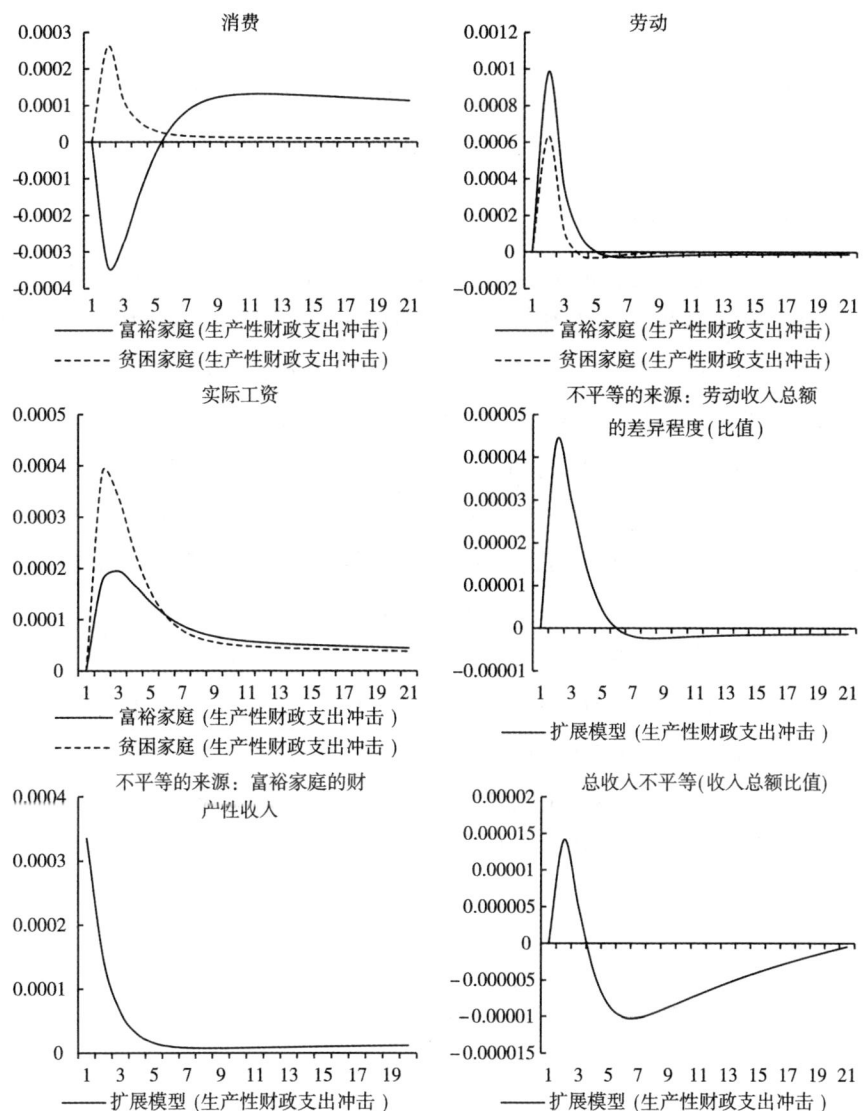

图 5.6 生产性财政支出冲击下扩展模型中两类家庭的脉冲响应对比

Figure 5.6 impulse responses of two types of families in the extended model under the impact of productive fiscal expenditure

图注：图形纵轴为相关变量的响应程度(相对于稳态的对数偏离)，横轴表示冲击发生后的时期(季度)。数据由 Matlab R2015a 软件与 Dynare 4.4.3 程序包生成并导出，在 MS Office Excel 2010 软件中绘制。

5.2 包含不平等的福利损失函数与稳定化政策评价

本书以较合理的形式在 NK-DSGE 模型中纳入了不平等问题,并且通过 5.1 节的分析,本书已在模型分析结果中反映出了"存量"维度上的不平等状态(主要指财富不平等)对稳定化政策效应的影响机理,并在此基础上动态地刻画出"流量"维度上不平等水平变化过程(主要指收入不平等、消费不平等)。

5.1 节的分析结果已经表明,在分析宏观经济稳定化政策作用效果的过程中,不平等的收入分配机制确实在政策的作用过程中扮演着重要的角色,会显著地影响到稳定化政策的最终效果;而且从内生视角来看,宏观经济稳定化政策也会反过来改变经济中已有的不平等水平。这说明,在宏观经济稳定化政策的评价、选择过程中,不平等确实是难以忽视的因素。

然而,从现有的新凯恩斯主义宏观经济政策研究中可以发现,以 Woodford(2011)为代表的福利损失函数是政策效应评价的主要工具,但目前绝大多数主流的福利损失函数中均未纳入不平等因素。所以,本节的主要任务在于,在现有文献的基础上实现关键的创新,从本书 DSGE 模型中推导包含不平等因素的福利损失函数,从而切实地将不平等的机制、规律融合到政策效应的评价体系中,使经济政策能够更准确、有效地保障中国宏观经济的稳定发展。

5.2.1 政策效果评价的主要工具

在本书中,两类 NK-DSGE 模型构建和运用的最终目的,是为了给宏观经济稳定化政策的优化选择提供充足的理论、实证依据。上述政策优化选择的目的主要在于,能够在有效发挥政策作用的前提下,寻求尽可能带来更小不平等代价的政策工具,为更好地发挥宏观经济政策的稳定化作用、减少因不平等带来的社会代价、保障中国经济的包容性增长提供可行的政策选项。

在上述政策的评价和选择过程中,5.1 节能够提供的分析手段,实质上是借助脉冲响应分析结果对各类备择政策所带来的不平等代价进行判断。上述手段的一个局限在于，公平和效率一向是各国政策机构需要权衡的两难问题(Okun,1975)，所以，一个能够带来较大不平等代价的经济政策(如宽松货币政策)是否就一定应被否定？或者，如果一项政策在以较大幅度改善不平等现象的同时，却导致了更大的经济波动、给宏观经济的运行与发展带来了较大的损失，那么社会是否有必要为了平等化目标而付出上述代价？面对上述问题，前文中直观但单一的脉冲响应判断方式实际无法在不平等视域下对政策的效果进行总体、全面的评判，也无法帮助我们解决平等与效率之间的权衡问题。所以，还须进一步引入专门的政策评价标准，开展更全面、更有说服力的政策效果评价。

在主流的新凯恩斯主义 DSGE 模型分析中，关于政策效果的评价需要建立在社会福利损失分析的基础上，即假定仁慈的政策制定者以社会福利作为政策评价依据，致力于使政策带来的福利损失达到最小。社会福利损失的具体计算方法依赖于社会福利损失函数，该函数可通过借鉴 Woodford(2011)的线性二次型(linear-quadric)方法对 DSGE 模型中的效用函数进行逼近而得到。具体的，参考 Woodford(2011)、Galí(2012)的处理方法，从本书的不平等NK-DSGE 模型中可以推导出如下的平均社会福利损失计算式：

$$W_{loss} \approx \begin{bmatrix} (1+\varphi)\mathrm{var}(\hat{n}_t^a) + \begin{pmatrix} \varepsilon \\ \lambda_p \alpha \end{pmatrix} \mathrm{var}(\pi_t) \\ + \gamma_n^h \left(\dfrac{\varepsilon_w^h}{\lambda_w^h}\right) \mathrm{var}(\pi_t^{wh}) + (1-\gamma_n^h) \left(\dfrac{\varepsilon_w^s}{\lambda_w^s}\right) \mathrm{var}(\pi_t^{ws}) \\ + \dfrac{(\sigma-1)}{\gamma_n^h(1-\gamma_n^h)} \mathrm{var}(gap_t^c) + \dfrac{(1+\varphi)}{\gamma_n^h(1-\gamma_n^h)} \left(\dfrac{\varepsilon_w}{\varepsilon_w-1}\right)^2 \mathrm{var}(gap_t) \end{bmatrix}$$

$$\lambda_p = \frac{(1-\theta)(1-\theta\beta)}{\theta} \frac{\alpha}{\alpha+(1-\alpha)\varepsilon};$$

$$\lambda_w^h = \frac{(1-\beta\theta_w^h)(1-\theta_w^h)}{\theta_w^h(1+\varphi\varepsilon_w^h)};$$

$$\lambda_w^s = \frac{(1-\beta\theta_w^s)(1-\theta_w^s)}{\theta_w^s(1+\varphi\varepsilon_w^s)} \tag{5.1}$$

上式中的 var(·)表示对应变量的方差。相比之下，由于不考虑不平等问题，从基本 NK-DSGE 模型中得出的社会福利损失函数则相对简单：

$$W_{loss} \approx (1+\varphi)\mathrm{var}(\hat{n}_t) + \left(\frac{\varepsilon}{\lambda_p \alpha}\right)\mathrm{var}(\pi_t) + \left(\frac{\varepsilon_w}{\lambda_w}\right)\mathrm{var}(\pi_t^w)$$

$$\lambda_p = \frac{(1-\theta)(1-\theta\beta)}{\theta}\frac{\alpha}{\alpha+(1-\alpha)\varepsilon};$$

$$\lambda_w = \frac{(1-\beta\theta_w)(1-\theta_w)}{\theta_w(1+\varphi\varepsilon_w)};$$

(5.2)

与陈利锋(2017c)的推导类似，福利损失函数(5.1)的推导和计算都基于含有不平等因素的 NK-DSGE 模型，所以在理论上，其计算值能够在考虑不平等的前提下衡量经济政策所带来的社会福利损失，帮助我们找到能更好地兼顾公平和效率的政策选项。根据(5.1)式和(5.2)式，对本书中的基本 NK-DSGE 模型(基本模型)和不平等 NK-DSGE 模型(扩展模型)在稳定化政策影响下的社会福利损失结果进行了初步测算，并将其和模型中主要经济变量的波动性(通过脉冲响应过程中的标准差衡量)一并列于表 5.1 中。从表 5.1 中的计算结果可见，基本模型总体上低估了稳定化政策所造成的经济波动与社会福利损失。

表 5.1 基本模型与扩展模型的政策效应(福利损失与波动性)对比表

Table 5.1 comparison of policy effects (welfare loss and volatility) between the base-line model and the extended model

冲击类别	扩展模型变量波动					基本模型变量波动				
	福利损失	$\hat{y}_t$	$\hat{c}_t$	$\hat{i}_t$	π_t	福利损失	$\hat{y}_t$	$\hat{c}_t$	$\hat{i}_t$	π_t
货币政策	0.0231	0.0108	0.0143	0.0148	0.0059	0.0134	0.0061	0.0111	0.0035	0.0046
非生产性财政支出	1.65×10⁻⁴	2.18×10⁻³	5.03×10⁻³	5.57×10⁻³	6.26×10⁻⁴	3.38×10⁻⁵	5.03×10⁻⁴	5.49×10⁻⁴	1.35×10⁻³	2.67×10⁻⁴
生产性财政支出	1.19×10⁻⁵	4.76×10⁻⁴	4.08×10⁻⁴	5.02×10⁻⁴	1.06×10⁻⁶	2.61×10⁻⁵	4.07×10⁻³	1.05×10⁻³	2.84×10⁻³	6.41×10⁻⁵

表格说明：表中数据由 Matlab R2015a 软件与 Dynare 4.4.3 程序包生成并导出。

5.2.2 货币政策

5.2.2.1 不同目标与规则下的货币政策

从模型方程可见,在本书的基本模型与扩展模型中,货币政策当局的政策规则都是泰勒规则,如式(5.3)所示,也即同时盯住产出波动和通胀变化的利率规则。通过将这一规则作为货币政策的基准规则,本书模型中货币政策当局具备了稳定化的政策取向。

$$\hat{r}_t = \rho_m \hat{r}_{t-1} + (1-\rho_m)(\psi_y \hat{y}_t + \psi_p \pi_t) + \varepsilon_t^r \quad (5.3)$$

当然,由于本节内容是在考虑不平等、社会福利损失的情形下,探讨稳定化政策的优化选择,所以也有必要在基准规则之外考虑其他可供操作的方案,探索可能具备更好效果的货币政策规则。

所以,此处为模型中的货币政策当局进一步引入两类备择规则。第一类备择规则是"Evans 规则"。不同于更常见的泰勒规则,Evans(2011)提出了一个对失业做出反应的货币政策机制,在这一政策机制框架下,货币政策当局的市场干预操作须进一步对经济中的失业水平作出反应。一个较简化的 Evans 规则表达式如(5.4)所示。

$$\hat{r}_t = \rho_m \hat{r}_{t-1} + (1-\rho_m)(\psi_y \hat{y}_t + \psi_p \pi_t - \psi_u \hat{u}_t) + \varepsilon_t^r \quad (5.4)$$

然而,从可操作性的角度看,上述 Evans 规则存在的一个局限是,现实经济中的失业水平较难予以准确监测并统计。为了回避这一局限,进一步引入第二类备择规则,如公式(5.5)所示。该备择规则的特点是,以工资变化程度(即模型中的名义工资膨胀率)替代失业,令货币政策当局对名义工资的膨胀程度作出反应,所以下文中又将该规则简称为"工资规则"。

$$\hat{r}_t = \rho_m \hat{r}_{t-1} + (1-\rho_m)(\psi_y \hat{y}_t + \psi_p \pi_t - \psi_w \pi_t^w) + \varepsilon_t^r \quad (5.5)$$

5.2.2.2 不同货币政策规则的效应比较

利用本书中的不平等 NK-DSGE 模型(扩展模型),分别加入(5.3)式、

(5.4)式、(5.5)式所示的三类货币政策规则，进行了货币政策效应的模拟，并根据福利损失函数计算结果，以及政策影响下的不平等水平的动态变化情况，进行了政策效应的比较与分析。

从图5.7中可见，在三类不同的货币政策规则下，总收入不平等、劳动收入不平等、消费不平等这三类不平等衡量指标体现出了不同的动态变化过程。在三类规则中，工资规则下宽松货币政策冲击在不平等方面带来了最大的代价，各类不平等指标在冲击下上升的幅度最大。

同时，表5.2报告了各类规则下货币政策冲击的影响，给出了社会福利损失的计算值，并同时以标准差的形式显示了主要宏观经济变量(以产出、消费、投资、通胀为例)在政策冲击下的波动性，从表5.2同样可见，工资规则下货币政策冲击造成的福利损失值最大，并且该规则下主要经济指标的波动性也最强。

表5.2 不同规则下的货币政策效应(福利损失与波动性)对比表

Table 5.2 comparison of monetary policy effects (welfare loss and volatility) under different rules

政策规则	福利损失	变量波动性				
		$\hat{n}_t$	$\hat{y}_t$	$\hat{c}_t$	$\hat{i}_t$	π_t
泰勒规则	0.0231	0.0263	0.0108	0.0143	0.0148	0.0059
Evans规则	0.0169	0.0222	0.0092	0.0121	0.0125	0.0052
工资规则	0.0261	0.0288	0.0119	0.0157	0.0162	0.0061

表格说明：表中数据由Matlab R2015a软件与Dynare 4.4.3程序包生成并导出。

与上述工资规则相比较，Evans规则显示出了相对积极的分配效应，图5.7显示，该规则下货币政策冲击导致的不平等扩张程度是三类规则中最少的，而表5.4则说明，Evans规则下的货币政策冲击也导致了最少的社会福利损失，并且主要经济指标产生的波动也是幅度最小的。常规的泰勒规则在上述两方面则介于Evans规则与工资规则之间。

5.2 包含不平等的福利损失函数与稳定化政策评价

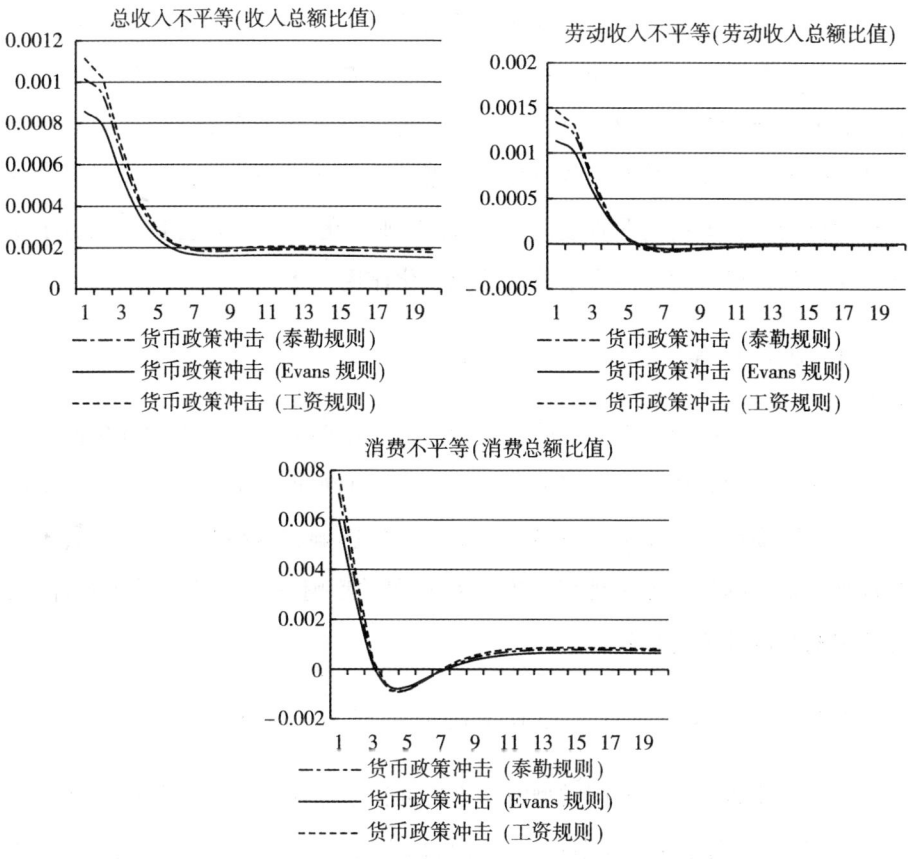

图 5.7 不同规则下各类不平等指标对货币政策冲击的响应

Figure 5.7 response of inequal indicators to monetary policy impact under different policy rules

图注：图形纵轴为相关变量的响应程度（相对于稳态的对数偏离），横轴表示冲击发生后的时期（季度）。数据由 Matlab R2015a 软件与 Dynare 4.4.3 程序包生成并导出，在 MS Office Excel 2010 软件中绘制。

以上比较结果说明，在经济中存在不平等的情形下，盯住失业的 Evans 规则能够使货币政策尽可能少地带来社会公平方面的代价，并且该规则下经济指标的波动程度和以社会福利衡量的经济效率损失都是最小的。如果进一步联系 5.1 节中不平等在经济波动过程中的演化机制来剖析这一差异，不难

227

发现该差异的一个关键解释在于，经济波动过程中，社会中的相对贫困家庭受到更严重的流动性约束，所以其为了维持开支，总是愿意提供相对更多的劳动力并忍受更高水平的非自愿失业，5.1 节中分析表明，上述机制使不平等 NK-DSGE 模型模拟得出的经济波动幅度相对更大。而 Evans 规则恰好是一种盯住劳动者就业状态的货币政策规则，当经济系统中出现了相对过剩的劳动力供给和较大的失业程度时，Evans 规则下的政策工具会自动地做出逆向反应，从而更好地发挥货币政策的稳定化作用。

5.2.3 财政政策

前文中已经结合模型的财政政策设置，利用两类财政支出的外生冲击进行了财政政策的效应分析。可见，与主流文献的观点类似，模型分析结果同样表明不同类型财政支出会对经济产生不同的影响。本小节进一步结合不平等水平和福利损失程度等评价标准，对不同类型财政支出的效果进行评价，并给出初步的政策选择建议。

5.2.3.1 不同财政支出政策的分配代价与福利代价

图 5.8 报告了两类不同类型财政支出冲击下各类不平等指标的变化过程（当然，这也是对 5.1.2 小节中相关分析结果的汇总）。从图中可见，三类不平等指标在生产性财政支出冲击下出现的波动均远小于非生产性财政支出冲击下的波动，而且在两类财政支出工具中，非生产性财政支出对不平等的改善作用更大。但是，表 5.1 报告的福利损失计算结果与波动数据却显示，非生产性财政支出对经济系统造成的福利损失测算值为 1.65×10^{-4}，远大于生产性财政支出造成的福利损失（1.19×10^{-5}），这进一步说明上述改善作用是以更大的经济效率损失为代价的。联系 5.1.2 小节中的分析结果可以发现，非生产性财政支出以较大的幅度减少了相对富裕家庭的财产性收入、体现出了较积极的分配效应(这也可以从图 5.8 中总收入不平等、劳动收入不平等动态变化的差异看出)，但非生产性财政支出带来的政府债务负担也会在较

长时期内给经济带来负面影响，再加上其对私人投资、消费的挤出效应，使其最终导致了较大的福利损失代价。

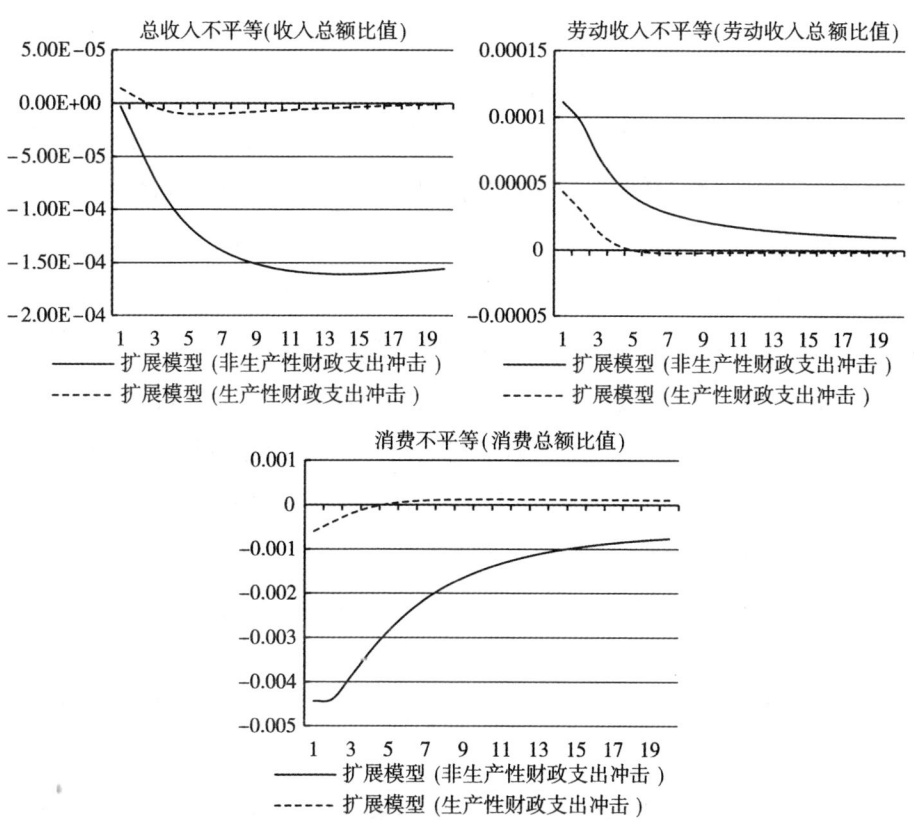

图 5.8 不同类型财政支出冲击下各类不平等指标的脉冲响应

Figure 5.8 the impulse response of various types of inequality under the impact of two types of financial expenditure

图注：图形纵轴为相关变量的响应程度（相对于稳态的对数偏离），横轴表示冲击发生后的时期（季度）。数据由 Matlab R2015a 软件与 Dynare 4.4.3 程序包生成并导出，在 MS Office Excel 2010 软件中绘制。

总之，以上结果说明，非生产性财政支出能够较好地改善社会中的不平等程度，这与郭凯明等（2011）的分析结论类似；但是问题在于，这种公平上的优势是以较高的效率代价换取的。所以，在非生产性财政支出政策的运用，以及财政支出结构的相应调整上，政策决策者必须面对公平和效率之间的权衡。

5.2.3.2 反事实分析：累进税规则的调整与优化

在实际经济中，财政支出的融资方式通常有两种，一种是通过发行债券，另一种则是通过税收。由于税收在现实经济中具有较强的固定性，所以本书的两类 DSGE 模型中均没有以外生冲击的形式来表现税收的影响，而是对三类税收的累进性进行了刻画，侧重于反映税收地对收入分配的调节效应。同时，主流宏观经济理论也将累进税视为宏观经济的"自动稳定器"之一，所以上述税收制度也凸显了财政政策的稳定化作用。那么，本书模型中纳入的累进税制度是否真正地发挥了稳定化作用呢？上述问题关系到累进税制度调整下的不平等演化分析和福利损失计算，所以须采用恰当的方法加以检验。

在附表4.3报告的扩展模型参数贝叶斯估计结果中，本书中三类税收即工薪收入税、资产收入税、消费税的累进性参数均大于0，说明模型实证结果支持了现实经济中三类税收的累进性特征。在考察这三类税收的累进性是否帮助经济系统实现了稳定时，可以采用反事实分析法（counterfactual analysis），即调整模型参数以使各类税收的累进性不复存在（令累进性参数为0），然后将此情形下的模型经济波动水平与未经修改的模型模拟结果进行比较，判断具有累进性的税收是否能起到稳定经济波动的作用。

表5.3报告了上述分析的结果。表中以技术（TFP）冲击为例，以就业、产出、消费、通胀等主要经济变量的波动性水平（标准差）作为代表，分别在税收制度有、无累进性的情况下显示了经济变量波动程度的差异。不难发现，在工薪收入税、资产收入税具有累进性的情形下，主要经济变量的波动程度均小于上述两类税收无累进性的情形，唯一的例外是，工薪收入税在有累进性时，产出、消费的波动幅度大于无累进性时的情况，结合其他变量的

变化可以发现，累进性工薪收入税的稳定化作用会更多地体现在就业、投资和物价水平上，这与陈利锋（2014）得出的结论类似。与上述两类税收不同的是，消费税的累进性仅仅对经济波动过程中的消费水平发挥了显著的稳定作用，但对其他经济变量的波动性却反而起到了加强的作用，这是因为消费税的累进性对消费起到了"挤出"作用，使持有资产的居民在经济扩张（收缩）时以更大（小）比例的收入进行投资，进而对产出等宏观经济主要变量起到了更强的扩张（收缩）作用，加剧了经济波动。综上所述，在本书模型纳入的三类税收中，累进性的工薪收入税、资产收入税可以切实发挥出抑制经济波动的作用，成为宏观经济的"自动稳定器"。

在前面的分析中已经发现，积极的货币政策、财政支出工具均会影响到不平等的具体水平。而本书模型中税收政策的稳定化作用则是主要依靠其累进性来实现的。那么，作为一种配套政策，如果在财政、货币政策工具运用的过程中，对上述累进性税收的力度、规则进行同步调整，是否能起到相得益彰的效果呢？与表5.3中类似，此处同样采用调整累进性参数取值的办法来进行分析。当然，通过观察参数调整后变量动态响应结果的变化情况，DSGE 模型的稳健性也能得到进一步的考察。

表5.3　累进性税收的"自动稳定器"效应检验（以技术冲击下的波动为例）

Table 5.3　exam of the "automatic stabilizer" effect of progressive tax

（e.g. fluctuations under the impact of technology）

税收类别	有累进性变量波动					无累进性变量波动				
	$\hat{n}_t$	$\hat{y}_t$	$\hat{c}_t$	$\hat{i}_t$	π_t	$\hat{n}_t$	$\hat{y}_t$	$\hat{c}_t$	$\hat{i}_t$	π_t
工薪收入税	0.0056	0.0035	0.0041	0.0059	0.0014	0.0087	0.0030	0.0040	0.0063	0.0016
资产收入税	0.0056	0.0035	0.0041	0.0059	0.0014	0.0056	0.0042	0.0047	0.0071	0.0014
消费税	0.0056	0.0035	0.0041	0.0059	0.0014	0.0056	0.0034	0.0045	0.0049	0.0013

表格说明：在表格中，在有累进性的情形下，累进性系数取值与附表4.3中的后验估计结果一致，在无累进性的情形下所有税收的累进性参数设为0。数据由 Matlab R2015a 软件与 Dynare 4.4.3 程序包生成并导出。

(1) 工薪收入税累进性调整带来的效应

在我国，个人所得税是以人大立法形式加以确立的少数税种之一，也一直是平抑经济波动、调节经济不平等的主要工具。累进性的个人所得税具有较直接的再分配能力，而且其征收对象涵盖了大量的个人与家庭、涉及面广泛，所以政策制定者须根据个税与社会、经济之间的关联和影响，采取必要的调整措施来动态地保证个税制度的合理性。自 1980 年开征以来，全国人大先后于 1993 年、1999 年、2005 年、2007 年、2007 年、2011、2018 年对《个人所得税法》进行多次修订，以使个税制度能适应中国国民经济不断发展、个人收入水平持续提高的现实趋势。而且，党和政府近年也多次提出要加强以个税为主要手段的再分配体系，其重要程度可见一斑。

在本书模型中，对代表性家庭征收的工薪收入税对应着中国现行个人所得税中对劳动收入、经营收入征收的部分，对财产性收入征收的部分则属于模型中资产收入税的一部分。所以，在接下来的模拟分析中，我们将以工薪收入税、资产收入税的调整作为重点，分析税收政策调节过程中产生的收入分配效应，尤其是要关注这些税收政策在其他因素、其他政策引发的波动过程中产生的内生、动态影响。

本小点内的分析内容主要是：通过调整累进税率表达式中的参数，来模拟个税改革方案中税率级次、级距的调整，体现个税累进性调整的政策效应。以最近两轮个税改革（2011 年、2018 年）为例，这两次税改的内容均包括了上述调整，其中 2011 年个税改革将工资薪金所得的超额累进税率级次从 9 级改为 7 级（并调节了各级税率），使高收入阶层的适用税率被提高、低收入阶层的负担被减轻（岳希明等，2012）。2018 年个税改革方案的范围更广，首先是进一步优化调整了工资薪金所得、经营所得的累进税率结构，将低收入者适用的税率级距扩大，使其实际税负得以降低；其次，对原本不适用多级累进税率的劳务报酬、稿酬、特许权使用费等，此次税改将其全部与工资薪金合并为"综合所得"，并统一按 3%～45% 七级超额累进税率征税；此外，各类经营性收入也被合并为"经营所得"，全部按多级超额累进税率征税(以往只有工资薪金所得与各类经营所得适用累进税率)。这一调整在2006年后的历次税改中还是首次,个人所得税的分类征税方式因此得到了一定简化,累进税率的涵盖范围也变得更大,使个税税负更多地向高收入者倾斜(尤其是能以非工薪形式获取高额劳动收入的人士)。

不难看出,即便不提高免征额、缩小应纳税所得额,上述级次、级距调整能切实减轻低收入纳税者的负担、使税负相对更多地集中到高收入人群身上,个税的累进性因此被整体增强(岳希明等,2012)。按照本书模型的设定,工薪收入税的税率累进程度(ω_w)会影响税率与应纳税所得额之间的对应关系,其取值越大,个税负担也就越会向高收入者倾斜;所以,可以通过调整参数 ω_w 来模拟税率级次、级距变化,也即累进性调整所带来的作用。此外,上述模拟也能使分析结果的稳健性得到检验。

表5.4与图5.9共同报告了工薪收入税累进性水平调整对各类稳定化政策的效应带来的影响。在表5.4与图5.9中,工薪收入税的累进性参数以每次增加10%的幅度进行了五次调整,可见这一调整在较大的程度上改变了其他政策的效应。表5.4显示,工薪收入税累进性的增强减少了货币政策冲击带来的社会福利损失,而从不同参数下货币政策冲击下总收入不平等程度变化路径[1]的差异来看,工薪所得税累进性的增强,减弱了货币政策冲击在短期内对收入不平等的扩张作用,冲击发生时的收入不平等上升幅度会随着累进性的增强而不断降低。

但有利有弊,工薪所得税累进性的增强也使货币政策冲击发生后的收入不平等水平在较长的时期内保持在一个更高的水平上,其变化路径从原本的短暂大幅升高、快速收敛变为缓慢上升、长期保持。归纳而言,较低的工薪收入税累进性水平使货币政策冲击在收入分配方面带来的不利影响变得大幅但短暂,而提高累进性参数带来的结果则恰好相反。所以,在累进性工薪收

---

[1] 在尝试了累进性调整对所有政策类型、所有不平等指标的影响后,为节约篇幅而略去了未受显著影响的不平等指标与累进性税收类型,仅重点分析工薪收入税、资产收入税的累进性调整对总收入不平等的影响。

入税与货币政策配套使用的过程中,政府需要面对一个权衡:是应让工薪收入税保持较低的累进性水平、在货币政策执行之初忍受较大的不平等扩张幅度(以及可能因此导致的社会问题),还是让不平等程度进入相对缓慢的上升路径并在更长的时期内保持更高的水平?

表5.4 工薪收入税累进性参数调整后的福利损失变化情况

Table 5.4 change of welfare loss after adjustment of progressive parameters of payroll tax

工薪收入税累进性参数调整幅度	不同政策冲击下的福利损失		
	宽松货币政策	非生产性财政支出	生产性财政支出
+0%	0.0231	1.65×10^{-4}	1.19×10^{-5}
+10%	0.0222	2.99×10^{-4}	1.18×10^{-5}
+20%	0.0214	4.73×10^{-4}	1.19×10^{-5}
+30%	0.0209	6.97×10^{-4}	1.21×10^{-5}
+40%	0.0206	9.83×10^{-4}	1.25×10^{-5}
+50%	0.0206	1.35×10^{-3}	1.31×10^{-5}

表格说明:表格中税收的累进性系数初始值与附表4.3中的后验估计结果一致,表中数据由Matlab R2015a软件与Dynare 4.4.3程序包生成并导出。

再联系两类财政支出的作用来分析调整工薪收入税累进性水平的效果。表5.6显示,工薪收入税累进性的增强使非生产性财政支出冲击造成的福利损失快速加大,而在非生产性财政支出的作用上,调整工薪收入税累进性带来的影响是非线性的,当累进税增加幅度不超过约10%的水平时,累进性的增强可以减少福利损失,但累进性水平一旦超过该限度,不断增强的累进性也会导致生产性财政支出冲击下福利损失的增加。同时,图5.9显示,更强的工薪收入税累进性显著地改善了生产性、非生产性财政支出冲击带来的分配效应。

综上,作为配套性政策,工薪收入税累进性的增强能够降低货币政策在

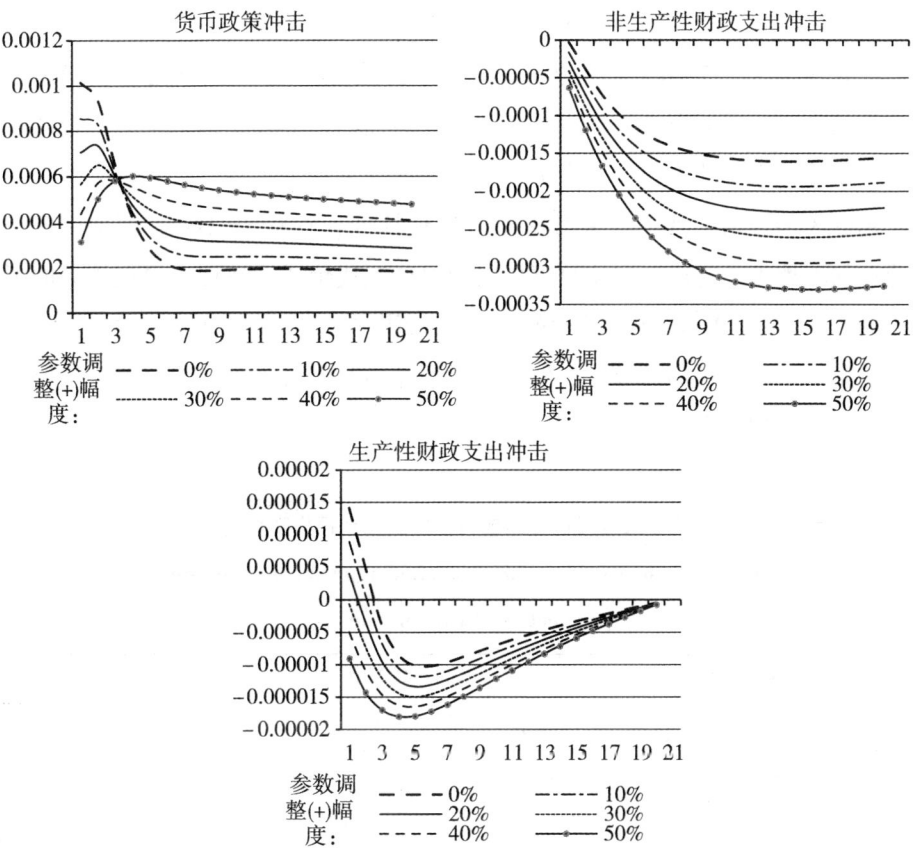

图 5.9 调整工薪收入税累进性对政策冲击下收入不平等演化的影响

Figure 5.9 the influence of adjustment of progressive parameters of payroll tax on the evolution of income inequality under the impact of policies

图注：图形纵轴为相关变量的响应程度(相对于稳态的对数偏离)，横轴表示冲击发生后的时期(季度)。数据由 Matlab R2015a 软件与 Dynare 4.4.3 程序包生成并导出，在 MS Office Excel 2010 软件中绘制。

短期内带来的不平等扩张程度(但会在更长时期内造成相对更严重的不平等)，并减少货币政策导致的福利损失。在有限的幅度内，工薪收入税累进性的提升也能够改善生产性财政支出冲击带来的福利损失，并使生产性财政

第5章 稳定化政策、不平等与福利损失：实证分析

支出的正向冲击导致的分配效应变得更为积极。

(2) 资产收入税累进性调整带来的作用

表5.5与图5.10共同报告了资产收入税累进性水平调整对各类稳定化政策的效应带来的影响。从表5.5所报告的福利损失计算结果来看，资产收入税累进性水平的增强，对表中三类稳定化政策冲击带来的福利损失均具有一定的改善作用。其主要原因在于，在本书的不平等NK-DSGE模型中资产分布的不均等是造成稳定化政策付出较大分配代价或导致更大福利损失的根本原因(参见4.3节、5.1节中的分析)，而资产收入税累进性的改变恰好会影响到财产性收入的再分配，使上述不平等的分配机制被弱化，改善了所有稳定化政策的效应。

表5.5　资产收入税累进性参数调整后的福利损失变化情况

Table 5.5　change of welfare loss after adjustment of progressive parameters of capital gains tax

资产收入税累进性参数调整幅度	不同政策冲击下的福利损失		
	宽松货币政策	非生产性财政支出	生产性财政支出
+0%	0.0231	1.65×10^{-4}	1.19×10^{-5}
+10%	0.0230	1.10×10^{-4}	1.17×10^{-5}
+20%	0.0229	6.35×10^{-5}	1.16×10^{-5}
+30%	0.0228	2.54×10^{-5}	1.14×10^{-5}
+40%	0.0227	1.27×10^{-5}	1.13×10^{-5}
+50%	0.0227	1.24×10^{-5}	1.13×10^{-5}

表格说明：表格中税收的累进性系数初始值与附表4.3中的后验估计结果一致，表中数据由Matlab R2015a软件与Dynare 4.4.3程序包生成并导出。

而从图5.10来看，资产收入税累进性的增强使得货币政策冲击下的收入不平等扩张幅度下降，但减弱了非生产性财政支出带来的收入分配改善作用。在生产性财政支出的冲击下，更强的资产收入税累进性参数未能显著改

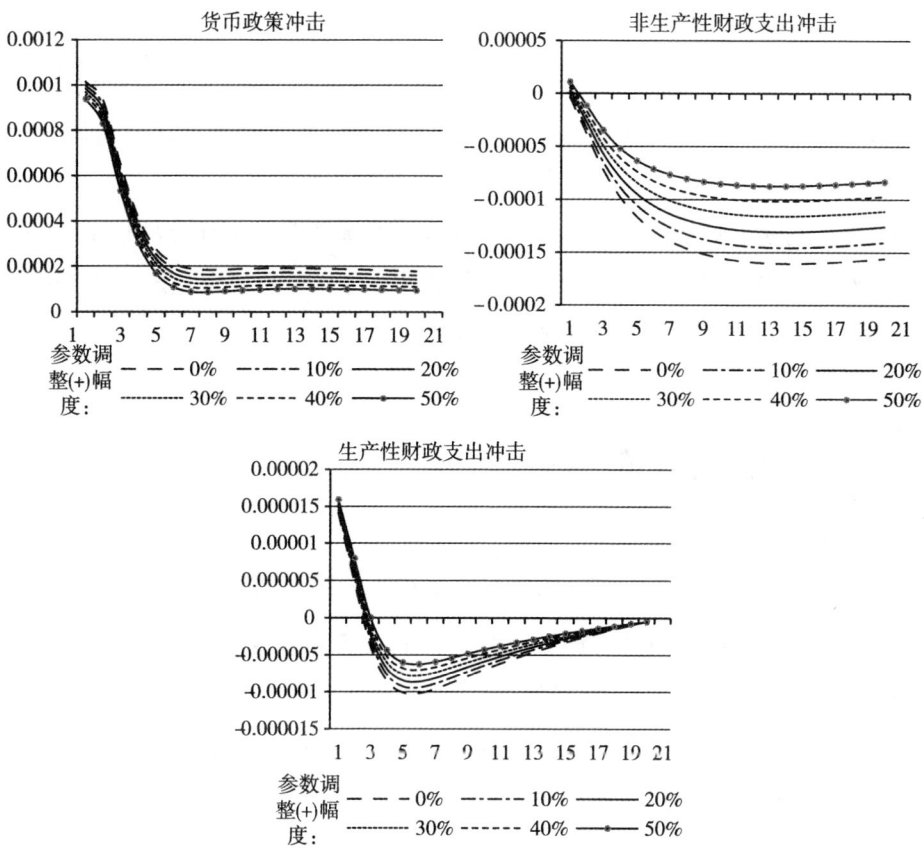

图 5.10 调整资产收入税累进性对政策冲击下收入不平等演化的影响

Figure 5.10 the influence of adjustment of progressive parameters of capital gains tax on the evolution of income inequality under the impact of policies

图注：图形纵轴为相关变量的响应程度(相对于稳态的对数偏离)，横轴表示冲击发生后的时期(季度)。数据由 Matlab R2015a 软件与 Dynare 4.4.3 程序包生成并导出，在 MS Office Excel 2010 软件中绘制。

变冲击发生时的收入不平等扩张幅度，同时也使若干期后收入不平等水平的下降幅度变得更小，所以总体上减弱了生产性财政支出对收入不平等的改善作用，当然其幅度很不明显。

总之，作为货币政策的配套政策，政策的决策与执行者可以通过提高资产收入税的累进性水平，来减少货币政策带来的福利损失、降低货币政策在分配公平方面付出的代价。同时，与 Bastagli et al. (2012) 的研究结论类似，作为模型中两类财政支出的配套政策，更强的资产收入税累进性虽然会降低政策带来的不平等水平下降程度(对生产性财政支出冲击下收入不平等变化幅度的影响并不明显)，但其会以更大幅度降低政策带来的社会福利损失(尤其是对非生产性财政支出)。所以综合来看，在与各类稳定化政策搭配时，具有更强累进性的资产收入税都会是一个较有积极意义的政策选项。

5.3 其他配套政策措施

如同本书 1.2.2 小节所阐述的，稳定化政策涵盖的范围除了财政政策、货币政策等主要的宏观经济调控政策外，也涵盖了诸多辅助性的配套政策，例如在长期内，结构性、供给侧的改革措施也是减缓经济周期波动影响的稳定化政策选项。通过优化劳动力结构、加快人力资本积累和技术创新、矫正资源配置的扭曲，这类政策能够使经济系统在长期内实现供给端的结构优化、在周期性波动过程中具备更好的自我调节能力，保障经济的持续、稳定、协调发展。在本书构建的不平等 NK-DSGE 模型中，可以进一步对某些供给侧、结构性的配套政策措施的效果进行模拟分析，并且依据不平等变化程度与相应福利损失值等尺度，判断此类政策带来的效果。

5.3.1 降低相对贫困家庭比例

在本书的研究中，扩展模型中不平等的收入分配机制主要是通过贫、富两类家庭的差异来体现的。从供给侧视角来看，贫富分化所伴随的劳动力供给结构扭曲、劳动力市场非均衡是改善经济运行效率的阻力所在，而本书 4.4 节、5.1 节中关于不平等变化规律、稳定化政策效应的分析结果也说明，贫富分化在很大程度上影响了经济波动规律与稳定化政策的效果，这也是中国的经济政策制定者在决策中日益重视贫富分化问题的主要原因之一。所以，加快扶贫攻坚、早日建成小康社会已成为近年政策实践中的一个最主要也是最艰巨的任务。那么，从稳定化的视角来看，帮助更多家庭脱贫是否能有助于全面、协调地实现改善分配格局、维护经济稳定、降低效率损失等目标，从而成为稳定化政策的一项有效配套措施呢？

如本书在4.1.1小节(第93页)所述，在不平等NK-DSGE模型(扩展模型)中，上述问题的具体模拟分析方法是通过降低模型中相对贫困的非李嘉图(ROT)型家庭的比例，即调高参数γ_n^h的取值，来反映近年扶贫攻坚工作(尤其是"精准扶贫"等新型帮扶政策)的效果，以及社会保障体系不断完善的作用，同时也可体现普惠金融等领域的发展创新所带来的扶贫作用(可帮助更多居民摆脱流动性约束)。

表5.6报告了在不断提高参数γ_n^h的取值后，主要经济变量在经济波动过程中的变化水平如何发生改变。可见，伴随着γ_n^h的不断提高即非李嘉图型贫困家庭比例的不断下降，就业、投资、通胀等在实际因素(技术)的正向冲击下产生的波动性均有所降低，总产出的波动性虽有所下降，但其幅度非常微小。唯一的例外是，消费的波动性在相对贫困家庭比例降低后反而有所加大，其原因和更多家庭实现了收入水平增长、消费意愿增加有关。

表5.6 **参数γ_n^h的增加与宏观经济稳定性的关系(以技术冲击为例)**

Table 5.6 the relationship between the increase of parameter γ_n^h and the macroeconomic stability (e.g. fluctuations under the impact of technology)

参数调整幅度	主要经济变量波动性				
	$\hat{n}_t$	$\hat{y}_t$	$\hat{c}_t$	$\hat{i}_t$	π_t
+0%	0.0056	0.0035	0.0041	0.0059	0.0014
+10%	0.0054	0.0035	0.0043	0.0053	0.0013

续表

参数调整幅度	主要经济变量波动性				
	$\hat{n}_t$	$\hat{y}_t$	$\hat{c}_t$	$\hat{i}_t$	π_t
+20%	0.0052	0.0035	0.0046	0.0049	0.0012
+30%	0.0050	0.0035	0.0048	0.0045	0.0012
+40%	0.0049	0.0035	0.0050	0.0043	0.0011
+50%	0.0048	0.0035	0.0051	0.0041	0.0011

表格说明：表格中家庭比例系数初始值与附表4.3中的后验估计结果一致，表中数据由Matlab R2015a软件与Dynare 4.4.3程序包生成并导出。

表5.7则结合货币政策、财政支出等稳定化政策，分析了降低相对贫困家庭比例对稳定化政策效应的影响。该表中同样以社会福利损失值作为政策效果的评价基准，可见相对贫困家庭比例的降低对两类财政支出的效应起到了改善作用，降低了它们所带来的福利损失。但应注意的是，伴随着相对贫困家庭比例的下降，宽松货币政策冲击所带来的福利损失程度却在增加，表明宽松货币政策会因此给主要经济指标造成更大的波动，这与更多家庭走出贫困状态、摆脱了流动性约束、能够参与金融市场有关。

表5.7　参数调整过程中的福利损失变化情况（调整参数：γ_n^h）

Table 5.7　change of welfare loss after adjustment of parameter (adjusted parameter：γ_n^h)

参数调整幅度	不同政策冲击下的福利损失		
	宽松货币政策	非生产性财政支出	生产性财政支出
+0%	0.0231	1.65×10^{-4}	1.19×10^{-5}
+10%	0.0237	1.42×10^{-4}	1.07×10^{-5}
+20%	0.0243	1.21×10^{-4}	9.68×10^{-6}
+30%	0.0248	1.05×10^{-4}	8.87×10^{-6}

续表

参数调整幅度	不同政策冲击下的福利损失		
	宽松货币政策	非生产性财政支出	生产性财政支出
+40%	0.0253	9.24×10^{-5}	8.24×10^{-6}
+50%	0.0257	8.26×10^{-5}	7.76×10^{-6}

表格说明：表格中参数的初始值与附表4.3中的后验估计结果一致，表中数据由Matlab R2015a软件与Dynare 4.4.3程序包生成并导出。

由于贫、富家庭比例的变化并未对稳定化政策作用下消费不平等的变化过程造成显著影响，所以仅通过图5.11报告其对收入不平等的变化过程带来的影响。从图中可见，贫困家庭比例的下降对宽松货币政策冲击的收入分配效应带来了负面的影响，使收入不平等程度在冲击当期以更大幅度上升，但图中展示的动态变化路径也说明，上述影响带来的效果是十分短暂的，在更长的时期内，贫困家庭比例的减小并不会对不平等的持续变化路径带来显著改变。在非生产性财政支出、生产性财政支出的作用过程中，贫困家庭比例的下降使不平等水平的波动幅度变得更小，所以减弱了这两类支出对收入分配的改善作用。不过，这恰恰也可以视作是贫困家庭比例下降、收入分配改善余地减小而带来的效果。

综上，降低相对贫困家庭比例的模拟分析结果说明，在积极的扶贫措施作用下，困难家庭比例的下降有利于实现宏观经济的稳定，而且这也能够使财政支出政策带来的社会福利损失变得更小，体现出了社会结构优化调整对宏观经济稳定性的正面意义所在。但需要注意的是，随着走出贫困、摆脱流动性约束的家庭比例不断增加，居民对金融市场的参与变得更加普遍，宽松货币政策冲击带来的经济波动也会加剧，使其造成的社会福利损失不断加大。

5.3.2 改善贫困家庭劳动力的就业保障

从本书模型的设计可见，本书模型中的李嘉图模型家庭、非李嘉图模型

第5章 稳定化政策、不平等与福利损失：实证分析

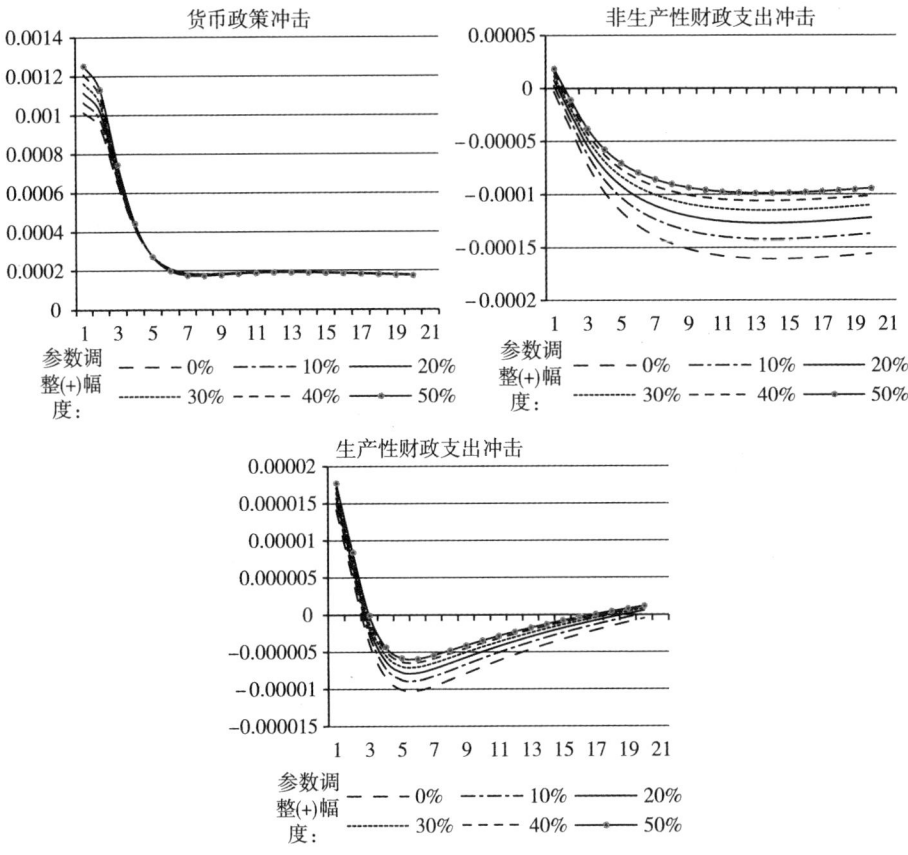

图 5.11　不同参数下稳定化政策对不平等的影响（调整参数 γ_n^h）

Figure 5.11　change of the effect of stabilization policies on inequality after adjustment of parameter (adjusted parameter: γ_n^h)

图注：图形纵轴为相关变量的响应程度（相对于稳态的对数偏离），横轴表示冲击发生后的时期（季度）。数据由 Matlab R2015a 软件与 Dynare 4.4.3 程序包生成并导出，在 MS Office Excel 2010 软件中绘制。

（ROT 型家庭）在工资决定过程上存在一定的差异。其最典型的区别在于，相对富裕的李嘉图模型家庭在提供劳动力的过程中，具有比来自相对贫困家庭

的劳动者更有利的就业条件,其工作的稳定性和收入水平都更胜一筹,这反映出了两类劳动力之间在就业机会、就业状态上的差异①,也体现了我国因"多轨制"就业格局而造就的劳动力市场扭曲(熊婕,2014;陈利锋,2017c)。附表4.3所报告的贝叶斯估计结果也进一步从实证角度支持了上述机制,其主要体现在于李嘉图模型家庭劳动力的工资刚性系数 θ_{h_w} 在估计结果上要大于非李嘉图模型家庭劳动力的工资刚性系数 θ_{s_w}。

我国各类劳动力市场改革措施的主要目标之一,是改善因多轨制就业格局而导致的市场扭曲、身份歧视以及随之而来的各类不平等问题。相关改革措施中一类可行性较强、已在政策实践中取得效果的举措是,在就业扶持、劳动保障等方面实现更大程度的均等化、减少劳动力市场中的歧视性因素。如同本书在4.1.2小节所阐述的那样,如果在理论模型中对上述改革措施加以刻画,则相关政策的效果可以体现为相对贫困家庭劳动者在岗位稳定性和工资议价能力上得到加强,其工资刚性系数 θ_{s_w} 得到提高(徐建炜等,2012)。

表 5.8 参数 θs_w 的增加与宏观经济稳定性的关系(以技术冲击为例)

Table 5.8 the relationship between the increase of parameter θ_{r_w} and the macroeconomic stability (e.g. fluctuations under the impact of technology)

参数调整幅度	主要经济变量波动性				
	$\hat{n}_t$	$\hat{y}_t$	$\hat{c}_t$	$\hat{i}_t$	π_t
+0%	0.0056	0.0035	0.0041	0.0059	0.0014
+10%	0.0057	0.0035	0.0041	0.0058	0.0014
+20%	0.0058	0.0035	0.0040	0.0058	0.0014

---

① 这一机制的刻画不但与现有研究文献反映的经验规律类似,而且也可从CLDS2016年数据的分析结果获得支持:在岗位性质上,来自李嘉图家庭的劳动者担任各类部门中层以上管理职务的比例是非李嘉图家庭劳动者的近2.5倍,拥有职业资格证书的比例是非李嘉图家庭劳动者的近2倍,有编制或签订有正式劳动合同的比例是非李嘉图家庭劳动者的近1.5倍;此外,接受过各级高等教育的李嘉图模型家庭劳动者在比例上也显著高于非李嘉图模型家庭的劳动者。

续表

参数调整幅度	主要经济变量波动性				
	$\hat{n}_t$	$\hat{y}_t$	$\hat{c}_t$	$\hat{i}_t$	π_t
+30%	0.0058	0.0034	0.0040	0.0057	0.0014
+40%	0.0059	0.0034	0.0040	0.0057	0.0013
+50%	0.0060	0.0034	0.0039	0.0056	0.0013

表格说明：表格中家庭比例系数初始值与附表4.3中的后验估计结果一致，表中数据由 Matlab R2015a 软件与 Dynare 4.4.3 程序包生成并导出。

表5.8报告了在不断提高参数 θ_{s_w} 的取值后，主要经济变量在经济波动过程中的变化水平如何发生改变。可见，伴随着 θ_{s_w} 的不断提高，除就业外的其他四个主要经济变量在实际因素（技术）正向冲击下产生的波动性均有所降低。

表5.9进一步显示，参数 θ_{s_w} 取值的上调使各类稳定化政策带来的社会福利损失产生了变化。但应注意的是，伴随着相对贫困家庭劳动者的工资刚性系数的上调，各类政策的福利损失代价的变化方向并不是一致的，宽松货币政策冲击、生产性财政支出冲击导致的社会福利损失在相对贫困家庭劳动者工资刚性系数增加的过程中得到了减少，但非生产性财政支出导致的福利损失却因此增加。

表5.9 参数调整过程中的福利损失变化情况（调整参数：θ_{s_w}）

Table 5.9 change of welfare loss after adjustment of parameter (adjusted parameter: θ_{s_w})

参数调整幅度	不同政策冲击下的福利损失		
	积极货币政策	非生产性财政支出	生产性财政支出
+0%	0.0231	1.65×10^{-4}	1.19×10^{-5}
+10%	0.0230	1.66×10^{-4}	1.19×10^{-5}

续表

参数调整幅度	不同政策冲击下的福利损失		
	积极货币政策	非生产性财政支出	生产性财政支出
+20%	0.0229	1.66×10^{-4}	1.18×10^{-5}
+30%	0.0228	1.66×10^{-4}	1.17×10^{-5}
+40%	0.0228	1.67×10^{-4}	1.17×10^{-5}
+50%	0.0227	1.68×10^{-4}	1.17×10^{-5}

表格说明：表格中参数的初始值与附表 4.3 中的后验估计结果一致，表中数据由 Matlab R2015a 软件与 Dynare 4.4.3 程序包生成并导出。

由于参数 θ_{s_w} 的变化并未对稳定化政策作用下消费不平等的变化过程造成显著影响，所以仅通过图 5.12 报告其对收入不平等的变化过程带来的影响。从图中可见，θ_{s_w} 的不断提升使得宽松货币政策、非生产性财政支出、生产性财政支出政策带来的分配效应均得到显著改善。

总之，通过提高相对贫困家庭劳动者工资刚性系数而获得的模拟分析结果表明，改善劳动力市场的机会公平程度、给来自相对贫困家庭的劳动者群体提供更具均等化的就业扶持和劳动保障，使其在提供劳动力供给的过程中具备公平的就业机会和相对强势的议价条件，不但能改善多数因素冲击下宏观经济的稳定性，也能够使各类稳定化政策带来更为积极的分配效应。

此外需要补充的一点是，在本章 5.3.1 和 5.3.2 小节中，各类参数的渐进调整并未使主要经济变量和不平等指标的动态变化规律发生本质扭转，而是使其同样出现渐进式的改变。从实证角度来看，这也恰好发挥出了稳健性检验的作用，进一步体现出了本书模型结构和参数取值的合理、可靠。

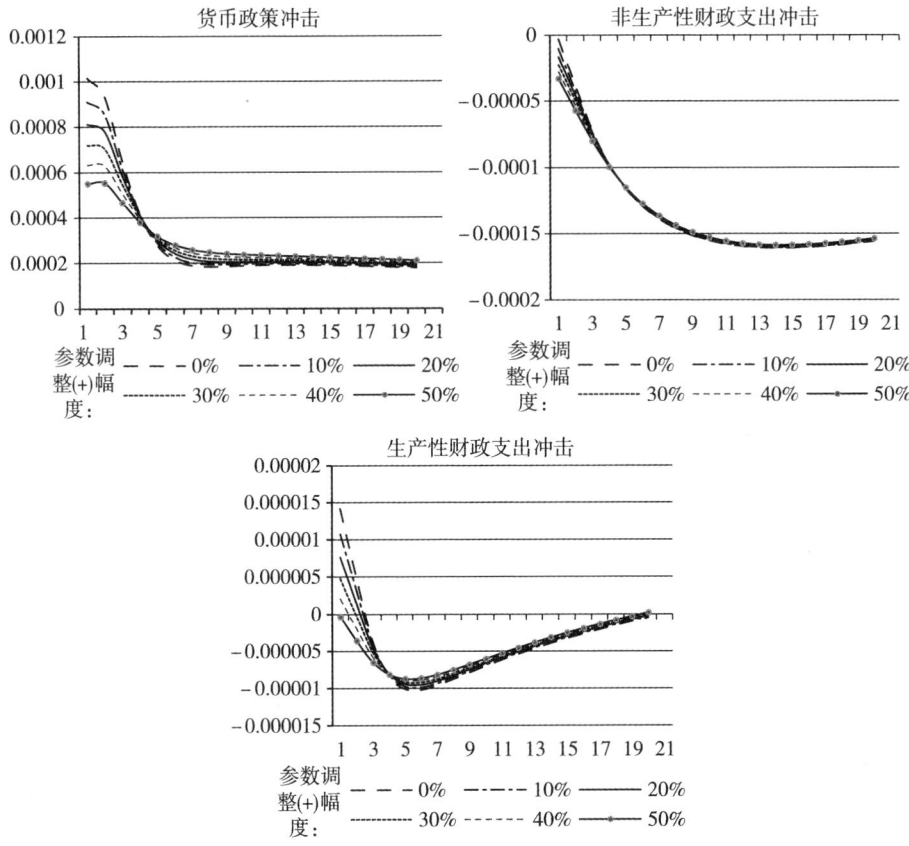

图 5.12　不同参数下稳定化政策对不平等的影响(调整参数 θ_{s_w})

Figure 5.12　change of the effect of stabilization policies on inequality after adjustment of parameter (adjusted parameter: θ_{s_w})

图注：图形纵轴为相关变量的响应程度(相对于稳态的对数偏离)，横轴表示冲击发生后的时期(季度)。数据由 Matlab R2015a 软件与 Dynare 4.4.3 程序包生成并导出，在 MS Office Excel 2010 软件中绘制。

5.4 本章小结

本章在第一部分的分析中,通过扩展模型、基本模型的分析结果对比(实质上也是和本书4.3.2小节类似的反事实分析),研究了不平等因素会如何改变模型经济中稳定化政策的效应,而稳定化政策又会如何决定不平等的动态演化特征,判断了经济政策在社会公平方面的代价。而后,作为本书的主要创新点之一,本章进一步基于模型方程提出了包含不平等因素的福利损失函数,将异质性家庭、不平等的收入分配机制与新凯恩斯主义的经济政策评价手段联系在了一起,综合稳定化政策影响下不平等水平的动态变化特征与各类稳定化政策带来的福利损失,对政策效应进行了评价对比,为相应政策的优化选择提供了依据。

第 6 章 结 论

6.1 主要结论

在中国经济已进入"新常态"下"稳中求进"阶段的情况下,旨在实现经济稳定的宏观经济政策应更多地将不平等问题纳入需要权衡的因素当中,以尽可能降低稳定化政策在公平领域带来的负面影响、减少因此产生的福利代价,使稳定化政策的效应与宏观经济持续、稳定、协调发展的现实需要更为匹配。本书首先建立了未含不平等问题的新凯恩斯主义 DSGE 模型(基本模型),搭建起一个可扩展的理论框架,而后在其基础上进行扩展,以异质性家庭部门等形式在模型中加入了不平等问题的产生与变化机制、能够从"流量"维度上模拟收入、消费等方面的不平等,得到了一个"不平等 NK-DSGE 模型"(扩展模型)。基本模型与扩展模型之间的跨模型检验结果说明,加入不平等问题的 NK-DSGE 模型能比基本模型更准确地拟合中国宏观经济的实际数据。并且,通过基本模型、扩展模型间的脉冲响应结果比较也能发现,扩展模型确实能在基本模型的基础上进一步呈现出实际冲击(技术、劳动供给等)和政策冲击带来的分配效应,同时也合理、稳健地识别出了不平等的收入分配机制对经济系统内生变化过程的显著影响,使基本模型、扩展模型在诸多经济变量的脉冲响应结果上存在显著差异。这说明,如果 NK-DSGE

分析框架忽视了不平等因素、缺少了相应的机制，那么就很容易导致对现实经济规律与政策作用的遗漏乃至误判。

最后，本书基于前述分析，研究了什么类型的政策能在发挥作用的过程中带来更积极的分配效应，而且还进一步从扩展模型中推导得出社会福利损失函数、衡量了不平等约束下稳定化政策的福利成本，以实现政策评价体系中平等与效率的权衡。本书最终得出了以下具体结论：

（1）宽松货币政策会使经济系统中的消费不平等、收入不平等程度均被推高。而且基本模型和扩展模型的比较分析（反事实分析）结果说明，不平等的收入分配状态会使宽松货币政策带来更强的经济波动。不平等动态演化与福利损失分析的结果表明，对劳动力市场中的非自愿失业水平做出反应的货币政策规则（Evans 规则）既能够减少政策冲击所带来的社会福利损失，也可以缩小政策运用中不平等水平的扩张程度。

（2）非生产性财政支出的冲击能带来收入不平等水平的改善，但从福利损失计算结果看，这一优势是以更大的经济效率损失为代价的。而生产性财政支出则会在短期内导致不平等水平的扩张。此外，基本模型和扩展模型的比较分析（反事实分析）结果说明，不平等的收入分配状态会使各类财政支出对私人投资、消费的挤出效应变得更为显著，加剧经济的波动程度。

（3）在三类累进性税收中，累进性的工薪收入税、资产收入税可以切实发挥出抑制经济波动的作用，成为宏观经济的"自动稳定器"。作为配套性政策，工薪收入税累进性的增强能够降低货币政策在短期内带来的不平等扩张程度（但会在更长时期内造成相对严重的不平等），并减少货币政策导致的福利损失，同时免征额的提高会改善分配效应。在有限的幅度内，工薪收入税累进性的提升也能够改善生产性财政支出冲击带来的福利损失，并使生产性财政支出的正向冲击导致的分配效应变得更为积极。同时，提高资产收入税的累进性水平可以减少货币政策带来的福利损失、降低货币政策在社会公平方面付出的代价。而作为非生产性、非生产性财政支出的配套政策，更强的资产收入税累进性虽然会降低政策带来的收入不平等改善幅度，但其会以更大幅度降低政策带来的社会福利损失(尤其是对非生产性财政支出)。

(4)困难家庭比例的下降有利于提高宏观经济在技术、劳动供给等外生因素冲击下的稳定性,而且也能使各类财政支出政策带来的社会福利损失变得更小。但需要注意的是,随着走出贫困、摆脱流动性约束的家庭比例不断增加,宽松货币政策冲击带来的经济波动却会加剧,使其造成的社会福利损失不断加大。

(5)贫困家庭劳动者在就业和工资决定过程中得到的保障如果被加强、使其工资刚性水平被提高,将不但可以改善宏观经济的稳定性,也能使各类稳定化政策带来更为积极的分配效应。

基于上述实证分析结果,本书在第5节末尾初步提出了若干政策建议。

6.2 政策启示

在本书模型、数据所构成的分析范畴内可以发现,不平等作为一种难以忽视和回避的社会现象,其规律应是政策分析与制定过程中不可忽视的因素,一个纳入不平等问题的政策分析框架(即本书的不平等NK-DSGE模型)可以在经济规律、政策效应的分析中取得更好的效果。从本书的实证分析结果中,可以归纳、引申出一些有限的政策启示,主要包括:

从具体政策措施而言,在货币政策方面,对劳动力市场做出反应的货币政策规则(Evans规则)能够比常规的泰勒规则带来更少的社会福利损失,而且该规则下货币政策的运用所导致的社会公平问题也相对较小。这说明,我国的货币政策实践如果能将劳动力市场中的失业问题作为盯住目标之一,将能同时在缓解日益严峻的就业压力、减少福利损失并保障经济运行效率、维持社会公平正义这三个方面取得更好的效果。当然,Evans规则下的货币政策存在的一个局限在于,劳动力市场中非自愿失业水平的准确监测在现实中存在一定难度(尤其是在我国目前仍存在多轨化就业格局的情况下),这使其在我国的可行性受到了影响。不过，随着时代的进步，以"大数据"（big data）为代表的精准化社会治理手段将使行政机构能够对经济中微观个体的生存状态进行更准确的分析、掌控，这可以使 Evans 规则下的货币政策工具能够真正有效地发挥积极的稳定化作用。

在财政政策的运用上，生产性财政支出带来的社会福利损失更小，但是其依然会造成对民间投资和消费的挤出效应，并会在短期内带来不平等程度的扩大，这些都是在未来我国财政支出结构调整的过程中应纳入考虑范围的问题。而在各类税收政策的运用中，累进性的工薪收入税、资产收入税能够在维护经济稳定的过程中发挥"自动稳定器"的作用。在运用稳定化政策的过程中，首先可以在有限的范围内适度提高工薪收入税的累进性水平，这既可以缓解宽松货币政策在短期内造成的不平等问题，又可以加强财政支出政策对收入分配的改善作用，并能降低宽松货币政策、生产性财政支出政策所造成的福利损失，减少它们对经济效率的负面影响。其次，作为各类稳定化政策的配套措施，累进性资产收入税所发挥的积极作用更应得到重视，一个累进性更强的资产收入税政策可以降低货币政策与两类财政支出所带来的社会福利代价，并持续地改善宽松货币政策所造成的不平等扩张问题，这说明在追求宏观经济持续、稳定、协调发展的过程中，资产收入税的力度、规则应得到进一步的强化（例如房产税、遗产税的尽早开征）。

在其他配套政策的运用上，通过各类帮扶政策使更多家庭摆脱贫困状态、消除流动性约束，将能够使经济系统的稳定性得到改善，并使财政方面的稳定化政策对经济效率的负面影响得到缩小。所以，通过持续、精准的扶贫措施加快社会结构优化调整，并以普惠金融等配套手段缓解相对贫困人群面对的流动性约束、加快其脱贫进程，是我国未来应予以坚持的政策导向。

同时，在劳动力市场中，今后应尽量避免出现以低收入劳动者群体为主要作用对象的负面劳动力供给冲击，以免造成新的不平等。而且，低收入劳动者群体面对的公共服务缺位、劳动保障缺失等问题也应通过劳动力市场的结构性改革手段来得到有效解决，使不同类型、来自不同群体的劳动者均能得到更公平、更稳定的就业机会和相对平等的工资议价条件，这不但能改善宏观经济的稳定性，也能使各类稳定化政策所可能造成的不平等问题得到一定程度的缓解，从而更好地维护社会的公平正义。

参 考 文 献

[1] 白钦先,赖溟溟. 货币政策稳定化作用机制的演进:理论综述 [J]. 经济评论,2009(5):127-134.

[2] 卜振兴,刘晨妍. 财政金融视角下我国收入不平等问题研究 [J]. 经济体制改革,2015(4):32-36.

[3] 蔡昉. 收入差距缩小的条件——经济发展理论与中国经验 [J]. 甘肃社会科学,2007(6):1-6.

[4] 蔡萌,岳希明. 我国居民收入不平等的主要原因:市场还是政府政策?[J]. 财经研究,2016,42(4):4-14.

[5] 钞小静,沈坤荣. 城乡收入差距、劳动力质量与中国经济增长 [J]. 经济研究,2014(6):30-43.

[6] 陈昆亭,龚六堂,邹恒甫. 基本RBC方法模拟中国经济的数值试验 [J]. 世界经济文汇,2004(2):41-52.

[7] 陈利锋,范红忠. 房价波动,货币政策与中国社会福利损失 [J]. 中国管理科学,2014(5):42-50.

[8] 陈利锋. 反思新凯恩斯主义劳动力市场理论:收入分配真的无关紧要吗?——一个包含资本家和工人的NK-DSGE框架 [J]. 华南师范大学学报(社会科学版),2015(3):92-101.

[9] 陈利锋. 非线性DSGE方法及其在货币政策中的应用研究 [D]. 华中科技大学,2013.

参考文献

[10] 陈利锋. 技能错配、不平等与社会福利:基于包含异质性技能的DSGE模型[J]. 经济科学, 2017 (6): 58-71.

[11] 陈利锋. 金融冲击、企业生存状况与中国经济波动——基于动态随机一般均衡模型的考察[J]. 贵州财经大学学报, 2015 (5): 1-13.

[12] 陈利锋. 劳动力市场结构性改革的宏观经济效应:一个模拟分析[J]. 财经研究, 2017, 43 (10): 4-17.

[13] 陈利锋. 消息、房地产价格与货币政策[J]. 当代财经, 2017 (6): 3-17.

[14] 陈利锋. 政府支出的构成与中国经济波动——基于动态随机一般均衡模型的分析[J]. 南方经济, 2016 (4): 1-23.

[15] 陈利锋. 累进性劳动所得税、失业波动与内生稳定器——一个动态新凯恩斯主义的视角[J]. 产经评论, 2014, 5 (3): 148-160.

[16] 陈彦斌, 邱哲圣. 高房价如何影响居民储蓄率和财产不平等[J]. 经济研究, 2011 (10): 25-38.

[17] 陈烨, 张欣, 寇恩惠, 刘明. 增值税转型对就业负面影响的CGE模拟分析[J]. 经济研究, 2010, 45 (9): 29-42.

[18] 陈钊, 陆铭. 从分割到融合:城乡经济增长与社会和谐的政治经济学[J]. 经济研究, 2008 (1): 21-32.

[19] 崔治文, 王蓓, 管芹芹. 我国有效税率结构的经济增长效应:基于SVAR模型的实证研究[J]. 南方经济, 2011 (2): 16-27.

[20] 封福育. 短视、流动性约束与城镇居民消费——基于门限回归模型的经验分析[J]. 中央财经大学学报, 2014 (7): 72-77.

[21] 盖庆恩, 朱喜, 史清华. 劳动力市场扭曲、结构转变和中国劳动生产率[J]. 经济研究, 2013 (5): 87-97, 111.

[22] 郭凯明, 张全升, 龚六堂. 公共政策、经济增长与不平等演化[J]. 经济研究, 2011 (2): 5-15.

[23] 韩其恒, 李俊青. 劳动力市场分割、金融市场约束与迁移人口的结构

变迁 [J]. 数量经济技术经济研究, 2014, 31 (1): 112-127.

[24] 贺大兴, 姚洋. 不平等、经济增长和中等收入陷阱 [J]. 当代经济科学, 2014, 36 (5): 1-9.

[25] 胡志军. 基于分组数据的基尼系数估计与社会福利: 1985—2009 年 [J]. 数量经济技术经济研究, 2012, 29 (9): 111-121.

[26] 胡祖光. 基尼系数理论最佳值及其简易计算公式研究 [J]. 经济研究, 2004 (9): 60-69.

[27] 黄赜琳, 朱保华. 中国的实际经济周期与税收政策效应 [J]. 经济研究, 2015, 50 (3): 4-17, 114.

[28] 贾俊雪, 郭庆旺. 财政支出类型、财政政策作用机理与最优财政货币政策规则 [J]. 世界经济, 2012, 35 (11): 3-30.

[29] 简志宏, 李霜, 鲁娟. 货币供应机制与财政支出的乘数效应——基于 DSGE 的分析 [J]. 中国管理科学, 2011, 19 (2): 30-39.

[30] 江春, 向丽锦, 肖祖沔. 货币政策、收入分配及经济福利——基于 DSGE 模型的贝叶斯估计 [J]. 财贸经济, 2018, 39 (3): 17-34.

[31] 李斌, 陈超凡, 万大艳. 中国技术进步贡献率的估算及其与收入分配差距研究 [J]. 湖南大学学报 (社会科学版), 2012, 26 (1): 56-61.

[32] 李伯涛, 龙军. 居民消费、政府民生性消费与流动性约束 [J]. 福州大学学报 (哲学社会科学版), 2011, 25 (5): 51-56.

[33] 李实, 万海远. 中国居民财产差距研究的回顾与展望 [J]. 劳动经济研究, 2015, 3 (5): 28-44.

[34] 李实, 朱梦冰, 詹鹏. 中国社会保障制度的收入再分配效应 [J]. 社会保障评论, 2017 (4): 3-20.

[35] 李实. 收入分配与和谐社会 [J]. 中国人口科学, 2007 (5): 6-9.

[36] 李玉双. 财政政策冲击的宏观经济效应 [D]. 湖南大学, 2012.

[37] 廉永辉, 张琳. 货币政策对经济不平等的影响评述 [J]. 经济评论, 2013 (5): 154-160.

参考文献

[38] 梁红梅, 张卫峰. 中国消费、劳动和资本收入有效税率估算研究 [J]. 中央财经大学学报, 2014 (12): 3-12.

[39] 林伯强, 牟敦国. 能源价格对宏观经济的影响——基于可计算一般均衡 (CGE) 的分析 [J]. 经济研究, 2008, 43 (11): 88-101.

[40] 林毅夫, 陈斌开. 重工业优先发展战略与城乡消费不平等——来自中国的证据 [J]. 浙江社会科学, 2009 (4): 10-16.

[41] 林志帆, 赖艳, 徐蔓华. 货币扩张、资本深化与劳动收入份额下降——理论模型与跨国经验证据 [J]. 经济科学, 2015 (5): 30-43.

[42] 刘斌. 动态随机一般均衡模型及其应用 [M]. 北京: 中国金融出版社, 2010.

[43] 刘斌. 我国DSGE模型的开发及在货币政策分析中的应用 [J]. 金融研究, 2008 (10): 1-21.

[44] 刘斌. 物价水平的财政决定理论与实证研究 [J]. 金融研究, 2009 (8): 35-51.

[45] 刘文文, 杨娟, 冯唐人. 货币政策与收入差距——来自中美加德四国的比较研究 [J]. 宏观经济研究, 2016 (3): 149-159.

[46] 刘晓峰, 陈钊, 陆铭. 社会融合与经济增长: 城市化和城市发展的内生政策变迁 [J]. 世界经济, 2010, 33 (6): 60-80.

[47] 卢梭. 论人类不平等的起源和基础 [M]. 李常山, 译. 北京: 商务印书馆, 1962: 107.

[48] 陆铭, 陈钊, 万广华. 因患寡, 而患不均——中国的收入差距、投资、教育和增长的相互影响 [J]. 经济研究, 2005 (12): 4-14, 101.

[49] 罗尔斯. 正义论 [M]. 何怀宏等, 译. 北京: 中国社会科学出版社, 1988: 57, 292.

[50] 吕冰洋. 中国财政政策的需求与供给管理: 历史比较分析 [J]. 财政研究, 2017 (4): 38-47.

[51] 孟天广, 陈昊. 不平等、贫困与农村基层民主——基于全国400个村

庄的实证研究［J］. 公共管理学报, 2014, 11（2）：129-138, 144.

[52] 米增渝, 刘霞辉, 刘穷志. 经济增长与收入不平等：财政均衡激励政策研究［J］. 经济研究, 2012（12）：43-54.

[53] 莫亚琳, 张志超. 城市化进程、公共财政支出与社会收入分配——基于城乡二元结构模型与面板数据计量的分析［J］. 数量经济技术经济研究, 2011（3）：79-89.

[54] 莫亚琳, 张志超. 改革开放以来我国财政支出对收入分配影响的研究——基于城乡二元结构模型与面板数据的分析［J］. 经济体制改革, 2011（2）：122-126.

[55] 潘文卿, 吴天颖, 马瑄忆. 中国高技能-低技能劳动的技术进步偏向性及其估算［J］. 技术经济, 2017, 36（2）：100-108.

[56] 逄淑梅, 陈浪南, 刘劲松. 开放型经济下我国宏观需求调控模式研究——两国模型［J］. 南开经济研究, 2015（1）：3-12.

[57] 祁毓, 卢洪友. 污染、健康与不平等——跨越"环境健康贫困"陷阱［J］. 管理世界, 2015（9）：32-51.

[58] 申朴, 刘康兵. 中国城镇居民消费行为过度敏感性的经验分析：兼论不确定性、流动性约束与利率［J］. 世界经济, 2003（1）：61-66.

[59] 史丹, 赵剑波, 邓洲. 从三个层面理解高质量发展的内涵［N］. 经济日报, 2019-09-09（14）.

[60] 帅雯君, 董秀良, 胡淳. 我国财政支出挤入挤出效应的动态时间路径分析——基于 MS-VECM 的实证检验［J］. 财经研究, 2013, 39（9）：19-34.

[61] 斯蒂格利茨, 周建军, 张晔. 不平等与经济增长［J］. 经济社会体制比较, 2017（1）：46-61, 70.

[62] 孙力军, 朱洪. 紧货币、宽财政的宏观经济效应："民工荒"和信贷配给下的作用机制与实证分析［J］. 经济学动态, 2011（6）：28-33.

[63] 仝冰. 货币、利率与资产价格［D］. 北京大学, 2010.

[64] 王蓓, 崔治文. 有效税率、投资与经济增长: 来自中国数据的经验实证 [J]. 管理评论, 2012, 24 (7): 3-12, 23.

[65] 王弟海, 龚六堂. 新古典模型中收入和财富分配持续不平等的动态演化 [J]. 经济学 (季刊), 2006, 5 (2): 777-802.

[66] 王弟海, 严成樑, 龚六堂. 遗产机制、生命周期储蓄和持续性不平等 [J]. 金融研究, 2011 (7): 14-31.

[67] 王弟海, 龚六堂. 持续性不平等的动态演化和经济增长 [J]. 世界经济文汇, 2007 (6): 1-18.

[68] 王飞, 郭颂宏, 江崎光男. 中国区域经济发展与劳动力流动——使用区域连接 CGE 模型的数量分析 [J]. 经济学 (季刊), 2006 (3): 1067-1090.

[69] 王青, 孟祥敏. 财政支出对城乡居民消费影响的实证分析 [J]. 数学的实践与认识, 2017, 47 (2): 40-47.

[70] 王曦, 汪玲, 彭玉磊, 宋晓飞. 中国货币政策规则的比较分析——基于 DSGE 模型的三规则视角 [J]. 经济研究, 2017, 52 (9): 24-38.

[71] 吴福象, 朱蕾. 可计算一般均衡理论模型的演化脉络与应用前景展望——一个文献综述 [J]. 审计与经济研究, 2014, 29 (2): 95-103.

[72] 吴化斌, 许志伟, 胡永刚, 等. 消息冲击下的财政政策及其宏观影响 [J]. 管理世界, 2011, 216 (9): 26-39.

[73] 肖尧, 牛永青. 财政政策 DSGE 模型中国化构建及其应用 [J]. 统计研究, 2014, 31 (4): 51-56.

[74] 肖尧, 吴晓忠. 存量—增量视角下财政政策收入分配效应分析——基于空间动态面板模型的研究 [J]. 经济统计学 (季刊), 2015 (1): 92-102.

[75] 熊婕. 异质性劳动力、就业匹配与收入差距 [D]. 重庆大学, 2014.

[76] 修磊. 收入不平等、流动性约束与城镇家庭消费 [D]. 山西财经大学, 2017.

[77] 徐建炜, 纪洋, 陈斌开. 中国劳动力市场名义工资黏性程度的估算 [J]. 经济研究, 2012, 47 (4): 64-76.

[78] 徐现祥, 王海港. 我国初次分配中的两极分化及成因 [J]. 经济研究, 2008 (2): 106-118.

[79] 徐元栋. BSV、DHS 等模型中资产定价与模糊不确定性下资产定价在逻辑结构上的一致性 [J]. 中国管理科学, 2017 (6): 22-31.

[80] 许璞, 苏振天. 税制改革、经济效率和社会福利——基于 A-KOLG 框架下的动态 CGE 模拟分析 [J]. 当代财经, 2012 (1): 33-45.

[81] 许志伟, 薛鹤翔, 罗大庆. 融资约束与中国经济波动——新凯恩斯主义框架内的动态分析 [J]. 经济学: 季刊, 2011, 10 (1): 83-110.

[82] 薛鹤翔. 中国的产出持续性——基于刚性价格和刚性工资模型的动态分析 [J]. 经济学 (季刊), 2010, 9 (4): 1359-1384.

[83] 杨翱, 李长洪. 城乡异质性、财政支出结构与中国宏观经济波动 [J]. 财贸经济, 2016 (7): 21-33, 93.

[84] 杨天宇, 刘青松, 范静泊. 城乡移民与居民收入不平等: 基于变异系数的理论分析 [J]. 云南财经大学学报, 2012, 28 (5): 28-35.

[85] 尹虹潘, 刘姝伶. 中国总体基尼系数的变化趋势——基于 2000—2009 年数据的全国人口细分算法 [J]. 中国人口科学, 2011 (4): 11-20, 111.

[86] 余靖雯, 龚六堂. 公共教育、经济增长和不平等 [J]. 世界经济文汇, 2013 (3): 1-17.

[87] 岳超云, 牛霖琳. 中国货币政策规则的估计与比较 [J]. 数量经济技术经济研究, 2014, 31 (3): 119-133.

[88] 张东敏. 最优税收、经济增长与收入分配 [D]. 吉林大学, 2015.

[89] 张虎. 论自然不平等与正义的边界 [J]. 伦理学研究, 2017 (5): 61-67.

[90] 张冀, 祝伟, 王亚柯. 家庭经济脆弱性与风险规避 [J]. 经济研究,

2016, 51 (6): 157-171.

[91] 张建华. 一种简便易用的基尼系数计算方法 [J]. 山西农业大学学报（社会科学版），2007（3）：275-278，283.

[92] 张平，付敏杰. 稳定化政策基准、期限和激励政策组合 [J]. 经济学动态，2011（11）：4-10.

[93] 张平. 通缩机制对中国经济的挑战与稳定化政策 [J]. 经济学动态，2015（4）：4-11.

[94] 张伟进，方振瑞，黄敬翔. 城乡居民生活水平差距的变化——基于经济周期视角分析 [J]. 经济学（季刊），2015，14（2）：651-676.

[95] 张伟进，胡春田. 我国货币政策的城乡区域不对称效应研究 [J]. 商业经济与管理，2014（2）：66-76.

[96] 张月友，刘志彪. 替代弹性、劳动力流动与我国服务业"天花板效应"——基于非均衡增长模型的分析 [J]. 财贸经济，2012（3）：103-111.

[97] 中国人民银行海口中心支行课题组，吴盼文. 货币政策冲击的收入分配效应研究 [J]. 南方金融，2014（12）：17-24.

[98] 朱军. 开放经济中的财政政策规则——基于中国宏观经济数据的DSGE模型 [J]. 财经研究，2013，39（3）：135-144.

[99] 朱军. 开放经济中的外部冲击与财政协调政策——动态随机一般均衡的视角 [J]. 经济学动态，2013（6）：73-79.

[100] 朱军. 债权压力下财政政策与货币政策的动态互动效应——一个开放经济的DSGE模型 [J]. 财贸经济，2016（6）：5-17.

[101] 朱军. 中国宏观DSGE模型中的税收模式选择及其实证研究 [J]. 数量经济技术经济研究，2015，32（1）：67-81.

[102] Acemoglu D. Why not a political Coase theorem? Social conflict, commitment, and politics [J]. Journal of Comparative Economics, 2003, 31 (4): 620-652.

[103] Andrews I, Mikusheva A. Maximum Likelihood Inference in Weakly Identified DSGE Models [J]. Social Science Electronic Publishing, 2011, 39 (4): 1.

[104] Arrow K J, Debreu G. Existence of an Equilibrium for a Competitive Economy [J]. Econometrica, 1954, 22 (3): 265-290.

[105] Aschauer D A. Is public expenditure productive? [J]. Journal of Monetary Economics, 1989, 23 (2): 177-200.

[106] Atkinson A B. The economics of inequality [M]. Oxford: Clarendon Press, 1983.

[107] Auclert A. Monetary policy and the redistribution channel [R]. National Bureau of Economic Research, 2017.

[108] Auerbach A J, Kotlikoff L J. Evaluating Fiscal Policy with a Dynamic Simulation Model [J]. American Economic Review, 1987, 77 (2): 49-55.

[109] Bastagli F, Coady D, Gupta S. Income inequality and fiscal policy. IMF Staff Discussion Note [R]. SDN/12/08, June, 2012.

[110] Baxter M, King R G. Fiscal Policy in General Equilibrium [J]. American Economic Review, 1993, 83 (3): 315-334.

[111] Berg D. Copula goodness-of-fit testing: an overview and power comparison [J]. The European Journal of Finance, 2009, 15 (7-8): 675-701.

[112] Bewley T. A difficulty with the optimum quantity of money [J]. Econometrica: Journal of the Econometric Society, 1983: 1485-1504.

[113] Biswas S, Chakraborty I, Hai R. Income Inequality, Tax Policy, and Economic Growth [J]. Economic Journal, 2015: 127.

[114] Blanchard O J, Kahn C M. The Solution of Linear Difference Models under Rational Expectations [J]. Econometrica, 1980, 48 (5): 1305-1311.

[115] Blanchard O J, L'Huillier J P, Lorenzoni G. News, noise, and

fluctuations: An empirical exploration [J]. The American Economic Review, 2013, 103 (7): 3045-3070.

[116] Blanchard O J, Watson M W. Are business cycles all alike? [M] //The American business cycle: Continuity and change. University of Chicago Press, 1986: 123-180.

[117] Blanchard O, Gali J. Labor markets and monetary policy: A New Keynesian model with unemployment [J]. American economic journal: macroeconomics, 2010, 2 (2): 1-30.

[118] Blanchard O, Quah D. The dynamic effects of demand versus supply disturbances [J]. American Economic Review, 1989, 79: 654-673.

[119] Blanchard O. Do DSGE Models Have a Future? [J]. Policy Briefs, 2016.

[120] Brooks S P, Gelman A. General Methods for Monitoring Convergence of Iterative Simulations [J]. Journal of Computational & Graphical Statistics, 1998, 7 (4): 434-455.

[121] Cagetti M, De Nardi M. Entrepreneurship, frictions, and wealth [J]. Journal of political Economy, 2006, 114 (5): 835-870.

[122] Cagetti M, Nardi M D. Estate Taxation, Entrepreneurship, and Wealth [J]. American Economic Review, 2009, 99 (1): 85-111.

[123] Calvo G A. Staggered prices in a utility-maximizing framework [J]. Journal of Monetary Economics, 1983, 12 (3): 383-398.

[124] Campbell J Y, Mankiw N G. Consumption, income, and interest rates: Reinterpreting the time series evidence [J]. NBER Macroeconomics Annual, 1989, 4: 185-216.

[125] Champernowne D G, Cowell F A. Economic inequality and income distribution [M]. Cambridge University Press, 1998.

[126] Chari V V, Kehoe P J, Mcgrattan E R. New Keynesian models: not yet useful for policy analysis [J]. American Economic Journal

Macroeconomics, 2009, 1 (1): 242-266.

[127] Christiano L J, Eichenbaum M S, Trabandt M. Unemployment and Business Cycles [J]. Econometrica, 2016, 84 (4): 1523-1569.

[128] Christiano L J, Eichenbaum M, Evans C L. Nominal rigidities and the dynamic effects of a shock to monetary policy [J]. Journal of political Economy, 2005, 113 (1): 1-45.

[129] Christiano L J, Eichenbaum M. Current Real-Business-Cycle Theories and Aggregate Labor-Market Fluctuations [J]. American Economic Review, 1992, 82 (3): 430-450.

[130] Christiano L J, Gust C, Roldos J. Monetary policy in a financial crisis [J]. Journal of Economic Theory, 2004, 119 (1): 64-103.

[131] Christiano L J, Trabandt M, Walentin K. Introducing financial frictions and unemployment into a small open economy model [J]. Social Science Electronic Publishing, 2011, 35 (12): 1999-2041.

[132] Christiano L J, Vigfusson R J. Maximum likelihood in the frequency domain: the importance of time-to-plan [J]. Journal of Monetary Economics, 2003, 50 (4): 789-815.

[133] Christiano L, Rostagno M, Motto R. Financial factors in economic fluctuations [R]. European Central Bank, 2010.

[134] Christoffel K, Costain J, de Walque G, et al. Wage, inflation and employment dynamics with labour market matching [R]. Banco de España, 2009.

[135] Clarida R, Gali J, Gertler M. Monetary policy rules and macroeconomic stability: evidence and some theory [J]. The Quarterly Journal of Economics, 2000, 115 (1): 147-180.

[136] Clarida R, Galí J, Gertler M. Monetary policy rules in practice - New Research in Macroeoconomics, Chapter 2 [J]. European Economic

Review, 1998, 42 (42): 1033-1067 (35).

[137] Clower R. A reconsideration of the microfoundations of monetary theory [J]. Economic Inquiry, 1967, 6 (1): 1-8.

[138] Cogley T, Sargent T J. Drifts and volatilities: monetary policies and outcomes in the post WWII US [J]. Review of Economic Dynamics, 2005, 8 (2): 262-302.

[139] Coibion O, Gorodnichenko Y, Kueng L, et al. Innocent bystanders? Monetary policy and inequality in the US [R]. National Bureau of Economic Research, 2012.

[140] Cooley T F, Hansen G D. The inflation tax in a real business cycle model [J]. The American Economic Review, 1989: 733-748.

[141] Davig T, Leeper E M. Monetary—fiscal policy interactions and fiscal stimulus [J]. European Economic Review, 2011, 55 (2): 211-227.

[142] Dejong D N, Ingram B F, Whiteman C H. A Bayesian approach to dynamic macroeconomics [J]. Journal of Econometrics, 2000, 98 (2): 203-223.

[143] Dosi G, Napoletano M, Roventini A, et al. Micro and macro policies in the Keynes+Schumpeter evolutionary models [J]. Journal of Evolutionary Economics, 2017, 27 (1): 63-90.

[144] Evans C. The Fed's dual mandate responsibilities and challenges facing US monetary policy [C] // European Economics and Financial Centre Distinguished Speaker Seminar, London. 2011.

[145] Ferrara M, Tirelli P. Disinflation and Inequality in a DSGE monetary model: A Welfare Analysis [R]. University of Milano-Bicocca, Department of Economics, 2015.

[146] Frankfurt H G. On Inequality [M]. Princeton University Press, 2015.

[147] Fudenberg D, Tirole J. Dynamic models of oligopoly [M]. Taylor &

Francis, 2013.

[148] Fudenberg D, Tirole J. Perfect Bayesian equilibrium and sequential equilibrium [J]. Journal of Economic Theory, 1991, 53 (2): 236-260.

[149] Fudenberg D, Tirole J. Sequential bargaining with incomplete information [J]. The Review of Economic Studies, 1983, 50 (2): 221-247.

[150] Galí J, CREI U P F. Insider-outsider labor markets, hysteresis and monetary policy [J]. Universitat Pompeu Fabra, Department of Economics Working Papers, 2016 (1506).

[151] Galí J, López - Salido J D, Vallés J. Understanding the effects of government spending on consumption [J]. Journal of the European Economic Association, 2007, 5 (1): 227-270.

[152] Galí J, Monacelli T. Optimal monetary and fiscal policy in a currency union [J]. Journal of International Economics, 2008, 76 (1): 116-132.

[153] Galí J, Perotti R. Fiscal policy and monetary integration in Europe [J]. Economic Policy, 2003, 18 (37): 533-572.

[154] Galí J, Smets F, Wouters R. Unemployment in an estimated new keynesian model [J]. NBER Macroeconomics Annual, 2012, 26 (1): 329-360.

[155] Galí J. Hysteresis and the European unemployment problem revisited [R]. National Bureau of Economic Research, 2015.

[156] Galí J. Monetary policy, inflation, and the business cycle: an introduction to the new Keynesian framework and its applications [M]. Princeton University Press, 2015.

[157] Galí J. Targeting Inflation in a Economy with Staggered Price Setting [M]. Central Bank of Chile, 2002.

[158] Galí J. Unemployment fluctuations and stabilization policies: a new Keynesian perspective [M]. MIT Press, 2011.

[159] Galor O, Moav O. From physical to human capital accumulation:

inequality and the process of development. Cepr Discussion Papers, 2003, 71 (4): 1001-1026.

[160] Garin J. Borrowing constraints, collateral fluctuations, and the labor market [J]. Journal of Economic Dynamics and Control, 2015, 57: 112-130.

[161] Gertler M, Sala L, Trigari A. An estimated monetary DSGE model with unemployment and staggered nominal wage bargaining [J]. Journal of Money, Credit and Banking, 2008, 40 (8): 1713-1764.

[162] Goda T. A comparative review of the role of income inequality in economic crisis theories and its contribution to the financial crisis of 2007-2009 [J]. Revista Finanzas y Política Económica, 2017, 9 (1): 151-174.

[163] Grigoryan A. Interaction between monetary policy and income inequality in a deposits market [R]. University Library of Munich, Germany, 2012.

[164] Grüning P, Theobald T, van Treeck T. Income inequality and Germany's current account surplus [R]. IMK at the Hans Boeckler Foundation, Macroeconomic Policy Institute, 2015.

[165] Gunter U, Fadinger H, Berger S. Macroeconomic Interdependence in a Two-Country DSGE Model under Diverging Interest-Rate Rules [J]. Vienna Economics Papers, 2009, 86 (273): 178-184.

[166] Hansen G D. Indivisible labor and the business cycle [J]. Journal of Monetary Economics, 1985, 16 (3): 309-327.

[167] Hansen L P, Sargent T J. Instrumental variables procedures for estimating linear rational expectations models [J]. Journal of Monetary Economics, 1982, 9 (3): 263-296.

[168] Harberger A C. The Incidence of the Corporate Income Tax [J]. Journal of Political Economy, 1962, 70 (3): 215-215.

[169] Hicks J R. A Contribution to the Theory of the Trade Cycle [M]. At The

Clarendon Press; Oxford, 1950.

[170] Hodrick R J, Prescott E C. Post-war US Business Cycles: An Empirical Investigation. Evanston, Illinois: Centre for Mathematical Studies in Economics and Management Science [R]. Northwestern University. (Discussion Paper No. 451.), 1980.

[171] Iacoviello M, Neri S. Housing market spillovers: evidence from an estimated DSGE model [J]. American Economic Journal: Macroeconomics, 2010, 2 (2): 125-164.

[172] Ireland P N. Endogenous Money or Sticky Prices? [J]. Journal of Monetary Economics, 2002, 50 (8): 1623-1648.

[173] Iwata Y. The Government Spending Multiplier and Fiscal Financing: Insights from Japan [J]. International Finance, 2011, 14 (2): 231-264.

[174] Johansen L. A Multi-Sector Study of Economic Growth [M]. North-Holland Pub. Co. 1960: 284-299.

[175] Jokisch S, Kotlikoff L J. Simulating the Dynamic Macroeconomic and Microeconomic Effects of the FairTax [J]. National Tax Journal, 2007, 60 (2): 225-252.

[176] Kennickell A. A Rolling Tide: Changes in the Distribution of Wealth in the U [J]. Social Science Electronic Publishing, 2003, 69 (35): 521-544.

[177] Keynes J M. General theory of employment, interest and money [M]. Atlantic Publishers & Dist, 2016.

[178] Kiley M T. A Quantitative Comparison of Sticky-Price and Sticky-Information Models of Price Setting [J]. Journal of Money Credit & Banking, 2007, 39 (Supplement s1): 101-125.

[179] Klein L. Economic Fluctuations in the United States 1921-1941 [M]. Harvard University Press, 1942.

[180] Klein P. Using the generalized Schur form to solve a multivariate linear

rational expectations model [J]. Journal of Economic Dynamics and Control, 2000, 24 (10): 1405-1423.

[181] Koopmans T C. Identification Problems in Economic Model Construction [J]. Econometrica, 1949, 17 (2): 125-144.

[182] Kuznets S. Economic Growth and Income Inequality [J]. American Economic Review, 1955, 45 (1): 1-28.

[183] Kydland F E, Prescott E C. Executable program for "Time to Build and Aggregate Fluctuations" [J]. Qm & Rbc Codes, 1982.

[184] Kydland F E, Prescott E C. Time to Build and Aggregate Fluctuations [J]. Econometrica, 1982, 50 (6): 1345-1370.

[185] Kydland F E, Prescott E G. The computational experiment: an econometric tool [J]. Journal of Economic Perspectives, 1996, 10 (1): 69-85.

[186] Laitner J. Transition time paths for overlapping-generations models [J]. Journal of Economic Dynamics & Control, 1984, 7 (2): 111-129.

[187] Lechthaler, Wolfgang, Merkl, et al. Monetary Persistence and the Labor Market: A New Perspective [J]. Social Science Electronic Publishing, 2010, 34 (5): 968-983.

[188] Leeper E M, Walker T B, Yang S C S. Government investment and fiscal stimulus [J]. Journal of Monetary Economics, 2010, 57 (8): 1000-1012.

[189] Lim G C, McNelis P D. Alternative government spending rules: effects on income inequality and welfare [J]. Macroeconomic Dynamics, 2013, 17 (7): 1496-1518.

[190] Lin S, Wang Y, Zhai F. Simulating the Long-term Effects of China's Expansionary Fiscal Policy in an overlapping generations model [J]. Manuscript, 2005.

[191] Lofgren H, Harris R L, Robinson S. A standard computable general equilibrium (CGE) model in GAMS [M]. Intl Food Policy Res Inst, 2002.

[192] Lombardo G, Vestin D. Welfare implications of Calvo vs. Rotemberg-pricing assumptions [J]. Economics Letters, 2008, 100 (2): 275-279.

[193] Lucas R E. Econometric policy evaluation: A critique [C] //Carnegie-Rochester conference series on public policy. North-Holland, 1976, 1: 19-46.

[194] Lucas R E. Rules, discretion, and the role of the economic advisor [J]. Nber Chapters, 1980: 199-210.

[195] Ludvigson S. The macroeconomic effects of government debt in a stochastic growth model [J]. Journal of Monetary Economics, 1996, 38 (1): 25-45.

[196] Mandelman F S, Zlate A. Immigration, remittances and business cycles [J]. Journal of Monetary Economics, 2012, 59 (2): 196-213.

[197] Mankiw N G. The savers-spenders theory of fiscal policy [R]. National bureau of economic research, 2000.

[198] Mathiesen L. Computation of economic equilibria by a sequence of linear complementarity problems [J]. Mathematical Programming Studies, 1985, 23: 144-162.

[199] Mattesini F, Rossi L. Monetary Policy and Automatic Stabilizers: The Role of Progressive Taxation [J]. Journal of Money Credit & Banking, 2012, 44 (5): 825-862.

[200] McCandless G. The abcs of rbcs [J]. Cambridge, Massachusetts, London: Harvard, 2008.

[201] Mcgrattan E R. The macroeconomic effects of distortionary taxation [J]. Journal of Monetary Economics, 1994, 33 (3): 573-601.

[202] Mendoza E G, Razin A, Tesar L L. Effective tax rates in macroeconomics: Cross-country estimates of tax rates on factor incomes and consumption [J]. Journal of Monetary Economics, 1994, 34 (3): 297-323.

[203] Modigliani F, Steindel C, Hymans S H, et al. Is a tax rebate an effective tool for stabilization policy? [J]. Brookings Papers on Economic Activity, 1977, 1977 (1): 175-209.

[204] Monacelli T. Optimal monetary policy with collateralized household debt and borrowing constraints [M] //Asset Prices and Monetary Policy. University of Chicago Press, 2008: 103-146.

[205] Motta G, Tirelli P. Income inequality and macroeconomic stability in a New Keynesian model with limited asset market participation [R]. University of Milano-Bicocca, Department of Economics, 2012.

[206] Nimark K P, Gerard H. Combining Multivariate Density Forecasts Using Predictive Criteria [J]. Ssrn Electronic Journal, 2008 (rdp2008-02).

[207] Okun A M. Equality and Efficiency: The Big Tradeoff [M]. Brookings Institution Press, 2015.

[208] Pagan A. Addendum to Report on Modelling and Forecasting at the Bank of England [J]. Social Science Electronic Publishing, 2005 (2).

[209] Pareto V. Cours d'économie publique [J]. Rouge, Lausanne, 1897.

[210] Piketty T. The economics of inequality [M]. Harvard University Press, 2015.

[211] Prescott E C. Theory ahead of business cycle measurement [J]. Quarterly Review, 1986, 25 (Fall): 9-22.

[212] Rabanal P, Lopezsalido J D. Government Spending and Consumption-Hours Preferences [J]. Ssrn Electronic Journal, 2007.

[213] Ranciere R, Throckmorton M N A, Kumhof M M, et al. Income inequality and current account imbalances [M]. International Monetary Fund, 2012.

[214] Rasmussen T N, Rutherford T F. Modeling overlapping generations in a complementarity format [J]. Journal of Economic Dynamics & Control, 2004, 28 (7): 1383-1409.

[215] Rausch S, Rutherford T F. Computation of Equilibria in OLG Models with Many Heterogeneous Households [J]. Computational Economics, 2010, 36 (2): 171-189.

[216] Ravenna F, Vincent N. Inequality and debt in a model with heterogeneous agents [J]. Economics Letters, 2014, 123 (2): 177-182.

[217] Ravenna F, Walsh C E. Welfare-Based Optimal Monetary Policy with Unemployment and Sticky Prices: A Linear-Quadratic Framework [J]. American Economic Journal Macroeconomics, 2011, 3 (2): 130-162.

[218] Romer P. The trouble with macroeconomics [J]. The American Economist, forthcoming, 2016.

[219] Rotemberg J J. Sticky Prices in the United States [J]. Journal of Political Economy, 1982, 90 (6): 1187-1211.

[220] Sargent T J, Ljungqvist L. Recursive macroeconomic theory [J]. Massachusetss Institute of Technology, 2000.

[221] Sargent T J. A note on maximum likelihood estimation of the rational expectations model of the term structure [J]. Journal of Monetary Economics, 1979, 5 (1): 133-143.

[222] Scarf H E. On the Computation of Equilibrium Prices [J]. Cowles Foundation Discussion Papers, 1967, 37 (3): 466-471.

[223] Schorfheide F. Bayesian methods in macroeconometrics [M] // Macroeconometrics and Time Series Analysis. Palgrave Macmillan UK, 2010: 28-34.

[224] Sen A. Inequality reexamined [M]. Clarendon Press, 1992.

[225] Shoven J B, Whalley J. A general equilibrium calculation of the effects of

differential taxation of income from capital in the U. S. [J]. Journal of Public Economics, 1972, 1 (3-4): 281-321.

[226] Shoven J B, Whalley J. Applied General-Equilibrium Models of Taxation and International Trade: An Introduction and Survey [J]. Journal of Economic Literature, 1984, 22 (3): 1007-1051.

[227] Sidrauski M. Rational Choice and Patterns of Growth in a Monetary Economy [J]. American Economic Review, 1967, 57 (2): 534-544.

[228] Sims C A. Are forecasting models usable for policy analysis? [J]. Quarterly Review, 1986 (Win): 2-16.

[229] Sims C A. Comparison of Interwar and Postwar Business Cycles: Monetarism Reconsidered [J]. American Economic Review, 1980, 70 (2): 250-257.

[230] Sims C A. Solving linear rational expectations models [J]. Computational Economics, 2002, 20 (1): 1-20.

[231] Smets F, Christoffel K, Coenen G, et al. DSGE models and their use at the ECB [J]. SERIEs: Journal of the Spanish Economic Association, 2010, 1 (1): 51-65.

[232] Smets F, Wouters R. An estimated dynamic stochastic general equilibrium model of the euro area [J]. Journal of the European Economic Association, 2003, 1 (5): 1123-1175.

[233] Smets F, Wouters R. Shocks and frictions in US business cycles: A Bayesian DSGE approach [J]. The American Economic Review, 2007, 97 (3): 586-606.

[234] Stiglitz J. Taxation, Public Policy, and Dynamics of Unemployment [J]. International Tax & Public Finance, 1999, 6 (3): 239-262.

[235] Stiglitz J. The Origins of Inequality, and Policies to Contain It [J]. National Tax Journal, 2015, 68 (2): 425-448.

[236] Stiglitz J. The price of inequality: How today's divided society endangers our future [M]. WW Norton & Company, 2012.

[237] Stiglitz J. Where Modern Macroeconomics Went Wrong [J]. Nber Working Papers, 2017.

[238] Stiglitz J. Inequality is holding back the recovery [J]. New York Times, 2013, 19.

[239] Stiglitz J. Macroeconomic Fluctuations, Inequality, and Human Development [J]. Journal of Human Development & Capabilities, 2012, 13 (1): 31-58.

[240] Swarbrick J. Optimal fiscal policy in a dsge model with heterogeneous agents [D]. Master thesis, School of Economics, University of Surrey, 2012.

[241] Taylor C, Fudenberg D, Sasaki A, et al. Evolutionary game dynamics in finite populations [J]. Bulletin of Mathematical Biology, 2004, 66 (6): 1621-1644.

[242] Taylor J B. Discretion versus policy rules in practice [C] //Carnegie-Rochester conference series on public policy. North-Holland, 1993, 39: 195-214.

[243] Taylor J B. Staggered price and wage setting in macroeconomics [J]. Handbook of Macroeconomics, 1999, 1: 1009-1050.

[244] Tinbergen J. Statistical Testing of Business Cycle Theories: Part II: Business Cycles in the United States of America, 1919-1932 [J]. Books, 1939.

[245] Treeck T. Did inequality cause the US financial crisis? [J]. Journal of Economic Surveys, 2014, 28 (3): 421-448.

[246] Uhlig H. A toolkit for analyzing nonlinear dynamic stochastic models easily. University of Tilburg [R]. Discussion Paper 101, 1999.

[247] Uhlig H. Approximate Solutions to Dynamic Models-Linear Methods [R]. Humboldt University, Collaborative Research Center 649, 2006.

[248] Walsh C E. Labor Market Search, Sticky Prices, and Interest Rate Policies [J]. Review of Economic Dynamics, 2005, 8 (4): 829-849.

[249] Williamson S. The Curse of Cash [J]. Business Economics, 2017, 52: 1-3.

[250] Zhai F, He J. Supply-side Economics in the People's Republic of China's Regional Context: A Quantitative Investigation of Its VAT Reform [J]. Asian Economic Papers, 2008, 7 (2): 96-121.

[251] Zhang W. China's monetary policy: Quantity versus price rules [J]. Journal of Macroeconomics, 2009, 31 (3): 473-484.

后　记

在本书的末尾，我们有必要坦诚地归纳本书可能存在的一些有待改进之处，并展望未来的相关研究。

本书虽然引入了尽可能前沿化的理论基础、努力对 DSGE 的分析框架进行了改进和创新，但仍难做到尽善尽美。而且，经济学理论模型必须在模型的分析解释能力与结构复杂性、建模可行性之间做出权衡、取舍，DSGE 分析所依据的观测数据在质量上也不尽完善，这些都可能到影响到本书的研究质量，所以本书结论的合理性、稳健性尚有在后续研究中进一步检验、加强的余地。当然，目前本书中存在的不足之处，也恰好为后续研究工作提供了有价值的拓展和改进方向。具体而言，本书的相对不足之处与未来拓展方向可概括为以下几个方面：

其一，本书在模型的构建过程中体现了相对富裕、相对贫困两类家庭的区别，而且将两类家庭的劳动力通过 CES 加总的方式投入到生产函数之中，这是一种较为一般化的异质性刻画方式，在未来的研究中还可以再进行两条路线上的改进。第一条路线是尝试以更复杂、细化的形式来刻画模型中的异质性家庭或个体，类似 Bewley 模型。第二条路线则是联系现实经济中存在的结构问题，从就业岗位的异质性（例如对正规就业与非正规就业进行区分）、行业结构与异质性（例如在生产部门中区分劳动密集型、资本密集型等类别）、个人技能异质性（例如按技能高低来划分劳动力类型）等角度进行家庭与劳动力种类的细致划分。

后记

其二，虽然本书的模型中考虑了不完备的劳动力市场、加入工资黏性，但这种对工资决定过程的刻画方式仍是以一系列较理想化的潜在假设为基础的(例如外生地给定一个名义工资的调整概率)。在目前的新凯恩斯主义 DSEG 研究中，已有部分学者探索了较新颖的劳动力市场刻画方式，如搜寻-匹配机制，在日后涉及特定群体、不同地域间劳动力流动的研究中，可考虑以上述形式中的较成熟者来改进模型，使其能够反映劳动力流动过程中的工资动态。

其三，虽然本书采用了循序渐进的模型扩展方式，尽力保证了模型的稳健、合理，使模型很好地拟合了中国经济的实际数据，但这并不代表本书模型在结构设计、机制刻画上是绝对完善的。例如，在将来的研究中，可进一步为模型中的家庭部门加入借贷约束、代际传递、知识资本积累、健康资本积累等更加细化的机制，或是可在生产部门中进一步考虑行业、产业或部门类型的划分。

其四，模型中的政策措施(尤其是财政政策)仍有进一步加以细化的余地。将来，可考虑将本书模型中的政策类型进一步细分。例如，可将财政支出政策进一步细分出政府公共教育投资、政府技术研发投资、企业补贴、精准扶贫等，考察各类支出带来的宏观经济效应，而在财政收入方面，可以着重分析房产税等具体税种，或是进一步考虑政府的非税收入。而且，在未来数据资料更加完备的前提下，还可以进一步将模型中的财政政策主体划分为国家、地方两个层级(可以据此进行有、无财政分权的比较分析)，使 DSGE 模型带来的实践意义得到进一步加强。

其五，为了保证研究的可行性、简化模型结构，本书构建的 DSGE 模型都是封闭经济条件下的模型，没有将国际经济因素纳入研究体系。所以在未来研究中，还可进一步打破本书 DSGE 模型中的封闭经济假设，将模型结构拓展至开放经济形式，从国际化的视角展开分析，使 DSGE 研究能更好地切合全球化新时代中的经济发展趋势。

最后，作者还需要对本书写作过程中曾提供帮助的诸多个人或机构致

后 记

谢。在第一作者王凯风副教授攻读博士学位的过程中，华南师范大学和诸多兄弟单位的专家、学者为本书相关研究工作提供了宝贵的知识、方法；并在答辩和审查中给予了认真细致的批评指导，让作者能够更好地理顺逻辑、完善内容、减少错漏，使本书的研究工作最终得以顺利完成。需要特别予以感谢的是来自中共广东省委党校的陈利锋副教授，在动态随机一般均衡模型（DSGE）的研究和应用上，陈利锋副教授为本书作者提供了关键的技术支持、保障了本书研究工作的可行性。

同时须致以感谢的还有江西省社联、江西省科学规划领导小组办公室通过2016年度青年项目（16YJ25）为我提供的资助，以及来自中山大学社会科学调查中心中国劳动力动态调查项目（CLDS）的数据支持。

希望以上这段短短的致谢，能向曾给予本书作者关心、帮助和指导的人们表达出最诚挚的感激！

王凯风

2020年5月26日

于广东省社会科学院

附录 A：基本模型可执行程序代码

运行环境：须在安装有 Dynare 软件包（4.3 或更高版本）的 MathWorks MATLAB 软件（2015a 或更高版本）中运行。

程序代码：

```
// DSGE Model of Inquality_Dynamic
// Dynare code
// File: Ineq_NK_SHH_v201712060216v2.mod

// Endogenous variables
varc , ci , i , k , k_g , n , y , inc , r , r_r , r_k , w , pi_w , pir_w , m_c ,
miu_p , mrs , miu_w , u , q , pi_p , tc , tw , tk , g_i , g_p , g , b , a , sigm
_r , sn;
// Exogenous variables
varexo a_e , r_e , gp_e , gi_e , n_e;

EPT = load('Ineq_NK_SHH_v201712060222_hp_js_7w_results.mat');
EP0 = cell2mat (struct2cell(EPT.oo_.posterior_mean.parameters));

// Parameters
parameters alph , alph_g , beta , iner , thet , thet_w , sigm , N_ss , RK_ss , R
```

_ss , MC_ss , Y_ss , K_ss , KR_ss , I_ss , C_ss , CI_ss , W_ss , psi_y , psi_p , psi_gpy , psi_gpb , psi_giy , psi_gib , phi , delt , epsi_w , epsi_p , omig_w , omig_c , omig_k , eta , rho_a , rho_m , rho_n , rho_r , gam_cy , MW_ss , TW_ss , TK_ss , TC_ss , B_ss , GP_ss , GI_ss , G_ss , KG_ss , gam_gy , gam_gi , gam_gp , rho_gi , rho_gp , INC_ss , lamb_p , lamb_w;

// Parameters obtained by estimation

```
alph    =   EP0(1);
alph_g  =   EP0(2);
iner    =   EP0(3);
thet    =   EP0(4);
sigm    =   EP0(5);
phi     =   EP0(6);
psi_y   =   EP0(7);
psi_p   =   EP0(8);
psi_gpy =   EP0(9);
psi_gpb =   EP0(10);
psi_giy =   EP0(11);
psi_gib =   EP0(12);
rho_a   =   EP0(13);
rho_r   =   EP0(14);
rho_gi  =   EP0(15);
rho_gp  =   EP0(16);
rho_n   =   EP0(17);
thet_w  =   EP0(18);
epsi_w  =   EP0(19);
epsi_p  =   EP0(20);
```

附录 A：基本模型可执行程序代码

```
rho_m    =  EP0(21);
omig_c   =  EP0(22);
omig_w   =  EP0(23);
omig_k   =  EP0(24);


//Calibration
beta     =  0.990;
delt     =  0.04;
eta      =  1.000;
gam_cy   =  0.45;
gam_gy   =  0.25;
gam_gp   =  0.82;
gam_gi   =  1-gam_gp;


// The derivation of steady state
TW_ss    =  0.06;
TK_ss    =  0.25;
TC_ss    =  0.09;
MC_ss    =  (epsi_p-1)/epsi_p;
MW_ss    =  epsi_w/(epsi_w-1);
Y_ss     =  (((((delt^(-1))*gam_gy*gam_gi)^(alph_g))*
            (((delt^(-1))*(1-gam_cy-gam_gy))^(1-alph))*
            ((alph*MC_ss*(1/MW_ss)*(((1-iner)*gam_cy)^(-sigm)))
            ^(alph/(1+phi)))))
            ^((alph-alph_g-alph*(1-sigm)/(1+phi))^(-1));
RK_ss    =  ((beta^(-1))-(1-delt))/(1-TK_ss);
R_ss     =  1/beta;
```

```
I_ss    =   (1-gam_cy-gam_gy) * Y_ss;
K_ss    =   I_ss/delt;
KR_ss   =   K_ss;
G_ss    =   gam_gy * Y_ss;
GP_ss   =   gam_gy * gam_gp * Y_ss;
GI_ss   =   gam_gy * gam_gi * Y_ss;
KG_ss   =   GI_ss/delt;
N_ss    =   (Y_ss/((K_ss^(1-alph)) * (KG_ss^alph_g)))^(1/alph);
W_ss    =   MC_ss * Y_ss * alph/N_ss;
INC_ss  =   W_ss * N_ss+RK_ss * KR_ss;
C_ss    =   Y_ss-I_ss-GP_ss-GI_ss;
CI_ss   =   (1-iner) * C_ss;
B_ss    =   ((1-beta)^(-1)) * (TC_ss * C_ss+TW_ss * W_ss * N_ss+TK_ss * RK_ss * KR_ss-G_ss);
lamb_p  =   (1-beta * thet) * (1-thet) * alph/(thet * (alph+(1-alph) * epsi_p));
lamb_w  =   (1-beta * thet_w) * (1-thet_w)/(thet_w * (1+phi * epsi_w));

// Equations of the model

model(linear);
sigm * ci   =   sigm * ci(+1)+pi_p(+1)+(TC_ss/(1+TC_ss)) * (tc(+1)-tc)-r;
ci  =   (1/(1-iner)) * c-(iner/(1-iner)) * c(-1);
k   =   (1-delt) * k(-1)+delt * i;
q   =   (1-beta * (1-delt)) * ((-TK_ss/(1-TK_ss)) * tk(+1)+r_k(+1))+beta * q(+1)+pi_p(+1)-r;
```

```
q     =   (eta^(-1))*(i-k);
y     =   (1-alph)*k(-1)+alph*a+alph*n+alph_g*k_g;
r_k   =   m_c+y-k;
w     =   m_c+y-n;
pi_p  =   beta*pi_p(+1)+(1-beta*thet)*(1-thet)*(thet^(-1))*m_c;
miu_p =   -m_c;
r_r   =   r-pi_p;
```

//>>Aggregate
```
inc*INC_ss   =   (W_ss*N_ss)*(w+n)+(RK_ss*K_ss)*(r_k+k);
```

//>>Labormarket
```
mrs   =   sigm*ci+phi*n+sn;
pi_w  =   (1-beta*thet_w)*(1-thet_w)*(thet_w^(-1))*((1+phi*epsi_w)^(-1))*(-miu_w)+beta*pi_w(+1);
pi_w  =   w-w(-1)+pi_p;
pir_w =   w-w(-1);
miu_w =   (-TW_ss/(1-TW_ss))*tw+w-(TC_ss/(1+TC_ss))*tc-mrs;
phi*u =   miu_w;
```

//>>Marketclearing
```
y     =   (C_ss/Y_ss)*c+(I_ss/Y_ss)*i+(GP_ss/Y_ss)*g_p+(GI_ss/Y_ss)*g_i;
TC_ss*C_ss*(tc+c)+TW_ss*W_ss*N_ss*(tw+w+n)+TK_ss*RK_ss*K_ss*(tk+r_k+k)+beta*B_ss*(b(+1)+pi_p(+1)-r)   =   B_ss*b+GP_ss*g_p+GI_ss*g_i;
```

//Policyrules

tc * TC_ss = (1-TC_ss) * (omig_c * c);

tw * TW_ss = (1-TW_ss) * (omig_w * w+omig_w * n);

tk * TK_ss = (1-TK_ss) * (omig_k * k+omig_k * r_k);

k_g = (1-delt) * k_g(-1)+delt * g_i;

g_p = rho_gp * g_p(-1)+(1-rho_gp) * (psi_gpy * y(-1)-psi_gpb * b(-1))+gp_e;

g_i = rho_gi * g_i(-1)+(1-rho_gi) * (psi_giy * y(-1)-psi_gib * b(-1))+gi_e;

g = (G_ss/GP_ss) * g_p+(G_ss/GP_ss) * g_p;

r = rho_m * r(-1)+(1-rho_m) * (psi_y * y+psi_p * pi_p)+sigm_r;

//>>StochasticProcesses

a = rho_a * a(-1)+a_e;

sigm_r = rho_r * sigm_r(-1)-r_e;

sn = rho_n * sn(-1)+n_e;

end;

// Steady State computation

steady;

// Blanchard-Kahn conditions

check;

model_diagnostics;

shocks;

附录A：基本模型可执行程序代码

```
//Stochastic simulation
var a_e;    stderr 0.01;
var n_e;    stderr 0.01;
var r_e;    stderr 0.01;
var gp_e;   stderr 0.01;
var gi_e;   stderr 0.01;
end;
stoch_simul（irf = 20, drop = 10000, ar = 1, order = 1, graph_format =（fig, pdf, eps））;
```

附录B：扩展模型可执行程序代码

运行环境：须在安装了 Dynare 软件包(4.3 或更高版本)的 MathWorks MATLAB 软件(2015a 或更高版本)中运行。

程序代码：

```
// DSGE Model of Inquality_Dynamic
// Dynare code
// File:Ineq_NK_v201712250456v2.mod


// Endogenous variables
var c_h , ci_h , c_s , ci_s , c , i , i_r , k , k_r , k_g , n_h , n_s , n , n_a ,
y , inc_h , inc_s , gini , gap , gap_l , gap_c , inc , incr_s , zinc , r , r_r , r
_k , w , w_h , w_s , pi_w_h , pi_w_s , pir_w_h , pir_w_s , m_c , miu_p , mrs
_h , mrs_s , miu_w_h , miu_w_s , u_h , u_s , pi_w , pir_w , q , pi_p , tc_h
, tc_s , tw_h , tw_s , tk_h , g_i , g_p , g , b , a , sigm_r , sn_h , sn_s;


// Exogenous variables
varexo a_e , r_e , gp_e , gi_e , nh_e , ns_e;


EPT = load( 'Ineq_NK_v201712310301_epsiw_d2_6w_results.mat');
EP0 = cell2mat (struct2cell(EPT.oo_.posterior_mean.parameters));
```

附录B：扩展模型可执行程序代码

// Parameters

parameters alph , alph_g , beta , iner , thet , thet_wh , thet_ws , sigm , N_ss , NA_ss , gam_nh , NH_ss , NS_ss , R_ss , MC_ss , Y_ss , K_ss , KR_ss , RK_ss , I_ss , C_ss , CS_ss , CH_ss , CHI_ss , W_ss , WH_ss , WS_ss , psi_y , psi_p , psi_gpy , psi_gpb , psi_giy , psi_gib , phi , delt , epsi_w , epsi_wh , epsi_ws , epsi_p , omig_w , omig_c , omig_k , eta , rho_a , rho_m , rho_nh , rho_ns , rho_r , gam_cy , gam_hc , MWH_ss , MWS_ss , TW_ss , TK_ss , TC_ss , B_ss , GP_ss , GI_ss , G_ss , KG_ss , gam_gy , gam_gi , gam_gp , rho_gi , rho_gp , INCH_ss , INCS_ss , INC_ss , INCRS_ss , INCK_ss , GINI_ss , lamb_p , lamb_wh , lamb_ws ;

// Parameters obtained by estimation

alph   =   EP0(1) ;

alph_g   =   EP0(2) ;

iner   =   EP0(3) ;

thet   =   EP0(4) ;

sigm   =   EP0(5) ;

phi   =   EP0(6) ;

psi_y   =   EP0(7) ;

psi_p   =   EP0(8) ;

psi_gpy =   EP0(9) ;

psi_gpb =   EP0(10) ;

psi_giy =   EP0(11) ;

psi_gib =   EP0(12) ;

rho_a   =   EP0(13) ;

rho_r   =   EP0(14) ;

```
rho_gi   =   EP0(15);
rho_gp   =   EP0(16);
rho_nh   =   EP0(17);
rho_ns   =   EP0(18);
thet_wh  =   EP0(19);
thet_ws  =   EP0(20);
epsi_wh  =   EP0(21);
epsi_ws  =   EP0(22);
epsi_w   =   EP0(23);
epsi_p   =   EP0(24);
rho_m    =   EP0(25);
omig_c   =   EP0(26);
omig_w   =   EP0(27);
omig_k   =   EP0(28);
gam_nh   =   EP0(29);
gam_hc   =   EP0(30);

//Calibration
beta    =   0.990;
delt    =   0.04;
eta     =   1.000;
gam_cy  =   0.45;
gam_gy  =   0.25;
gam_gp  =   0.82;
gam_gi  =   1-gam_gp;
TW_ss   =   0.06;
TK_ss   =   0.25;
```

```
TC_ss    =   0.09;


//The derivation of steadystate
MC_ss    =   (epsi_p-1)/epsi_p;
MWH_ss   =   epsi_wh/(epsi_wh-1);
MWS_ss   =   epsi_ws/(epsi_ws-1);
MW_ss    =   epsi_w/(epsi_w-1);
Y_ss     =   ((((delt^(-1))*gam_gy*gam_gi)^(alph_g))*
(((delt^(-1))*(1-gam_cy-gam_gy))^(1-alph))*
((((alph*MC_ss)^((1-epsi_w)*(1-epsi_w*phi/(1+epsi_w*phi))))/
((gam_nh*(((MWH_ss/(1-TW_ss))*(1+TC_ss)*(((1-iner)*gam_hc
*((gam_hc+(1-gam_nh)-2*gam_hc*(1-gam_nh))^(-1)))*gam_cy)^
sigm)*(gam_nh^phi))^((1-epsi_w)/(1+epsi_w*phi))))+((1-gam_nh)*
(((MWS_ss/(1-TW_ss))*(1+TC_ss)*(((1-iner)*(1-gam_hc)*((gam
_hc+(1-gam_nh)-2*gam_hc*(1-gam_nh))^(-1))*gam_cy)^sigm)*
((1-gam_nh)^phi))^((1-epsi_w)/(1+epsi_w*phi))))))
^(alph/((1-epsi_w)*(1-phi*(epsi_w-1)/(1+epsi_w*phi))))))
^((alph-alph_g-(1-(epsi_w*phi+sigm)/(1+epsi_w*phi))*alph/(1-phi*
(epsi_w-1)/(1+epsi_w*phi)))^(-1));
RK_ss    =   ((beta^(-1))-(1-delt))/(1-TK_ss);
R_ss     =   1/beta;
I_ss     =   (1-gam_cy-gam_gy)*Y_ss;
K_ss     =   I_ss/delt;
KR_ss    =   (1/gam_nh)*K_ss;
G_ss     =   gam_gy*Y_ss;
GP_ss    =   gam_gy*gam_gp*Y_ss;
GI_ss    =   gam_gy*gam_gi*Y_ss;
```

```
KG_ss    =   GI_ss/delt;
N_ss     =   (Y_ss/((K_ss^(1-alph))*(KG_ss^alph_g)))^(1/alph);
W_ss     =   MC_ss*Y_ss*alph/N_ss;
WH_ss    =
(((MWH_ss/(1-TW_ss))*(1+TC_ss)*(((1-iner)*gam_hc*((gam_hc+
(1-gam_nh)-2*gam_hc*(1-gam_nh))^(-1))*gam_cy)^sigm)*(gam_nh^
phi))^(1/(1+epsi_w*phi)))*(((Y_ss^sigm)*(W_ss^(epsi_w*phi))*
(N_ss^phi))^(1/(1+epsi_w*phi)));
WS_ss    =
(((MWS_ss/(1-TW_ss))*(1+TC_ss)*(((1-iner)*(1-gam_hc)*((gam
_hc+(1-gam_nh)-2*gam_hc*(1-gam_nh))^(-1))*gam_cy)^sigm)*
((1-gam_nh)^phi))^(1/(1+epsi_w*phi)))*(((Y_ss^sigm)*(W_ss^(epsi_
w*phi))*(N_ss^phi))^(1/(1+epsi_w*phi)));
NH_ss    =   gam_nh*N_ss*(W_ss/WH_ss)^epsi_w;
NS_ss    =   (1-gam_nh)*N_ss*(W_ss/WS_ss)^epsi_w;
NA_ss    =   gam_nh*NH_ss+(1-gam_nh)*NS_ss;
INCH_ss  =   (1-TW_ss)*WH_ss*NH_ss+(1-TK_ss)*RK_ss*KR_ss;
INCS_ss  =   (1-TW_ss)*WS_ss*NS_ss;
INC_ss   =   (gam_nh)*INCH_ss+(1-gam_nh)*INCS_ss;
INCRS_ss =   (1-gam_nh)*INCS_ss/INC_ss;
INCK_ss  =   (1-TK_ss)*(RK_ss*KR_ss);
GINI_ss  =   1-((1+((1-gam_nh)/gam_nh))^(-1))*(2*INCRS_ss+1);
C_ss     =   Y_ss-I_ss-GP_ss-GI_ss;
CH_ss    =   gam_hc*((gam_hc+(1-gam_nh)-2*gam_hc*(1-gam_nh))^
(-1))*C_ss;
CHI_ss   =   (1-iner)*CH_ss;
CS_ss    =   (1-gam_hc)*((gam_hc+(1-gam_nh)-2*gam_hc*(1-gam_
```

nh))^(-1)) * C_ss;

B_ss   =

((1-beta)^(-1)) * (gam_nh * TC_ss * CH_ss+(1-gam_nh) * TC_ss * CS_ss+ gam_nh * TW_ss * WH_ss * NH_ss+(1-gam_nh) * TW_ss * WS_ss * NS_ss+gam_nh * TK_ss * RK_ss * KR_ss-G_ss);

lamb_p   =   (1-beta * thet) * (1-thet) * alph/(thet * (alph+(1-alph) * epsi_p));

lamb_wh =   (1-beta * thet_wh) * (1-thet_wh)/(thet_wh * (1+phi * epsi_wh));

lamb_ws =   (1-beta * thet_ws) * (1-thet_ws)/(thet_ws * (1+phi * epsi_ws));

// Equations of the model

model(linear);

(-TW_ss/(1-TW_ss)) * tw_s+w_s   =   (TC_ss/(1+TC_ss)) * tc_s+c_s-n_s;

sigm * ci_h   =   sigm * ci_h(+1)+pi_p(+1)+(TC_ss/(1+TC_ss)) * (tc_h(+1)-tc_h)-r;

ci_h   =   (1/(1-iner)) * c_h-(iner/(1-iner)) * c_h(-1);

ci_s   =   (1/(1-iner)) * c_s-(iner/(1-iner)) * c_s(-1);

k_r   =   (1-delt) * k_r(-1)+delt * i_r;

q   =   (1-beta * (1-delt)) * ((-TK_ss/(1-TK_ss)) * tk_h(+1)+r_k(+1))+beta * q(+1)+pi_p(+1)-r;

q   =   (eta^(-1)) * (i_r-k_r);

y   =   (1-alph) * k+alph * a+alph * n+alph_g * k_g;

r_k   =   m_c+y-k;

w   =   m_c+y-n;

```
pi_p    =   beta*pi_p(+1)+(1-beta*thet)*(1-thet)*(thet^(-1))*m_c;
miu_p   =   -m_c;
r_r     =   r-pi_p;


//>>Aggregate
k       =   k_r(-1);
i       =   i_r;
c       =   gam_nh*(CH_ss/C_ss)*c_h+(1-gam_nh)*(CS_ss/C_ss)*c_s;
n_a*NA_ss   =   gam_nh*NH_ss*n_h+(1-gam_nh)*NS_ss*n_s;
inc_h*INCH_ss   =
(1-TW_ss)*(WH_ss*NH_ss)*((-TW_ss/(1-TW_ss))*tw_h+w_h+n_h)+(1-TK_ss)*(RK_ss*KR_ss)*((-TK_ss/(1-TK_ss))*tk_h+r_k+k_r);
zinc*INCK_ss    =   (1-TK_ss)*(RK_ss*KR_ss)*((-TK_ss/(1-TK_ss))*tk_h+r_k+k_r);
inc_s   =   (-TW_ss/(1-TW_ss))*tw_s+w_s+n_s;
gap     =   inc_h-inc_s;
gap_l   =   w_h+n_h+(-TW_ss/(1-TW_ss))*tw_h-w_s-n_s-(-TW_ss/(1-TW_ss))*tw_s;
gap_c   =   c_h-c_s;
inc*INC_ss  =   gam_nh*inc_h*INCH_ss+(1-gam_nh)*inc_s*INCS_ss;
incr_s  =   inc_s-inc;
gini*GINI_ss    =   -((1+((1-gam_nh)/gam_nh))^(-1))*2*INCRS_ss*incr_s;


//>>Labor market
n*(epsi_w-1)/epsi_w     =
```

$(gam\_nh^{\wedge}(1/epsi\_w))*((NH\_ss/N\_ss)^{\wedge}((epsi\_w-1)/epsi\_w))*n\_h*(epsi\_w-1)/epsi\_w+((1-gam\_nh)^{\wedge}(1/epsi\_w))*((NS\_ss/N\_ss)^{\wedge}((epsi\_w-1)/epsi\_w))*n\_s*(epsi\_w-1)/epsi\_w;$

n_h = epsi_w * (w-w_h)+n;

n_s = epsi_w * (w-w_s)+n;

mrs_h = sigm * ci_h+phi * n_h+sn_h;

mrs_s = sigm * ci_s+phi * n_s+sn_s;

pi_w_h = (1-beta * thet_wh) * (1-thet_wh) * (thet_wh^(-1)) * ((1+phi * epsi_wh)^(-1)) * (-miu_w_h)+beta * pi_w_h(+1);

pi_w_h = w_h-w_h(-1)+pi_p;

pi_w_s = (1-beta * thet_ws) * (1-thet_ws) * (thet_ws^(-1)) * ((1+phi * epsi_ws)^(-1)) * (-miu_w_s)+beta * pi_w_s(+1);

pi_w_s = w_s-w_s(-1)+pi_p;

pir_w_h = w_h-w_h(-1);

pir_w_s = w_s-w_s(-1);

miu_w_h = (-TW_ss/(1-TW_ss)) * tw_h+w_h-(TC_ss/(1+TC_ss)) * tc_h-mrs_h;

miu_w_s = (-TW_ss/(1-TW_ss)) * tw_s+w_s-(TC_ss/(1+TC_ss)) * tc_s-mrs_s;

phi * u_h = miu_w_h;

phi * u_s = miu_w_s;

pi_w = w-w(-1)+pi_p;

pir_w = w-w(-1);

//>>Market clearing

y = (C_ss/Y_ss)*c+(I_ss/Y_ss)*i+(GP_ss/Y_ss)*g_p+(GI_ss/Y_ss)
*g_i;
gam_nh*TC_ss*CH_ss*(tc_h+c_h)+(1-gam_nh)*TC_ss*CS_ss*(tc_s+c
_s)+gam_nh*TW_ss*WH_ss*NH_ss*(tw_h+w_h+n_h)+(1-gam_nh)*TW
_ss*WS_ss*NS_ss*(tw_s+w_s+n_s)+gam_nh*TK_ss*RK_ss*KR_ss*(tk
_h+r_k+k_r)+beta*B_ss*(b(+1)+pi_p(+1)-r) = B_ss*b+GP_ss*g_
p+GI_ss*g_i;

//Policy rules
tc_h*TC_ss = (1-TC_ss)*(omig_c*c_h);
tc_s*TC_ss = (1-TC_ss)*(omig_c*c_s);
tw_h*TW_ss = (1-TW_ss)*(omig_w*w_h+omig_w*n_h);
tw_s*TW_ss = (1-TW_ss)*(omig_w*w_s+omig_w*n_s);
tk_h*TK_ss = (1-TK_ss)*(omig_k*k_r+omig_k*r_k);
k_g = (1-delt)*k_g(-1)+delt*g_i;
g_p = rho_gp*g_p(-1)+(1-rho_gp)*(psi_gpy*y(-1)-psi_gpb*b(-
1))+gp_e;
g_i = rho_gi*g_i(-1)+(1-rho_gi)*(psi_giy*y(-1)-psi_gib*b(-1))+
gi_e;
g = (G_ss/GP_ss)*g_p+(G_ss/GP_ss)*g_p;
r = rho_m*r(-1)+(1-rho_m)*(psi_y*y+psi_p*pi_p)+sigm_r;

//>>StochasticProcesses
a = rho_a*a(-1)+a_e;
sigm_r = rho_r*sigm_r(-1)-r_e;
sn_h = rho_nh*sn_h(-1)+nh_e;
sn_s = rho_ns*sn_s(-1)+ns_e;

end;

// Steady State computation
steady;
// Blanchard-Kahn conditions
check;
model_diagnostics;

//Stochastic simulation
shocks;
var r_e;   stderr 0.01;
var gi_e;   stderr 0.01;
var gp_e;   stderr 0.01;
var a_e;   stderr 0.01;
var nh_e;   stderr 0.01;
var ns_e;   stderr 0.01;
end;
stoch_simul (irf = 30, drop = 10000, ar = 1, order = 1, graph_format = (fig, pdf, eps));

附录C：程序代码与正文的符号对应关系

表C.1　　　程序代码参数符号与正文中模型参数的对应关系

程序代码中的参数符号	正文模型的参数	备注
beta	β	
delt	δ	
eta	η	
gam_cy	$\overline{C}/\overline{Y}$	稳态参数
gam_gy	$\overline{G}/\overline{Y}$	稳态参数
gam_gp	$\overline{G^P}/\overline{G}$	稳态参数
gam_gi	$\overline{G^I}/\overline{G}$	稳态参数
TW_ss	$\overline{\tau}^k$	稳态参数
TK_ss	$\overline{\tau}^w$	稳态参数
TC_ss	$\overline{\tau}^c$	稳态参数
alph	α	
alph_g	α_g	
iner	h	
thet	θ	
sigm	σ	

续表

程序代码中的参数符号	正文模型的参数	备 注
phi	φ	
psi_y	ψ_y	
psi_p	ψ_p	
psi_gpy	ψ_{gy}^P	
psi_gpb	ψ_{gb}^P	
psi_giy	ψ_{gy}^I	
psi_gib	ψ_{gb}^I	
rho_a	ρ_a	
rho_r	ρ_r	
rho_gi	ρ_g^I	
rho_gp	ρ_{P_g}	
rho_n	ρ_n	仅用于基本模型
rho_nh	ρ_n^h	仅用于扩展模型
rho_ns	ρ_n^s	仅用于扩展模型
thet_w	θ_w	仅用于基本模型
thet_wh	θ_{h_w}	仅用于扩展模型
thet_ws	θ_{s_w}	仅用于扩展模型
epsi_w	ε_w	
epsi_wh	ε_h^w	仅用于扩展模型
epsi_ws	ε_s^w	仅用于扩展模型
epsi_p	ε	
rho_m	ρ_m	
omig_c	ω_c	
omig_w	ω_w	

续表

程序代码中的参数符号	正文模型的参数	备 注
omig_k	ω_k	
gam_nh	γ_n^h	仅用于扩展模型
gam_hc	γ_c^h	仅用于扩展模型
MC_ss	$\overline{MC}$	稳态参数
MWH_ss	$\varepsilon_w^h/(\varepsilon_w^h-1)$	仅用于扩展模型
MWS_ss	$\varepsilon_w^s/(\varepsilon_w^s-1)$	仅用于扩展模型
MW_ss	$\varepsilon_w/(\varepsilon_w-1)$	仅用于基本模型
Y_ss	$\overline{Y}$	稳态参数
RK_ss	$\overline{R}^k$	稳态参数
R_ss	$\overline{R}$	稳态参数
I_ss	$\overline{I}$	稳态参数
K_ss	$\overline{K}$	稳态参数
KR_ss	$\overline{K}^h$	稳态参数,仅用于扩展模型
G_ss	$\overline{G}$	稳态参数
GP_ss	$\overline{G}^p$	稳态参数
GI_ss	$\overline{G}^I$	稳态参数
KG_ss	$\overline{K}^g$	稳态参数
W_ss	$\overline{W}$	稳态参数
WH_ss	$\overline{W}^h$	稳态参数
WS_ss	$\overline{W}^s$	稳态参数
N_ss	$\overline{N}$	稳态参数
NH_ss	$\overline{N}^h$	稳态参数
NS_ss	$\overline{N}^s$	稳态参数

续表

程序代码中的参数符号	正文模型的参数	备注
NA_ss	$\overline{N}^a$	稳态参数,仅用于扩展模型
INCH_ss	$\overline{INC}^h$	稳态参数,仅用于扩展模型
INCS_ss	$\overline{INC}^s$	稳态参数,仅用于扩展模型
INC_ss	$\overline{INC}$	稳态参数,仅用于扩展模型
INCRS_ss	$(1-\gamma_n^h)$ $\overline{INC}^s/\overline{INC}$	稳态参数,在扩展模型中表示相对贫困家庭总收入占居民总收入之比
INCK_ss	$(1-\overline{\tau}^{kh})\overline{R}^k\overline{K}^h$	稳态参数,在扩展模型中表示相对富裕家庭的财产性收入
GINI_ss	$\overline{GINI}$	稳态参数,仅用于扩展模型
C_ss	$\overline{C}$	稳态参数
CI_ss	$\widetilde{C}$	稳态参数,仅用于基本模型
CH_ss	$\overline{C}^h$	稳态参数,仅用于扩展模型
CHI_ss	$\widetilde{C}^h$	稳态参数,仅用于扩展模型
CS_ss	$\overline{C}^s$	稳态参数,仅用于扩展模型
B_ss	$\overline{B}$	稳态参数
lamb_p	λ_p	
lamb_w	λ_w	仅用于基本模型
lamb_wh	λ_w^h	仅用于扩展模型
lamb_ws	λ_w^s	仅用于扩展模型

表 C.2　程序代码变量符号与正文中模型变量的对应关系

程序代码中的变量符号	正文模型中的变量	备注
c	$\hat{c}_t$	
ci	$\widetilde{c}_t$	仅用于基本模型

续表

程序代码中的变量符号	正文模型中的变量	备注
c_h	$\hat{c}_t^h$	仅用于扩展模型
ci_h	$\hat{\tilde{c}}_t^h$	仅用于扩展模型
c_s	$\hat{c}_t^s$	仅用于扩展模型
ci_s	$\hat{\tilde{c}}_t^s$	仅用于扩展模型
i	$\hat{i}_t$	
i_r	$\hat{i}_t^h$	仅用于扩展模型
k	$\hat{k}_t$	
k_r	$\hat{k}_t^h$	仅用于扩展模型
k_g	$\hat{k}_t^g$	
n	$\hat{n}_t$	
n_h	$\hat{n}_t^h$	仅用于扩展模型
n_s	$\hat{n}_t^s$	仅用于扩展模型
n_a	$\hat{n}_t^a$	仅用于扩展模型
y	y_t	
inc_h	inc_t^h	仅用于扩展模型
inc_s	inc_t^s	仅用于扩展模型
gini	$gini_t$	仅用于扩展模型
gap	gap_t	仅用于扩展模型
gap_l	gap_t^w	仅用于扩展模型
gap_c	gap_t^c	仅用于扩展模型
inc	inc_t	仅用于扩展模型

续表

程序代码中的变量符号	正文模型中的变量	备注
incr_s	$inc_t^s - inc_t$	在扩展模型中表示相对贫困家庭总收入占居民总收入之比
zinc	$-\bar{\tau}^{kh}(1-\bar{\tau}^{kh})^{-1}$ $\hat{\tau}_t^{kh} + \hat{r}_t^k$	在扩展模型中表示相对富裕家庭的财产性收入
r	$\hat{r}_t$	
r_r	$\hat{r}_t^r$	
r_k	$\hat{r}_t^k$	
w	$\hat{w}_t$	
w_h	$\hat{w}_t^h$	仅用于扩展模型
w_s	$\hat{w}_t^s$	仅用于扩展模型
pi_w	π_t^w	
pi_w_h	π_t^{wh}	仅用于扩展模型
pi_w_s	π_t^{ws}	仅用于扩展模型
pir_w	π_t^{rw}	
pir_w_h	π_t^{rwh}	仅用于扩展模型
pir_w_s	π_t^{rws}	仅用于扩展模型
m_c	mc_t	
miu_p	$-mc_t$	
mrs	mrs_t	仅用于基本模型
mrs_h	mrs_t^h	仅用于扩展模型
mrs_s	mrs_t^s	仅用于扩展模型
miu_w	$\varphi \hat{u}_t$	仅用于基本模型
miu_w_h	$\varphi \hat{u}_t^h$	仅用于扩展模型

续表

程序代码中的变量符号	正文模型中的变量	备注
miu_w_s	$\varphi \hat{u}_t^s$	仅用于扩展模型
u	$\hat{u}_t$	仅用于基本模型
u_h	$\hat{u}_t^h$	仅用于扩展模型
u_s	$\hat{u}_t^s$	仅用于扩展模型
q	$\hat{q}_t$	
pi_p	π_t	
tc	$\hat{\tau}_t^c$	仅用于基本模型
tc_h	$\hat{\tau}_t^{ch}$	仅用于扩展模型
tc_s	$\hat{\tau}_t^{cs}$	仅用于扩展模型
tw	$\hat{\tau}_t^w$	仅用于基本模型
tw_h	$\hat{\tau}_t^{wh}$	仅用于扩展模型
tw_s	$\hat{\tau}_t^{ws}$	仅用于扩展模型
tk	$\hat{\tau}_t^k$	仅用于基本模型
tk_h	$\hat{\tau}_t^{kh}$	仅用于扩展模型
g_i	$\hat{g}_t^I$	
g_p	$\hat{g}_t^P$	
g	$\hat{g}_t$	
b	$\hat{b}_t$	
a	ε_t^a	
sigm_r	ε_t^r	
sn	ε_t^n	仅用于基本模型
sn_h	ε_t^{nh}	仅用于扩展模型

续表

程序代码中的变量符号	正文模型中的变量	备 注
sn_s	ε_t^{ns}	仅用于扩展模型
a_e	σ^a	
r_e	σ^r	
gp_e	σ_p^g	
gi_e	σ_i^g	
n_e	σ^n	仅用于基本模型
nh_e	σ_n^h	仅用于扩展模型
ns_e	σ_n^s	仅用于扩展模型